纪念冯耿光先生诞辰140周年

靳飞 著

冯耿光笔记

北京出版集团
文津出版社

图书在版编目（CIP）数据

冯耿光笔记 / 靳飞著 . — 北京：文津出版社，2022.12
　　ISBN 978-7-80554-822-7

　　Ⅰ . ①冯… Ⅱ . ①靳… Ⅲ . ①冯耿光—传记 Ⅳ . ①K825.34

中国版本图书馆 CIP 数据核字（2022）第 154621 号

策　　划：高立志	责任编辑：高立志　陈　平
责任营销：猫　娘	责任印制：陈冬梅
封面设计：忒色西安・朱天瑞	封面题字：范梅强
封面插画：忒色西安・李季媛	扉页题字：贾起家

冯耿光笔记
FENG GENGGUANG BIJI
靳飞　著

出　　版	北京出版集团
	文津出版社
地　　址	北京北三环中路 6 号
邮　　编	100120
网　　址	www.bph.com.cn
总 发 行	北京出版集团
印　　刷	北京华联印刷有限公司
经　　销	新华书店
开　　本	880 毫米 ×1230 毫米　1/32
印　　张	10.5
字　　数	220 千字
版　　次	2022 年 12 月第 1 版
印　　次	2022 年 12 月第 1 次印刷
书　　号	ISBN 978-7-80554-822-7
定　　价	68.00 元

如有印装质量问题，由本社负责调换
质量监督电话　010-58572393

我跟冯（耿光）先生认识得最早，在我十四岁那年，就遇见了他。他是一个热诚爽朗的人，尤其对我的帮助，是尽了他最大的努力的。他不断地教育我，督促我，鼓励我，支持我，直到今天，还是这样，可以说是四十余年如一日的。所以我在一生的事业中，受他的影响很大，得他的帮助也最多。这大概是认识我的朋友，大家都知道的。

——梅兰芳

　　梅（兰芳）先生是冯（耿光）先生的第二生命，冯（耿光）先生也是梅（兰芳）先生的第二生命。

——李斐叔

序 一

李礼辉

中国银行的前身是1905年8月在北京成立的大清户部银行，1908年2月改称大清银行，相当于清政府的中央银行。1912年2月5日，大清银行改名中国银行，至今已历经110年。

中国银行诞生于中国积弱失势、动荡不安的年代。中国银行大力扶持我国工商业、农业的发展和基础设施建设，逐步赢得民众的信任。中国银行的崛起带动了中国金融业的发展，逐步形成与外国银行相抗衡的实力，从而打破了外国银行在中国的垄断地位。民国初期，中国银行在十余年的时间里，兼具中央银行的实际地位，举足轻重。正如中国银行的老领导卜明先生所说："作为民国的中央银行，中国银行始终以中国国民经济的枢纽自任，虽然它面对的是一个在财政经济上一穷二白，一切需要从头做起的穷国，但它只要认为是符合国家根本利益的事，就当仁不让，知难而进。中国银行虽然是一个以商业银行姿态出现的国家银行，但它积极扶持民族工商业，开办农村贷款，倡导沿海一带游资移向内地，以解救濒临破产的农村经济。它带头以大量金额大、周转慢的资金投资于铁路建设等等。中国银行既是国家银行，又有商业银行经验的优势，对于当前专业银行正在向国有商业银行转轨的重要时刻，将有一定的参考价值。"

本书所记的冯耿光先生，在这一历史时期两度担任中国银行总裁，作为中国银行的最高决策者之一，为中国银行的发展做出过卓越的贡献。

遗憾的是，由于种种原因，我们对冯耿光先生的生平事迹，所知非常有限。其实，我们对于中国第一代银行家欠缺研究，有些人甚至连姓名都已经湮没。这是金融史研究中的不足，也是中国近现代史研究中的不足。

本书的作者靳飞先生，是海内外知名的传统戏剧研究家。在研究传统戏剧的同时，靳先生以极大勇气跨界到金融史研究领域，用了二十年的时间，深入浩如烟海的金融专业史料中，细致梳理中国近现代金融发展脉络，对于金融界的重要事件如数家珍。此前，他所著的《张伯驹年谱》《张伯驹笔记》两部作品里，就暗含了盐业银行的发展轨迹。此次由北京出版集团文津出版社出版的靳飞先生的新作《冯耿光笔记》，更是在冯耿光先生的生平中，鲜明地刻上了中国银行发展的历史印记。《冯耿光笔记》不仅是冯耿光先生的个人传记，同时也填补了中国金融史研究中的某些空白，为人文学者参与金融史研究带了一个好头。

靳飞先生为了写作《冯耿光笔记》，查阅了《中国银行行史》（1912—1949）、《中国银行行史》（1949—1992）以及中国银行北京分行史、上海分行史多达数百万字的资料，做到了凡有所述，必有所本。关于金融史的叙述，没有外行话，没有背离史实，靳先生作为金融史学者亦是当之无愧的。

我特别希望，靳飞先生以其多年积聚的功力，能够为更多的中国近现代银行家立传，展示出那一代中国金融家的杰出贡献与整体风貌。

我也坚信，诞生于20世纪之初的中国银行，在新的百年未有之大变局中，将书写更加壮丽的辉煌。

（作者系中国银行原行长）

序 二

翁思再

冯耿光字幼伟，是中国近现代史上的风云人物。他早年赴日本学习军事，光绪末年担任军咨处二厅兼四厅厅长，辛亥在南北议和中担任北方代表，民国初年则是中国银行的首任总裁。这位历史老人晚年生活在上海，然而余生也晚，未及识荆。其名字倒是从大人们聊天中听到过，晓得没有这位"冯六爷"就没有后来的梅兰芳。我还听说1961年梅兰芳故世后，梅夫人福芝芳继续接济冯耿光，直到他1966年末逝世。六爷骨灰直到20世纪70年代后期才从汾阳路冯宅移厝苏州墓区，其时梅家特地派代表南下参加其安葬仪式。本人由于京剧界和银行界先辈的渊源于"梅边琐事"尤感亲切，因此靳飞兄索序岂敢辞劳，先睹为快。

翻开《冯耿光笔记》，可知此书并非冯耿光自撰的笔记，而是作者以笔记体散文形式所描述的幼伟先生行状。这种写法与传记文学不同之处在于凡事必从档案资料或书面证据中来，不容任何装饰；而这种形式比起年谱体例来，又可达到内容丰富、行文灵活的效果。作者记叙同一事件时，往往于档案或年谱支撑之下，以传主和他人有关书面资料互为印证，又以按语做注解或发表议论，旁征博引，蔚为大观。本书熔学术性、资料性和可读性于一炉，于近代史、金融史和京剧史多有拾遗补阙，辄令我心领神会。

兹观其一豹。"北洋三杰"之一的冯国璋在袁世凯当政时期任江苏都督。在袁世凯复辟的局势下，冯耿光秘密赴宁，以袍泽之谊说动冯国璋服从民族大义，联合五位将军发电报逼迫袁世凯放弃帝制，予袁世凯很大打击。冯国璋凭此贡献后来当了代理大总统，此时冯耿光得到中国银行总裁这个肥差，一般认为这是冯国璋的安排。对此，本书的描述比较细致并且有所不同："冯国璋原有意重用冯耿光，拟授冯陆军部次长。1917年汪大燮以特使名义出访日本时，冯耿光还曾以陆军少将名义，作为随员陪同出访。但是，冯耿光最终接受王克敏邀请，再次改弦更张，弃武从商，在冯国璋支持下出任中国银行总裁。"作者进而引用冯耿光《我在中国银行的一些回忆》："我和冯（国璋）系前清军咨府老同事，认识最早，交情也很深，但担任中行总裁，却是梁（士诒）、王（克敏）的主意，不是冯自己找我的。"这就是说，冯国璋虽有报答冯耿光之意，但出任中行总裁却不是冯国璋的主动安排。本书以差别性表述，轻轻抹去罩在传言上的尘埃，显出了作为信史的严谨性。

再举一例。据记载20世纪30年代之初梅兰芳出访美国，先后商演70余场，上座率很高，在此期间还得到美国大佬的赞助，梅绍武《我的父亲梅兰芳》里就有"访美演出美方赞助人一览"之章节。有鉴于此，访美结算时覆盖所有成本之后理应有所收益，谁知结果竟是亏损。这究竟是怎么回事？长年以来，这是我心里的一个谜。

此番读《冯耿光笔记》终于知晓原委。靳飞写道："梅氏此行的经济损失不小,有说赔款5万,亦有说8万者。其间还有齐如山推荐的会计黄子美从中渔利。"他接着引用齐如山回忆录里的说法:"没有想到,又有一位姓黄的同去,把此事搅了稀里哗啦,他的道德不必谈,在美国出乎法律的事情,就不知有多少,他是发了点小财,可是这样一来,司徒雷登先生再不肯帮助捐款了。"按这位所谓"姓黄的"本是齐如山推荐来的,那么齐如山怎么会说"没想到"他"同去"呢?齐如山故意这么说或为表示与黄子美切割。按梅兰芳靠卖房子和后来的演出收入填补财务缺口,次年即离开北平定居上海,致使"梅党"星散。有鉴于此,梅兰芳南下之举应该是多方面原因造成的,同他失望心绪不无关系。作者于此处轻轻地点拨一下,揭示了"梅党"内部矛盾之端倪,这是一种春秋笔法。

"梅党"是一群以冯耿光为领袖,围在梅兰芳身边的知识精英。其初创时的人才基础是早年赴日留学生,诸如吴震修、李释戡、许伯明、舒石父等。其中吴震修是《霸王别姬》的作者之一,他于1928年担任过上海市政府秘书长,并短期担任过代理上海市市长。李释戡、许伯明则是陆军少将。另一位陆军少将舒石父,即著名电影演员舒适的父亲,于辛亥年间光复上海时在沪军都督陈其美手下任旅长,按当时蒋介石还只是这个军队里的一个团长。在辛亥以后的若干年里,这些失意政客寄情于皮黄,由冯耿光引至梅兰芳无量大人胡同梅府客厅,被称为"梅党"里的"将军团"。除此以外"梅党"里还有"学生团"和"诗人团",后者拥有当时诗坛领袖樊樊山、易哭庵，以及罗瘿公、黄秋岳，甚至还有前清的遗老张謇。当然里面还有许姬传、齐如山、张聊子等梅兰芳的"文胆"。"梅党"为梅兰芳编创或策划了大量的新戏。其古装戏除了名剧《霸王别姬》以外，还有《天女散花》《嫦娥奔月》《黛玉葬花》《麻姑献寿》《红线盗盒》《木兰从军》《廉锦枫》《俊袭人》《西施》《洛神》等；时装戏则有《一缕麻》《邓霞姑》《宦海潮》《孽海波澜》《童女斩蛇》。这一大批打着梅兰芳标签的剧目在民国初年陆续上演，使得北平舞台面貌焕然一新，大大推进了京剧改革。1919年，冯耿光以其在日本的人脉，促成梅兰芳东渡扶桑巡演，引起轰动。1930年梅兰芳访问美国也是"梅党"策划和操作的，访美成功，好评如潮，大大提升了梅氏的影响力。后来梅兰芳还巡演苏联，与斯坦尼斯拉夫斯基、布莱希特等西方戏剧家会晤切磋。梅兰芳的名字之所以后来成为京剧的符号、文化的代表，同它不可替代的国际影响有密切关系，这是符合传播学规律的。纵观历史长河，迄今为止没有一位伶人像梅兰芳那样，身边有过一个如此高规格、高水平的文化策划和创作团队。"梅党"没有停留在票友层面，仅为娱乐、观赏、玩票和捧角，而是把京剧作为文化来研究和包装。伶人之间的竞争，最终拼的是文化。梅兰芳的与众不同和得天独厚之处即在于此，而其引路人、导师、策划者兼经济后盾，即被他称作"六爷"的冯耿光。"没有冯耿光，就没有梅兰芳"，信矣。

本书不仅梳理冯耿光的历史留痕和文化贡献，也为方兴未艾的梅兰芳研究乃至京剧之学填补了一项空白。书里提出了"民国京剧"这个概念，这是靳飞兄开发出来的新课题，可供学界进一步讨论和阐发。我们欣喜地看到，当前在传统文化感召下有志于京剧之学的青年人越来越多，同时也看到相关著述存乎大而无当、泛泛而谈，甚至"炒冷饭"之弊。盖学术工作需要拓荒精神，而拓荒前提是发现"荒地"，那么这种"发现"的眼力从何而得？我认为除了学术训练外，还需要有一种"浸染"精神。虽然从事京剧文化研究未必非要能够"唱一出"，但是我认为会唱一定比不会唱更主动更有利。按这种"浸染"可以比作中国史学传统中的"小学"基本功，倘若此功逐渐流于废弛，则有关研究或有隔雾观山之弊。质言之，京剧史论研究者多喜对宏大主题抒发己见，而对必须深入各类烦琐细节之中的讨论不甚在意，这个倾向是当前需要注意纠正的。

对于本书作者的"浸染"经历，我是领略过的。大约20年前，靳飞经友人介绍专程来沪拜访王元化先生，正值我们师生在聚会唱戏。丝竹管弦、歌喉酣畅之际，客人靳飞应邀登场，他出其不意请琴师休息，念了一段《醉酒》里的"引子"。在此陌生场合，他不唱而念的应对策略有其智慧在焉，原来知音者一听他"嘴里"就晓得是"学过的"。后来我问他得授于何方神圣，答曰"程玉菁"，果然是高处取法。

靳飞兄少年老成由此可见一斑。后来我陆续读过一些靳飞散文，知其视野宽、文笔美，爱与长者交。此番为写《冯耿光笔记》，他一头钻进图书馆查阅了中国银行的全部档案，孜孜矻矻，精神可嘉。像他这样对京剧真爱、真学、真肯付出的学者，于今尤其需要；其执着耕耘的精神以及严谨的治学态度，当下更应提倡。

靳飞兄已然跨入盛年，期盼他继续以生命的强光，为文化的钩沉和开拓多做贡献。

是为序。

2022年春于上海

（作者系京剧学者、剧作家）

序 三

樊国宾

俗话说"灶要烧冷灶,棋要下闲棋",本义是指在弈局中,有些棋子看似没有什么用处,孤零零摆在那里,成了所谓闲棋。但这些看似下得漫不经心的闲棋,有时候会成为棋局胜负的决定性措举;而某些大人物在长期不用的炉灶上生火,则比喻重视或支持被冷落者,专指高手在经略政坛时的韬略韬晦。譬如吕不韦睇好异人,决心烧这个"冷灶",终成千秋大业。

人文学界的"民国热"二十年来高烧不退,大家追捧的多是章太炎、王国维、梁任公、李叔同、胡适、陈寅恪……甚至周作人、胡兰成。说到冯耿光,则听来疏生,少有啧言。间或有研究京剧的专门家,约略知晓他是个民国银行家,对梅兰芳艺术的生成与妍盛至关重要。因此,对冯耿光的认知,学界凉薄久矣。

靳飞何以起念要来下这枚闲棋,烧这炉冷灶呢?

被称作"京城最后一位遗少"的靳飞,20岁左右就交了张中行、吴祖光、严文井、季羡林、梁树年、周汝昌、范用、许觉民、徐淦等等一大批"很老"的朋友。近年来在散文、随笔、戏剧研究等方面枝繁叶茂，硕果累累。去年有《张伯驹年谱》《张伯驹笔记》两本巨著问世，转眼竟又有这本《冯耿光笔记》付梓，足见他到了春秋鼎盛之年，积累的才识开始投射聚焦到了人物年谱传记的钩沉上。

众所周知，自传、年谱、日记这些素材质料，对于厘清或解释研究对象的生平经历、精神世界、价值取向等等，意义非同小可。譬如《我的生平》（托洛茨基）、《忏悔录》、《延安日记》（萧军）等等，那些其中貌似松散随意的叙事，其实建立在十分牢固的人格发展理论之上。法国自传理论家勒热纳所谓日记传主与读者之间的"契约"，关键在于消除自传或日记读者的敌意和陈见：每句话都在回答读者的潜在发难。——当然有些"高明"的读者，是不佩服任何人的。

一口气读完书稿，就像坐了一趟过山车：跌宕起伏，风景奇崛，魂魄激荡，不胜唏嘘。冯耿光曾身处清廷最高军事指挥中心，身膺重寄，骏马貂裘，与袁世凯、孙中山、汪精卫、宋子文等民国大人物均有交往，亲历甚至直接影响了辛亥革命、南北议和等重大历史事件，尤其是亲赴南京劝说冯国璋通电反对袁世凯称帝，种种细节，惊心动魄，同时又趣味丛生。读到这些章节时，我的心不禁狂跳起来，产生了强烈的代入感：如果我是冯耿光，陪同孙中山在南京码头检阅海军时，该如何严肃地奉劝这位不世伟人下决断！同时感慨：人有三不朽，立功立德立言。立功需要条件，立德人人都能做。岳飞和文天祥实际上只立德，没有立什么大功。其中立言乃是最难的，是万世教训，比立功和立德都高。真正能够立言的人，非帝王将相不能比也。冯耿光先生那些写给梅兰芳访美之前的信函，真真震烁古今！堪称立功立德立言的模范标本。如冯耿光、吴震修、齐如山这样重要而有趣的历史人物，居然被我几十年来的读书经历所忽略，真是羞愧难当。原味若供馔，晏私如暴殄，开蒙以来读书已有四十余年，精神上却都是断点（末梢知识），没有累积的成长。但世上没有后悔药卖。我与昔日之我，多少事，多少恨，只好从简静做起，跑到靳飞这些耸怪文章里，与他结一个清芬的盟誓：重新发现读书的乐趣——我的发愿靳飞还不知道，下次喝酒一定告诉他。

作为对艺术价值有期待的观众，一出好戏、一个顶尖艺术家怎样才能真正成为经典与大师呢？在西方，戏剧影视行业有着深厚的"评论家"文化，即一批接受过专业训练的人长期在专业领域发表评论（criticism），并定期组织优秀作品评选。一段时间后，评论家和奖项都在相关领域建立了公信力，他们的推荐从名誉上给了优秀艺术家正向反馈，在商业上提高了作品的知名度。评论家的介入相当于实现了"精英把关"。戏迷还会去阅读各大刊物的评论家文章，譬如《纽约时报》的A.O. Scott，《纽约客》的Richard Brody、Emily Nussbaum等接受过最好名校的文学训练，看过上万部戏剧、电视、电影作品的专栏批评家的文章，他们的公正和审美，带来了戏剧作品的公信力，同时拉动市场销售。认真、专业素养高的评论家，从名誉上给艺术家正向激励，并帮助那些对艺术价值有期待的观众找到他们想要的作品。众所周知，如果没有以冯耿光为首的齐如山、许伯明、李释戡、姚玉芙、姜妙香、舒石父等

"梅党"人士的如切如磋、琢之磨之，梅兰芳这个"玉器"断难成型。靳飞在书中对这个局面的形成，做了令人信服的考证。吴震修、齐如山、冯耿光与梅兰芳为了修改《霸王别姬》的剧情，相互之间几乎翻脸断交，"笑我多情笑我痴"，此之谓也。不禁感慨，后来的"戏改"如果有一批这样的"痴汉"，中国戏曲该当何幸?!当下的戏剧戏曲如果有这样一个风云际会的评论家/艺术家相颉相颃、相得益彰的浓烈氛围，何愁艺坛不兴盛?!话说回来，大家都忙着刷抖音，谁又有时间去读靳飞的文章呢？

"梅党"让我想起"Bloomsbury 圈子"（见［英］贝尔著《隐秘的火焰：布鲁姆斯伯里文化圈》），指的是20世纪初期伦敦的布鲁姆斯伯里一群知识分子艺术家。一旦新出现什么艺术作品，或者重大事件，所有的公众都想听一听布鲁姆斯伯里会讲些什么。在山西，在沈阳，在南京，我都曾幻想过有这样一个布鲁姆斯伯里的圈子，这个圈子里的人们，有一种共同的气质——一种微妙的堕落，而这些人作为个体又是愉快的、杰出的。事实是后来到了北京，这个圈子也不曾有过。很孤独，北京一定有自己喜欢的这类人，但我不知道他们在哪里。遇到靳飞，吾德不孤矣。

靳飞在这本书里对细节的沉潜与钓引，纳须弥于介子，努费了极大的心血。譬如《穆柯寨》台上梅兰芳一佝偻肩，冯耿光就在台下拍巴掌，提醒他要挺腰，才符合角色人设；梅兰芳、冯耿光在香港寄居时，与酒井、黑木、久田等日本人的周旋；日据时期"梅党"诸人的反应（梅兰芳半躺于沙发，眼盯天花板，大口大口喷香烟，喃喃自语"人生不过百岁，饿死就饿死，没啥大不了"；冯耿光的日本同学吉古是司令官,拉拢他,他淡淡回复说"我犯不着下这水";而吴震修硬着头皮出去应付,则明知是毒药也要替朋友吞下去,所谓我不入地狱,谁入地狱……),等等。这些细节也勾起了我的考据癖瘾。

最后我想说的是:靳飞其实是个有脾气的人,我多次见他金刚怒目,额头皱纹陡生沟壑,听他对业内若干声名煊赫的大佬忍无可忍,无须再忍,极尽睥睨之苛酷言论。然而对于文字,他却敬神如神在,坚决不做空文章,无一字无来历,无一节敢妄说。同时收敛心意,让事实本身出来说话,从不轻易臧否人物和事件。

多好的文风啊,足以匡正今日之文坛时弊。边读边击节,又可痛饮一壶烈酒矣!

好一炉冷灶,好一局闲棋!

2022年春于北京

(作者系中国戏曲学会副会长)

目 录

1. 冯耿光的早期经历 ······· 1
2. 冯耿光初识梅兰芳 ······· 7
3. 冯耿光的谋士吴震修 ······· 14
   附录：《许宝蘅日记》所记1906年冯耿光、
   吴震修在京活动记录 ······· 20
4. 冯耿光与武昌起义 ······· 24
5. 冯耿光参加南北议和 ······· 31
6. 缀玉轩"梅党"领袖 ······· 40
7. 梅兰芳的"京剧改良" ······· 52
8. 冯耿光与冯国璋的交谊 ······· 65
9. 冯耿光首任中行总裁 ······· 75
   附录：中国银行早期历任负责人 ······· 83

10. 冯宅堂会盛大演出 ……………………………… 84

11. 中日金融交流与梅兰芳访日 …………………… 95

12. 冯梅两家的北京豪宅 …………………………… 104

  附录：凌叔华《古韵·两位表哥》……………… 114

  附录：徐小五《无量大人胡同6号院忆旧》…… 124

13. 中交两行挤兑风潮 ……………………………… 126

14. 吴震修删改《霸王别姬》……………………… 136

15. 冯耿光二任中行总裁 …………………………… 144

16. 中行与蒋介石北伐 ……………………………… 155

17. 冯耿光宅绑票命案 ……………………………… 162

  附录：薛观澜书冯宅刺客案 ……………………… 173

18. 冯耿光、张嘉璈之嫌隙 ………………………… 181

19. 经济危机与梅兰芳访美 ………………………… 191

  附录：冯耿光致齐如山、梅兰芳等人函件 …… 207

20. 冯梅相继移居上海 ……………………………… 221

  附录：中国银行北平股东名单概览表（1930年、

    1931年）……………………………………… 233

21. 国民政府接管中国银行 ………………………… 238

22. 冯梅避乱隐居香港 ……………………………… 250

23. 吴震修的失败和家庭惨剧 ……………………… 259

24. 冯梅亲历香港沦陷 ·· 265

25. 冯吴在"汪伪"时期 ·· 274

26. 冯耿光与吴震修的晚年 ······································ 284

主要参考书目 ·· 301

编后记 / 蒙木 ·· 307

1. 冯耿光的早期经历

　　冯耿光一生中只做了两件事情：一是曾任中国银行总裁，也就是中国金融界第一把金交椅；二是辅弼中国京剧最具代表性的艺术家梅兰芳，是梅氏事业之最大赞助者。中国近现代史上，可以同时成为中国金融史与中国京剧史不可或缺的人物，惟冯耿光一人而已。

　　冯耿光字幼伟，又字幼薇、又微、又薇，广州番禺人。

　　据冯耿光云，其与北洋财阀王克敏、国民政府立法院院长胡汉民均是世交。王克敏父王存善曾任署理南海县知县、虎门同知，"一向在广东做官，交游很广"（冯耿光语）。胡汉民父胡文照先后在广东博罗、茂名、德庆等县任刑名师爷。从王、胡两家境遇推测，冯耿光亦似出身于低级官吏或幕僚之家。冯耿光在家行六，人称"冯六爷"。另有兄长"冯五爷"，名祥光，清末举人，曾在湖南巡抚端方署中任职文案，随同端方出使欧洲考察宪政，后任清廷驻德三等参事官。

冯耿光生于1882年5月1日，即清光绪八年壬午三月十四日。冯氏回忆曾云与汪精卫同县同庚，同县是真，同庚则略有差误。汪精卫生于1883年5月4日，即光绪九年癸未三月二十八日，比冯整小一岁。据《许宝蘅日记》1927年4月15日即丁卯三月十四日日记记："到冯幼伟处拜寿"，可知冯氏生日当在此日，《梅兰芳艺术年谱》所记冯氏生日在11月29日，不确。

冯耿光说其与汪精卫同县同庚，此一印象来自其曾与汪精卫同应番禺县科举考试。冯氏《荫昌督师南下与南北议和》文里说：

在我十七岁的那年，曾同他（汪精卫）在家乡番禺县应童子试，彼此会过面。当时他很腼腆，面如敷粉，背后拖着一条扎着大红辫绳的紧发长辫，动止娴雅，状若好女子。后来他获得县试案首，所以我对他印象尤深。

台北故宫博物院图书文献处所藏清代宫中档奏折及军机处档折件，存有冯耿光开具的个人履历，记录冯氏系"光绪二十四年（1898年）县学生"。所谓"县学生"，又称"童生"，是指通过了"童子试"，即科举的入门考试，获得了报考秀才考试的资格，此后才能次第参加秀才、举人、进士的考试。冯氏所云汪精卫后来获得县试案首，指的是汪氏于1902年即光绪二十八年考中秀才，与1898年的"童子试"是两次考试。

冯耿光参加"童子试"后没有继续参加秀才考试，而是毅然放弃科举道路，于1899年即光绪二十五年获得官费留学机会赴日本留学，后入日本陆军士官学校，成为中国留学生中的第二期学员，分科步兵。陈予欢编著《中国留学日本陆军士官学校将帅录》以广东省档案馆馆藏的《日本陆军士官学校入学中华民国前清人名簿》为依据记录冯耿光在日经历：

> 1899年12月获得官费保送日本留学，先入日本陆军成城学校完成预备学业，继入日本陆军联队步兵大队实习，1900年6月考入日本陆军士官学校第二期学习，1901年11月毕业。

但是，严安生《灵台无计逃神矢：近代中国人留日精神史》所提出的日本陆军士官学校第二期中国留学生在校时间是日本明治三十四年十二月至三十五年十一月，即1901年至1902年。

此外，据台北故宫博物院图书文献处所藏清代宫中档奏折及军机处档折件第189242号、第189476号记录，介绍冯耿光说：

> （光绪）二十五年（1899年）以福建官费留学日本，日本成城学校肄业，日本陆军联队入伍生。光绪二十九年（1903年）日本陆军士官学校中华队第二期步兵科毕业。光绪二十九年日本陆军联队见习士官。

由此冯耿光留学日本的时间，说法不一，这主要是因为日本陆军士官学校招收中国留学生的初始阶段，情况较为混乱，涉及预科

日本陆军士官学校

学校、学制等诸多问题。根据以上资料，目前只能谨慎地说，冯耿光留学日本的时间在1899年至1903年，详情尚待细考。

冯耿光之所以放弃科举道路，弃文从武，赴日留学，与其所处时代背景息息相关。中日甲午战争结束后，中国维新人士多将日本获胜原因归结为能变旧法、效仿西方，以为"不妨以强敌为师资"，卧薪尝胆，向日本学习。1898年6月11日，光绪皇帝下诏"明定国是"，发动"百日维新"，国内随之兴起留日热潮，且未因其间"戊戌变法"失败而减退，迄至1937年抗战全面爆发为止，中国留日学生人数达5万人之多。

冯耿光等早期留学生，受甲午战败影响，怀抱强兵富国的强烈愿望，均以军事作为首选专业。清政府对于冯耿光等考入日本陆军士官学校的留学生也同样抱有极大希望，政治审查尤为严格，审查通过后即为他们提供优厚生活待遇，学成归国立即委以重任。冯氏回国后先在福建常备军任职，地位约相当于后来的营长、团长，不久奉调北京，担任新设立的练兵处科监督，相当于中央机构的处长。

清廷设立练兵处，名义是要把全国军队统编为三十六镇，由中央统一节制；背后的原因则是时任直隶总督兼北洋大臣袁世凯编练新式陆军，引起满族王公贵胄猜忌，担心袁氏拥兵自重。练兵处以庆亲王奕劻为总理练兵事务大臣，袁世凯为会办，户部侍郎铁良为襄办。1905年6月，袁氏被排挤出练兵处，铁良当权，有意引进南方省份出身的日本陆军士官学校留学生，充实练兵处，取其与袁氏少有瓜葛。虚岁年仅二十四岁的冯耿光因而入选，次年改革官制，组建陆军部取代传统的兵部，练兵处并入陆军部，冯氏亦入陆军部任职。1907年即光绪三十三年夏，陆军部内部创设军咨处，职责是管理全国筹防用兵事务，约即日本的参谋本部。1909年7月，军咨处脱离陆军部，升格为军咨府，总揽国家防务、总体军备、军事指挥、作战计划、军事教育以及海陆军将领及参谋长的任命。军咨府以贝勒毓朗和载涛为管理大臣，冯国璋为军咨正使。日本陆军士官学校留学生哈汉章、卢静远、冯耿光、陈其采、章遹骏分任军咨副使及第一厅、第二厅、第三厅、第四厅厅长。杨典锟《近代中国之参谋制度和军政、军令二元制的建立》里即云，"在清末满族权贵致力将军权收归中央的过程中，陆军士官学校出身之中国留学生在

日本陆军士官学校第一批中国留学生（部分）

军咨处（府）中所扮演的重要角色"。

  冯耿光担任厅长的第二厅是军咨府的重中之重，是中国近现代最早建立的军事谍报机构，专门负责收集各国情报及派遣驻外武官。冯氏堪称此一系统的开创者之一，亦可知其深受满族亲贵信任。1910年即宣统二年年初，冯耿光随同其在军咨府的上司载涛出访欧美及日本，获赏二等第三宝星勋章；《宣统政纪》1910年11月2日记，"以劳绩卓著，赏陆军正参领哈汉章、副参领冯耿光二品衔"。冯耿光归国后短短数年，即能跻身晚清将官之列，身膺重寄，少年队里，骏马貂裘，实可谓春风得意，青云直上。

2. 冯耿光初识梅兰芳

梅兰芳晚年口述回忆录《舞台生活四十年》谈到冯耿光：

> 我跟冯（耿光）先生认识得最早，在我十四岁那年，就遇见了他。他是一个热诚爽朗的人，尤其对我的帮助，是尽了他最大的努力的。他不断地教育我，督促我，鼓励我，支持我，直到今天，还是这样，可以说是四十余年如一日的。所以我在一生的事业中，受他的影响很大，得他的帮助也最多。这大概是认识我的朋友，大家都知道的。

梅兰芳的学生和秘书李斐叔在《梅兰芳游美日记》里也称颂冯说：

> （冯耿光）是提携梅先生最早最力之元勋，也是梅先生最敬爱最倚重之一人，他能拿远大的眼光，慎重的手腕，来诚恳地辅助梅先生，梅先生之有今日，虽是仗许多的朋友，及社会上人士的指导扶助，但是冯先生的力量，是永远不可泯灭的。

梅兰芳生于1894年10月22日，即清光绪二十年九月二十四日。梅氏所说的十四岁，应是指虚岁，时间是在1907年即光绪三十三年。这一年冯耿光虚岁二十六岁，约是其供职陆军部或军咨处期间，梅兰芳则尚是一名隶属私寓云和堂的歌郎。

梅兰芳虚岁九岁时即按照当时梨园家庭的习惯，被送入姐夫朱小芬开设的私寓云和堂学戏，朱家溍《梅兰芳年谱未定草》对此的表述是，"住姐丈朱小芬家，与小芬之弟幼芬并表兄王惠芳同学"。两年后梅兰芳首次登台，在昆剧《长生殿·鹊桥密誓》里饰演织女。

所谓"私寓"，又称"相公堂子"。吴新苗著《梨园私寓考论：清代伶人生活、演剧及艺术传承》提出的定义是：

云和堂之十二弟子合影

嘉庆初年开始出现的梨园私寓是童伶学戏的场所，是演剧的一个组织单位，同时也是从事应召侑酒服务的伶人居住之所，提供侑酒服务的营业场所。

这是一个相对较为中肯的说法。时隔百年，关于私寓话题，刻意回避与过度解读，二者皆已没有必要。需要再多做些说明的是，其一，私寓无疑属于高级娱乐场所，虽有少年男性歌郎即相公陪酒，其中或许有些秘密，但并不如何神秘，不外乎当时风气使然。清代艺兰生所撰《侧帽余谭》里讲得较为客观：

> 向疑招邀小史（即指歌郎）者，皆具断袖癖。入都后始知为村学究见解，不尽其然。非特我辈，即有沉沦不返，亦惟性情融洽，极友朋之乐，真不自知其所以然者。

其二，私寓的发展有其阶段性。如小说《品花宝鉴》所描述的情况，到了清代末期，维新思想在官宦子弟及年轻官员里日益流行，如冯耿光之具有留洋经历而每以先进自居者不乏其人，私寓旧有风气不能不随之大为改观。曹汝霖自日本归国后先后在商务部和外务部任职，他在《曹汝霖一生之回忆》里记述：

> 那时北京相公堂子，收拾雅洁，为士大夫游玩之处。余闲时亦常与二三知友，同游消遣。相公即是幼年学戏的孩子，年纪总在十三四岁，面目清秀，应酬周到。每逛一次，必须摆酒，

只费八元，有八碟冷荤，颇可口，能饮者供酒无量，一面饮酒谈天，一面听曲赏花，亦觉别有风味。亦可飞笺，召他处相公来陪侍听唱，相公貌皆娟秀。亦有老板，即是师父。亦有娶妻，妻不陪客。出师后方可自立门户。出师即赎身之意，须缴一笔金钱与师父。

时任巡警部外城巡警总厅六品警官，兼任学部主事，不久考取军机章京的许宝蘅，他在这一阶段的日记里，详细记录了包括曹汝霖、冯耿光等数十位年轻官员的日常游乐活动，恰可以作为曹汝霖回忆的佐证。在《许宝蘅日记》里，他们在夜晚频繁光顾私寓与妓馆，参加各种聚会，当时叫作"打茶围"，这成为他们的一种社交方式，大家在一起不过就是吃饭饮酒、打牌听戏，相互联络感情而已。如许宝蘅在1906年5月21日说：

（前略）六钟半赴福隆堂，子健所约，同座为蒋梅星、章穀生、李缉甫、周赞尧、周荃孙、吴震修、施端生、陆仲芳，九钟散。又赴云和堂，子孚所约，同座为岳凤梧、冯幼为（伟）、良赉臣、应云从、阎雨农、张华堂、锡伯瀛，十一钟二十分散。子孚又约至国春堂竹叙，至三钟散，吃点心，归已四钟，东方白矣。

福隆堂应是餐馆，云和堂与国春堂则是私寓。是晚活动三场，一是由后来在民国初期出任过司法部次长的汪有龄即子健发起的晚餐会，参加者多为各部年轻官员；一是在云和堂举办的以陆军部官员为主的饮宴，出席者里还有大名鼎鼎的良弼；一是酒后余兴，到私寓国春堂打麻将牌。

再如许宝蘅在1906年6月4日说：

> （前略）七钟至致美斋晚餐，冯幼为（伟）作主人，岳凤梧、辟疆父子，子孚及余共五人，饭后十钟至云和堂竹叙，二钟归。

是晚冯耿光请客，仍是先在致美斋吃饭，后至云和堂打麻将牌，岳凤梧父子两人同来，岳是冯在陆军部的同事。

曹汝霖、许宝蘅所记录的私寓生活场景，是较为真实可信的。曹许二人以及冯耿光、吴震修、汪有龄、宝子孚等，又是年轻官员里的活跃分子，几乎每晚都有这样的约会，而曹冯吴汪，又都有留日经历。位于北京前门外陕西巷的云和堂，即梅兰芳所在的私寓，就是他们经常出入的场所。

值得注意的是，《许宝蘅日记》罕有涉及他们与歌郎交往的记载。较为特别的是，在1906年6月30日的日记里，许宝蘅记道：

> （前略）子孚来，约同往云和，幼伟为主人，同座为雨农、凤梧、云从、仪曾、子孚、易菊轩、罗春士，盖若兰出师，幼伟为张贺筵也，诸客皆有贺仪。又遇张次迈，十二钟后方散。

这日的聚会，主题是冯耿光为云和堂一位名叫若兰的歌郎出师而举办的庆祝会，邀请了陆军部同事岳凤梧、应龙翔、阎雨农等，以及学部郎中杨仪曾、许宝蘅等熟友，一起来为若兰捧场。这就是说，冯耿光在云和堂的歌郎里，最先关注的并不是梅兰芳。遗憾的是，在云和堂所留下的相关资料里，竟然找不到若兰的踪迹，其人详情遂无法知晓。反倒是曹汝霖，出人意料地为冯耿光与梅兰芳在云和堂时期的交往留下记录。曹氏在回忆录里说：

> 我友冯幼伟，日本士官（作者按：陆军士官学校）毕业，服务于军咨府，爱护梅兰芳。时兰芳方十二三岁，未脱稚气，然态似女子，貌亦姣好，学青衣工夫孟晋。幼伟月入银四百两，以其半助兰芳成名，始终如一。后兰芳艺术日进，于四大名旦推为旦王，幼伟与有力焉。

作者按：李释戡撰《梅兰芳小传》称，"（兰芳）夙承家学，七八龄学曲，十一登场，雅合青衣节奏，幼白皙，美丰姿，稍长色艺与年俱进"。这应是彼时梅兰芳较为真实的写照。

又据罗瘿公著《鞠部丛谈》云，1902年至1903年，有"伶界大王"之称的谭鑫培，参加堂会戏演出，每场约纹银50两，"已开前此未有之奇"。又，胡琴圣手孙佐臣为谭鑫培伴奏，每场仅得银元10元，且谭鑫培每月演出不过数场，所以谭与孙的收入都很有限。清末中国的货币制度比较混乱，原系以白银为货币，按重量计值；鸦片战争后外国银元大量流入，较旧式的银两更方便使用。光绪年间中国开始自铸,事实上承认了银元是官方认可的货币。冯梅相识前后,以曹汝霖所说的,冯耿光以每月400两银的收入之半即200两银资助梅兰芳,按照此时银两与银元间的汇率,200两银约可换到银元280元,无疑是一笔巨款了。但是,应当留意的是,曹汝霖虽以"我友"称呼冯耿光,但两人政见不同,且有竞争,曹氏出于何种用意回忆冯梅早期故事,较难断定,因之曹氏之语,犹不可轻信。

令人感慨的是,梅兰芳的祖父梅巧玲,曾是红极一时的京剧名角,名列"同光十三绝",位居四喜班班主,惜于光绪八年即1882年早逝。梅巧玲身后,梅家败落,梅兰芳之父即梅巧玲次子梅竹芬,在梅兰芳四岁时即逝,梅兰芳母子依伯父梅雨田一家生活,而梅兰芳之母杨氏,又在1908年8月去世。如同是一种宿命,冯耿光所生之年,恰是梅巧玲病逝之年;而冯耿光与梅兰芳相遇,正在梅母杨氏逝前。冯耿光的出现,好像是专为及时给予天才且贫苦无助的身处社会底层的孤儿梅兰芳以照顾;而梅之于冯耿光,实亦不无长兄如父般的依恋。冯耿光也把梅兰芳带入一个大时代当中,而不是让其始终生活在梨园行的小圈子里。

恐怕冯氏自己都没能料到,命运会与他开这样的玩笑,日本陆军士官学校毕业的他,日后却因梅兰芳的关系而在中国京剧艺术发展史上被大书特书。

3. 冯耿光的谋士吴震修

如果说冯耿光是梅兰芳智库的首席，吴震修就是冯耿光智库的首席，吴氏的经历甚至比冯氏更为传奇。黄裳曾经说过，"梅一生重大生活和艺术活动，吴震修都是重要的决策者之一"。在上海、香港等地主持建立华乐戏院、天蟾舞台、卡尔登戏院、文华影业公司、龙马影业公司，同时也是费穆为梅兰芳拍摄电影《生死恨》的出资人吴性栽，在《〈舞台生活四十年〉以外谈梅兰芳》文章的附记里，忍不住称颂说：

> 梅的有名的剧本，多出于齐如山、李释戡等名士之手，后期得益的朋友有张彭春和已故的费穆。而梅的最高决策人，则是吴震修。他今年也快八十岁了，这个金融界有名人士，干了一辈子银行，可从不曾攒过钱，书生本色，是我生平所敬服的一人。他有肝胆，有担当，有"我不入地狱，谁入地狱"的勇气，如有机会我将详细谈谈他之为人。

吴性栽自非平庸之辈，而能如此敬服吴震修，情不自禁，溢于言表，可知吴震修更是非同寻常。

吴震修，名荣鬯，字震修，以字行。江苏无锡仙蠡墩人，出身于书香门第，在家行二，人皆尊称其为"吴二爷"。吴震修生于1883年11月21日即清光绪九年癸未十月二十二日，只比冯耿光小一岁。少年时就读于南洋公学，1902年4月自费赴日本留学。与冯耿光等人一样，吴震修原本首选也是要报考日本陆军士官学校，不料，他与蔡锷、李显谟、夏士骧、秦毓鎏等几位自费生却受到时任清朝驻日本公使蔡钧的阻挠，蔡拒绝为他们盖章作保。吴震修在南洋公学的老师，后来被尊为国民党"四大元老"之一的吴稚晖这时也在日本，吴稚晖为学生出头，带领吴震修等人到清朝驻日公使馆请愿，岂知蔡钧不仅态度蛮横，而且召来日本警察将吴稚晖等人抓捕羁押，随后驱逐出境。吴稚晖愤怒至极，在被押解归国途中投河欲死，此一行为顿时激怒留日学生，掀起一场著名的学潮。吴震修与秦毓鎏、张肇桐、钮瑗等十名留学生联名在1902年第15号《新民丛报》上发表《上蔡公使书》，公开与蔡钧斗争。正在日本游历的蔡元培、胡汉民等人则联合百余名留学生向清朝驻日公使馆提出抗议，表示要与吴稚晖等一同返回国内。

这一事件的亲历者之一曹汝霖在回忆录里记述说：

> 日本定章，外国人欲入陆军士官学校及陆军各种专门学校者，须由本国使节保送，后因中国学生，初入士官，言语不通，听讲不便，故设一成城学校，先习语言，略教军队体例及兵式体操，亦以军人当教员，但不必使节保送。蔡公使商之日本政府，以成城学校，亦有军事性质教育，亦须公使保送。日本外务省没有复文，大约亦不赞成。适有某省自费生两人，请公使保送成城，公使以自费生拒绝不保，两生再三恳请无效。时吴稚晖（原注：敬恒。下同）先生同蔡孑民（元培）先生来日考察学

务，两生转恳吴向公使说项，以为以吴先生之面子总可有望，岂知蔡公使仍不许可。吴先生问他理由，他答自费生不能学陆军。吴先生再询，是否奉有政府训令，且成城尚不是陆军学校，日本方面，亦无公使保送入学之章程，贵公使到底据何理由，不肯保送？蔡使因吴先生是学者，不是显宦，即存有轻视之意，即说我不保送即不保送，请君不必多言。吴先生听了怒甚，说道政府派你来，不但专办交涉，亦为保护本国人，今君对学生，尚且无理取闹，不肯送保学校，非说出理由不可。相持之下，蔡使竟不理吴先生，拂袖上楼去了。吴先生见他这样无礼，乃云真是岂有此理，今日不得保送许可，我不出馆门，经馆员一再劝慰，请回去再商，吴先生坚持不肯，遂留在客厅不走。于是学生闻此消息，群起公愤，闹入使馆有十余人，偕同吴先生踞坐客厅内外，彻夜不散。公使即电召日本警察，入使馆执行驱逐，吴先生等均被撵出使馆。遂动全体学生公愤，公电政府谓公使馆有治外法权，今蔡公使不显本国主权，电召日本警察，入馆驱逐本国人员，丧权辱国，莫此为甚，应请撤回，惩其丧权辱国之罪。国内报纸，亦响应攻击。外部复电慰谕学生，少安毋躁。不久政府派载振贝子为亲善使节来日（作者按：时在1902年后半年），随员有唐蔚芝（文治）、汪伯唐（大燮）两公。学生开会，举吴止期、章仲和及余三人为代表，往见载振贝子及唐汪两公，陈述欢迎之意，及蔡公使对待吴先生情形，没有理由拒绝保送学生等。振贝子温谕后，嘱详细报告唐汪两位，并云朝廷深望留学诸生学成回国，报效国家，派我来特为慰问，好好求学，你们有意见，尽管向他们两位陈说，我回国报告政府。后见唐汪二公，说蔡公使向来对学生有成见，即从宴会之事说起，说到对吴先生之无礼。唐公听了，连说荒唐，荒唐。继又说电召日本警察进入使馆，驱逐吴先生及学生，两位都说，岂有此理。我们又说，蔡公使在此对留学生，总不相宜，最好关于学生的事，另派一监督，至蔡公使撤回与否，政府自有权衡，非学生所应干预。不过若蔡公使这样的人，做公使总不相宜吧。两位笑而不答。后振贝子偕唐汪二公到留学生会馆，受学生欢迎，对学生训话，加以奖勉，并说你们好好地求学，朝廷需要人才，对留学生期望甚殷。至蔡公使事，我回国报告政府，一定有办法，望少安毋躁等语。不久撤回蔡公使，继任者为杨枢（中略。作者按：《清代职官年表》，蔡钧任职驻日公使，始自光绪二十七年，迄至光绪二十九年任满，即1901年至1903年）。后日本警视厅，竟以妨害治安为理由，下令吴敬恒出境，吴先生遂不能不离开日本。吴先生出发时，学生走送者近百人。吴先生走到皇城二重桥，忽跳入皇城护城河，群相惊惶，日警即下水救起，幸水不深，仅湿履袜衣裤而已。学生恐途中出事，公推吴震修、吴灏二人送至上海。后闻蔡钧钻营得江海关道，虽以此人善于钻营，而政府之用人，亦可想而知。蔡是塞翁失马，安知非福，政府对留学生之举动，不过是敷衍而已。

作为此次学潮的一大成果，与吴震修同期的自费留学生蔡锷得以考取日本陆军士官学校，以后成为反对袁世凯洪宪帝制的主将；

而吴稚晖、曹汝霖、吴震修等人也成了一时的新闻人物。吴震修虽积极参与学潮斗争，事后却没有去报考陆军士官学校，而是改入日本测绘学校学习。有趣的是，大约就在他护送吴稚晖返回上海的时候，他还抽时间与姐夫嵇健鹤一起翻译了柯南道尔的侦探小说《四签名》，这是《福尔摩斯探案集》中的首部中文译本。吴震修在测绘学校毕业后旋即归国，在京师大学堂师范馆任教，同时悠然自得地广交朋友，成为官场上的交际能手，各种饭局牌局都可以看到他的身影。他在闲逛中无意间又成为中国电影开端之作的见证者。1905年秋，北京丰泰照相馆任庆泰执导拍摄中国第一部电影——谭鑫培主演的京剧《定军山》，吴震修正好路过拍摄现场。吴震修回忆说：

> 光绪末年，我在京师大学堂师范馆教书。课余，我总喜欢逛厂甸。跨入各书铺子的门，随便翻着各种的书看，就不想再走出来的了。大约是在一个秋季，有一天我照例又晃进了琉璃厂。经过丰泰照相馆附近的一个广场，老远看见临时支着一块白布，有些人在拍照。我走到眼前一望，哪儿是拍照，简直是在拍活动电影呢。而且还是我们最崇拜的一位老艺人——谭鑫培，扎着一身黄靠，手拿一把金刀，要了一个《定军山》里的大刀花下场。旁边站的几位都是谭氏的家属和亲友们，人数并不过多。那位照相馆的老板是个大块头，跟我很熟，他也在一旁忙着照料一切。可惜拍得不多，一下子就算了事。后来还在大观楼电影院公映过的呢。这恐怕是京戏上镜头最早的一幕吧。

吴震修看过拍摄电影《定军山》之后，据张国强《"梅党"智多星吴震修》文称：

1910年春，（吴震修）任军咨处第四厅第二科科长，厅长为章遹骏。不久章因伤病改由二厅厅长冯耿光署理，吴震修仍为科长，二人为上下级关系。1910年冬，吴震修兼充军咨

谭鑫培《定军山》剧照

处测地局三角股股长，11月（作者按：似应在12月）因在京师陆军测绘学堂以颇著勤劳赏协参领。

当时厅之下没有处，科长即处长。吴震修是否因冯耿光之援引进入军咨处任职尚不得而知，但冯吴两人来往从此日渐增多，开始深交，终成一生的挚友，吴震修也成为冯耿光身边最重要的谋士。

附录：《许宝蘅日记》所记1906年冯耿光、吴震修在京活动记录

四月廿四日（5月17日）

（前略）子健来笺，约饮于福兴居，坐有仲芳、震修、荃孙、端生，晚餐后至洪寓、云兰阁坐，十一钟归。

四月廿八日（5月21日）

（前略）六钟半赴福隆堂，子健所约，同座为蒋梅星、章毅生、李绎甫、周赞尧、周荃孙、吴震修、施端生、陆仲芳，九钟散。又赴云和堂，子孚所约，同座为岳凤梧、冯幼为（伟）、良赉臣、应云从、阎雨农、张华堂、锡伯瀛，十一钟二十分散。子孚又约至国春堂竹叙，至三钟散，吃点心，归已四钟，东方白矣。

闰四月初八（5月30日）

（前略）午后入城访彦云不遇，晤锡侯、履平、令之、震修、荃孙，并晤耀斋文光、少襄熊贤两同年。四钟同履平、震修、荃孙出城至富贵堂竹叙，余过雪庐送行后往，子健亦至，十钟又至洪寓竹叙，二钟毕，履平因夜深不能归，又至云兰阁竹叙，天明六钟方

散归。

闰四月十一日（6月2日）

（前略）夜答渔来，同往武林访周荃孙、李缉甫，遇履平、端生，九钟后偕往云兰阁，遇震修、仲芳、子健、梅生，遂竹叙，三钟散归，履平宿余处。

闰四月十三日（6月4日）

（前略）七钟至致美斋晚餐，冯幼为（伟）作主人，岳凤梧、辟疆父子，子孚及余共五人，饭后十钟至云和堂竹叙，二钟归。

闰四月十六日（6月7日）

（前略）十一钟散。偕答渔访仲刚于云香堂，不遇，至云兰阁小坐，遇荃孙、震修、端生、仲芳、榖生、子健，子健大醉，十二钟归。

闰四月十八日（6月9日）

（前略）十钟散。至云兰阁，遇震修、荃孙、缉甫、赞尧及王荃士，遂竹叙，一钟五十分散归。

闰四月十九日（6月10日）

（前略）九钟四十五分余先行，至安华堂，仲刚所约，同座为岳凤梧、冯幼为（伟）、韩□□、吴□□、杨仪曾、陈士可、吴菊农、林贻书，主客十一人，尚有二人均忘其姓字，一钟散归。

闰四月廿四日（6月15日）

（前略）六钟归。子健来，同出至云兰、长福、聚福、滨湘各处游览，遇震修、仲芳，震修约至福隆堂晚餐，饭后又至云兰、聚福、三喜小坐，十二钟归。

五月初一（6月22日）

（前略）子孚、答渔先后来谈，六钟三十分同出至燕春园晚餐，并约荃孙、震修，又遇冯幼为（伟）、应云从、岳辟疆，九钟四十五分散，偕往洪寓，又至云香及长福，十一钟三十分归。

五月初八（6月29日）

（前略）余至云兰阁访震修，遇荃孙，约饮于福隆堂，十钟散，同至谢畹处，小坐遂归。

五月初九（6月30日）

（前略）子孚来，约同往云和，幼伟为主人，同座为雨农、凤梧、云从、仪曾、子孚、易菊轩、罗春士，盖若兰出师，幼伟为张贺筵也，诸客皆有贺仪。又遇张次迈，十二钟后方散。

五月初十（7月1日）

（前略）七钟出门至仁先寓，（中略）便道至云兰阁，荃孙、震修、缉甫、荃士、端生、仲芳、子健均在座，小坐即归。

五月十五日（7月6日）

（前略）八钟五十分散。子孚约至云和，遂同出城，并约幼伟至，竹叙，十二钟后小饮，一钟五十分归。

五月十七日（7月8日）

（前略）答渔来，遂同赴宝九之约，至国春堂，同座为阎瑞五雨农尊翁、江露圃□□之子、杨仪曾、冯幼伟，至二钟始散归。

六月十三日（8月2日）

（前略）八钟散。偕仪曾至燕春园，同座为凤梧、辟疆、仲麓、应云从、子孚、吴肃卿，幼伟及罗春士为主人，十钟后散。凤梧又约至国春竹叙，二钟后归（后略）。

六月廿一日（8月10日）

（前略）又访幼伟、云从、易菊轩，不遇。

七月初七（8月26日）

（前略）六钟子健来约，至福隆堂，同座有杨景叔、周荃孙、吴震修、施端生、王荃士，散后至云兰、飞云二处一转，即归。

七月初八（8月27日）

（前略）三钟后同至中和园听戏，谭鑫培、王瑶卿、德珺如合演《御碑亭》，观者如堵，晤仁先、药农、奎章、巨淏、稚苓、药轩、幼伟，均为鑫培来也。七钟至云兰，与端生、荃士、震修、子健竹叙。十一钟又至飞云处竹叙，端生、震修先行，荃孙同局，二钟归。

七月十七日（9月5日）

（前略）散后至武林，子健所约，同座为耿伯潜、种君异、曾□□、周荃孙、吴震修、章穀生、吴寄荃，十一钟归。

七月廿八日（9月16日）

（前略）夜吴震修约饮于云兰阁，十一钟归。

八月二十日（10月7日）

星期。幼伟来，（中略）至云兰阁，震修、荃生均在，竹叙，十一钟散。又访飞云小坐，十二钟三十分归。

九月十一日（10月28日）

（前略）又至松翠，晤震修、端生、景韩、子健，十二钟归。

九月十四日（10月31日）

（前略）八钟紫丞来，同至云兰阁访子健不遇，遇端生、震修、景韩，小坐，春孙访至，约同到国兴堂饮酒，同座有张直庭、区尺君诸人，一钟归。

九月廿六日（11月12日）

（前略）六钟半到万福居，紫丞所约，有沈燕贻、吴震修、周荃孙、汪子健、于啸仙、春孙、夔一，九钟散。

十一月十四日（12月29日）

到学部午餐，四钟归。约冯藕云、连祜孙、张彦云、陈贯三、吴震修、周荃孙、夏履平、肯哉饮，陆仲芳来而即去，王伯荃未到，一钟归。

4. 冯耿光与武昌起义

1911年即清宣统三年，也就是清朝的最后一年，10月10日的武昌首义，引爆了一场天翻地覆的"辛亥革命"。1912年2月12日，清廷颁布退位诏书，彻底结束君主统治，中国历史进入崭新的中华民国时代。然而，生活在北京的人们，在这场风暴来临前夕，大都仍然在按部就班地平静地生活着，从已出版的摄政王载沣、军机大臣那桐，以及严复、汪荣宝、许宝蘅、孟宪彝等人的日记来看，似乎事前并没有人预料到会发生这样大的变革，冯耿光、吴震修亦是如此。时任民政部参议的汪荣宝在日记里记录，1911年2月24日即宣统三年正月二十六日，吴震修曾写信给他，"云通州翟里庄疫病传染，死者数人，地方官殊不措意，属速为布置"。汪荣宝接信后，立即联系民政厅的两位厅丞及直隶总督，报告这一情况，提醒他们及时处置。时任海军部一等参谋官的严复，则在其《辛亥日记》里记录，5月13日曾与军咨使冯国璋、军咨府厅长冯耿光等一起在军咨府值班，也是例行公事而已。

冯耿光这时的工作或许要比别人略忙一些。清廷9月初公布，将于10月初集结6万兵力，在直隶省永平府举行"滦州秋操"（又称"永平秋操"），即大型军事演习，军咨府是秋操的承办者。军咨大臣贝勒载涛为监操大臣，军咨使冯国璋任东军总统官，陆军部正参议舒清阿为西军总统官。秋操指挥各处负责人，均由军咨府各厅厅长担任，冯耿光是外宾接待处处长，负责接待参观秋操的外国客人和新闻记者。参加秋操的主要军官，几乎都是日本陆军士官学校的中国留学生，如哈汉章、良弼、舒清阿、卢静远、冯耿光、陈其采、吴禄贞、蔡锷等，所以此次秋操事实上也等于是清廷对于这些留日年轻高级军官的一次演练，为他们全面接管军队做出铺垫。不幸的是，盛大的"滦州秋操"因武昌起义爆发而被迫中止。冯耿光在《荫昌督师南下与南北议和》文中回忆：

当时载涛和各高级官员等都往操地去了，军咨大臣贝勒毓朗留守京师。我却因被派为外宾接待处的处长，须要偕同各国使馆驻京武官前往操地，所以还要在北京等几天才能出发。

八月二十日（10月11日，作者按：冯氏文章中的日期皆用旧历）早晨，忽然接到军咨府秘书科科长的电话，说："接到湖北的电报，昨晚九时，武昌兵变，湖广总督瑞澂和提督兼第八镇统制张彪都已弃城逃往汉口。"我就回问他："滦州涛贝勒处发出电报没有？有没有打电话给朗贝勒？"他说："电报、电话都已打过，朗贝勒就要到衙门来了。"我立即乘车到西城西长安街军咨府去。

进门不久，毓朗也到了，我就问他："您看这件事我们应该怎么办？"看他的神色好像是对这件事还没有拿定主意，迟疑了一会儿才说："这是内阁的事，我们不用管，还是让内阁去办吧。"我当时觉得很奇怪，调遣军队的大权，是我们军咨府和内阁所应该争执的问题，岂肯多让，但是今天却为什么反而推出不管了呢？正在这个时候，庆王府有电话来请朗贝勒立即前往开会。毓朗就要走，我问他："您到王府去开会，倘若问起您来，您预备怎么回答呢？"他说："我还是听候王爷的意见。"

毓朗走后，我心里很不以为然，这么重要的事，怎么这样不负责呢？当时府里的空气虽然很沉寂，但是我心里却很焦躁。湖北、滦州等地也没有什么电报了，府里又没有什么事做。等了一个多钟头，毓朗回来了。我急忙问他："到底怎么样？"他说："庆王的意思要派陆军大臣荫昌到湖北去督师。"我问："带哪些队伍去呢？"他说："还是等涛贝勒回来再决定吧。"如此，又等了一个多钟头才接到载涛从滦州拍来的一封急电，说他就要回京，一切事都等他回来再决定。

夜里十点多钟，铁路局摇来电话说："涛贝勒的专车就要到了。"当时衙门里部曹一空，我就一个人立刻到站里去迎接。到了车站，不久专车就进站了。只见涛贝勒仅仅带了几个高级人员回来，行装也很简单。再看那列专车，只有一个火车头挂着两辆客车。我很纳闷，因此我随口问载涛："为什么您的专车这样简单？"他说："情形紧急，我们几个人是从操地上飞马赶到车站的。到了车站以后，仅仅找到一个车头、两辆客车，来的时候连路签也没有来得及办，就冒着险开出来了。"载涛尽管这样说，但他还是做出精神抖擞、很镇静的样子，下车以后就对我们说："到我府里来吧。"我就和他跟他同来的李经迈、良弼、哈汉章等几个人，到载涛家里去了。

落座以后，我就向载涛说："听说上头已有意要派荫午楼前往湖北督师了。"载涛就随手把地图拿出来看着说："现在的兵力已经都开到滦州去了，从滦州到武昌有很长的路线，调兵遣将可就很费事。"他像是很着急的样子，又自己念叨着说："别处又无兵可派。"

后来我听说，武昌失陷以后，内阁集议，一致主剿，并主张由陆军大臣荫昌督率陆军两镇赴鄂剿办。但拟议的时候，协理那桐说："武昌兵变是一隅之蠢动，何必陆军大臣亲临督剿呢？"因此才再行考虑。当时也颇有人主张从河南和京畿附近调派国防军去应变，总比从滦州调派开拔近一些，快一些。却不料庆王奕劻对于载涛久存戒心，惟恐载涛趁武昌起义调拨军队的机会利用禁卫军来对付自己。所以奕劻为了确保自己的安全，首先把姜桂题的武卫军调到城里，分驻在九门要冲和庆王府的周围，进行了切实的防范。这说明在当时不但革命与反革命之间的斗争很激烈，就是清皇室亲贵内部的互相疑忌也很深刻。所以载涛当晚的自言自语，也自有他难言之隐了。

载涛说完这话，随着就拟了几道旨意，都是准备在第二天应用的。等了一会儿，他说："好吧，夜深了，我们憩息一会，明天早晨朝房里见面吧。"当天我们都是穿着军服出来的，所以载涛说完这话，我们就各自告辞回寓，调换冠服。虽说是"回去憩息一会"，实际上谁也来不及睡觉了。

载涛宅在西城龙头井即今柳荫街。从冯耿光细致生动的描述可以知道，他其实身处的正是清廷最高军事指挥中心，对于清廷的无能与王公亲贵之间的倾轧，有着深刻的认知。他回忆次日朝房遇到被派往湖北督师的陆军大臣荫昌，冯耿光说：

载涛的话还未说完，只见荫昌走进来了。他身穿袍褂，脚下却蹬着一双长统的军用皮靴。他不仅打扮得很奇特，而且走上来时，十足地摆出一副三花脸的姿态，实在使在座的人们有些忍俊不禁。他平时虽然一贯如此，但在这样的紧张局面之下，他竟还是"故我依然"，却是人们所料想不到的。

当时在座的人们忍住了笑口向他"恭喜"说："有旨意命您督师到湖北去。"荫昌随着就有声有色地说："我一个人马也没有，让我到湖北去督师，我倒是去用拳打呀，还是用脚踢呀？"在座的人看到这种情形，觉得一位掌握全国兵马的陆军大臣做出这样的行动，未免荒唐儿戏。我看到当时的情况，认为他这样轻率，担当湖北督师的重任，恐怕要贻误前线军机的。

冯耿光对于清廷派出荫昌督师湖北，明显感到担忧与失望。此时的军咨府情况也颇为混乱，有些思想激进的年轻军官见武昌事起，随即开始暗中联络，准备离京参加革命军。其中有一位吴震修的部下，名叫黄郛，向吴提出请假。吴震修找冯耿光商量，他们明知黄郛用意，却为黄郛提供了支持和掩护。赵尊岳在《黄郛别传》里叙述：

  辛亥事起，军咨府中有大志者，纷然南下，为革命效力。陈其美主沪事，尤著盛誉，（黄）郛亦亟欲来归，就荣丐假。

黄郛

荣訔以闻诸耿光，佥曰："郭乞假，将有所谋，孰不知之，吾辈岂墨守者。排清革命，正复同志，不如以事遣之行，使留南方。"于是托故命之行，且密语以时会之切，郭欣然，克日就道。逮抵上海，其美甫任沪军都督，屏当军事，不日暇给，相见班荆，立任之师长，渐又任参谋长。

赵尊岳才子文章，自多夸张之处，亦少有考证，但其所述黄郛请假事，当系确有其事。黄郛，字膺白，1880年即清光绪六年生于上虞，1905年赴日留学，加入同盟会，并组织"热血丈夫团"，秘密从事反清活动。他在日本还因与蒋介石、张群意气相投而结拜为异姓兄弟，黄郛居长，蒋次之，张群为三弟。1910年黄郛回国后在军咨府任科员，得到科长吴震修的赏识，吴向冯耿光推荐，将黄从三等科员提升到二等。武昌起义爆发，黄郛要赶往上海参加陈其美领导的起义，冯吴尽力为黄提供方便。黄郛在民国后飞黄腾达，历任外交总长、教育总长、代理国务总理等职，到了国民政府统治时期更是为蒋介石所倚重。但是，黄郛对于冯耿光和吴震修始终保持尊敬，"犹足恭称六爷二爷不置（止）"（赵尊岳语）。

吴震修也参加了上海光复起义。张国强《"梅党"智多星吴震修》一文说：

上海光复起义胜利后，成立上海督军府，陈其美任督军，吴震修任参谋长。在陈其美致北京军队联合会与孙中山大总统等重要通电中，均有吴震修署名。这些都足以说明吴震修为近代民主革命所做出的努力。其在当时上海革命军中有相当高的地位。

5. 冯耿光参加南北议和

武昌起义为袁世凯的东山再起创造了机会。先是在1909年1月，袁世凯在满族亲贵排挤下，奉旨开缺回籍养疴；武昌起义爆发后，清廷无奈起用袁世凯，经双方讨价还价，以摄政王载沣为首的满族亲贵交出权力，1911年11月13日袁世凯自河南彰德抵达北京，出任内阁总理大臣。袁氏一方面与湖北等南方革命势力斡旋，另一方面着手打击北京的满族亲贵势力。据冯耿光回忆，"袁世凯到京以后，就把军咨府当然地纳入内阁中，军咨府从此名存实亡了"。

袁世凯指名议和代表

冯耿光等军咨府官员，就此被排斥在袁氏的军事活动之外。不过，鉴于冯耿光二厅厅长的地位较为特殊，袁世凯亲自指名冯氏参加南北议和会议，算是给予适当安排。袁氏指派的北方全权代表为唐绍仪，以袁之亲信杨士琦副之。

廖大伟《上海与辛亥议和》（载于上海市档案馆编《近代城市发展与社会转型》）所列出的其他北方代表名单是：

刘若曾（直隶）、许鼎霖（江苏）、章宗祥（浙江）、关冕钧（广西）、严复（福建）、张国淦（湖北）、冯耿光（广东）、侯延爽（山东）、齐照甲（吉林）、郑沅叔（湖南）、蔡金台（江西）、寨企益（贵州。作者按：应系寨念益之误）、渠本翘（山西）、张错（云南）、孙多森（安徽）、傅增湘（四川）、刘笃庆（甘肃）、雷多寿（陕西）、熙钰（蒙古）、庆山（黑龙江）。

这份名单与冯耿光的回忆有一些差异，或是最初拟定的名单与实际参加者，并不完全相符。

冯耿光回忆：

十月中旬（作者按：指旧历，此时已是新历12月），袁派唐绍仪为全权代表与民军议和，并决定由京汉铁路搭车南下。代表出发之前，有一天，我接到内阁总理衙门的公函，是袁世凯召我到他私邸参加会议。经我打听，军咨府的同僚中并没有接到同样柬帖，不知为了何事，到袁邸后才知我已被派为参加南北和议的北方代表。当时规定北方的全国代表共二十人，系按全国二十行省、每省一额推定的。

冯耿光记述了袁世凯亲自主持各省代表会议的情况。冯说：

那天，锡拉胡同袁邸的客厅里济济一堂，在座的除了二十位代表以外，还有些秘书、随员等。其中熟人很多，年纪最长的是陈宝琛（原注：伯潜。下同），他是福建闽侯人，曾任山西巡抚，是新近奉诏回京的。不多时，袁就穿着便服出来，见到陈，很客气地说这番和议是朝廷的大事，所以请老世叔出来，并希望他"为国宣劳"。陈则谦逊了几句："近来岁数大了些，身体也不很好，还是请严又陵（复）去，要好得多了。"袁又和陈谈了几句，就转向各代表做了个简单的谈话，内容是主张君主立宪，首先表示了他"忠君爱国，一以社稷朝廷为念"的热诚，接着就提出了"南方的民党很猖狂，我们总要想出确保社稷的万全之策"。他还故意问问："诸位想想到底采用什么国体最为恰当？"他强调说："我是主张现在实行君主立宪最为恰当，将来国民程度渐渐开通，懂得共和的真谛，再慢慢改为共和政体。"他又提道："为此请各位代表南下议和，并请少川（唐绍仪字）为总代表，杏城（杨士琦字）为副总代表。"他谈了约有三刻钟，最后还客气了一句："众位代表有什么意见，请发表发表，兹事体大，请发表发表好了。"大家意见虽多，但因当时那种场合和他那样说法，谁还敢提什么意见。况且代表中北方人居多，即有南人，也是在他手下任事多年的，所以都点头表示赞同，没有一人发言。但在座的代表们却有个几乎共同的心理，认为"司马昭之心，路人皆知，况我辈乎"？我们就一齐告辞退出了。

这次南北议和，是先到武汉，然后到上海，最后到南京。冯耿光因为已料定袁世凯"一定要推翻清室",所以一路上只是冷眼旁观,并无特别表现。在从武汉赴上海的小江轮"洞庭号"上,冯还遇到了番禺同乡汪精卫,"我们在船上握手忆叙前事,从应试谈到炸摄政王,倒也忘了江行的寂寞。我觉得他年纪虽轻,阅历不少,见地、口才都不差"。

船到上海,上海在11月3日光复起义之后,已由陈其美领导的沪军都督府接管。冯耿光在日本陆军士官学校的同学,即在军咨府的同事陈其采,就是陈其美的弟弟,以及冯在军咨府的部下吴震修、何澄(亚农)、黄郛等也都在沪军都督府担任要职。听闻冯氏抵沪,时任沪军都督府参谋长的黄郛及吴震修、何澄等立即至冯氏下榻的沧州饭店看望老上司。冯耿光说:

> 他们暗地告诉我:"此地虽由都督府接待,但因地处公共租界,都督府无法派人保护,因此有很多不便,原来每日按照规定须稽查各房间的商旅,盘查来访的宾客,并对来往信筒也要进行检查。至今虽然专作招待代表的住所,但仍旧必须按照规定办理,毫不假借。你若不愿受此拘束,何不搬往别处暂住,乐得找些便宜。"我就约同章宗祥、张国淦、陈锦涛等共同搬到二摆渡礼查饭店去住,搬去以后确是自由得多了。

冯耿光更谈到南北议和中的种种乱象,说:

> 同时我们并得知在由汉来沪时下船以后,很多代表被一班

歹徒要挟，硬说"北方代表都是宗社党，不要轻易放过他们"。代表们怕事，就纷纷躲避了。其后不到两三天就接连出了些事。起先是顾鳌就被他们拘禁起来。顾出事后，杨度一面请巡捕房对他予以人身自由的保护，一面自己也躲起来了。又有人恫吓副总代表杨士琦，要剪他的辫子，因此杨赶紧走避到亲戚家去，不仅不敢出屋，以后简直就没露过面。其余的分代表，也有打电报向北京暗通消息、问讯的，也有私自溜出上海的。由于代表们这样自由四散躲避，所以见面的机会很少，到了上海以后就没聚会过一次，因此当时究竟有多少代表留在上海，都做了些什么，遭遇到哪些困难，也就不得其详了。

冯耿光与章宗祥、张国淦等，则差不多天天到唐绍仪总代表处打听消息，唐则有时与他们谈谈，让他们看一些电报。冯耿光披露，他们这些代表，其实参与与否无关紧要，重要的是唐氏背后另有一位参谋，即曾经做过张之洞幕僚的赵凤昌。冯耿光说：

有一天，区（作者按：姓）翻译出一件北京拍来的密电，照例递给唐看，唐看过很兴奋，说："北京回电来了，赶紧打电话给赵老头子。"一头说一头挂电话，电话里和对方仍是和过去一样谈得有说有笑，很融洽。我觉得奇怪，就问他："你有要事不找伍秩老（作者按：南方全权代表是伍廷芳），为什么先打电话给他？"他说："秩老名义上是南方总代表，实际上做不出什么决定，真正能代表南方意见、能当事决断的倒是这个赵老头子。"我当时不知赵某究是何许人,他说:"赵曾在张南皮任两广总督的时候,做过他多年的亲信幕府,后来又跟张到湖广总督衙门做幕,可以说是参与机密,言听计从的。他官名凤昌,字竹君,江苏常州人,读书很多,不仅对新学很有研究,由于他随张多年,国内情形、政治军事了如指掌。"我又问:"他有何权参与此事?"唐说:"由于后来张推荐赵到沪举办洋务,接触江浙两省的时人很多,尤其为张季老(作者按:指张謇)所尊重,张赵交亦笃厚。现在江浙的程雪楼、汤蜇仙和南方的几个都督同赵都有交情。民党中人对国内情形并不怎么熟悉,张是倡导实业救国的新人物,孙、胡、汪等民党领袖对张不仅慕名,而且很佩服很重视。他们为了熟悉情形,有不少事要请教张,而张往往趋而谋之于赵,张每自南通来沪,必住赵家,这样民党中人自然敬重赵了。因此,南方要人如孙、汪、陈其美、程雪楼等有重要的事也来决策于赵。又因他长年病足,不能下楼,大家为了迁就他,就到他南阳路私邸惜阴堂去会见或开会,在和议过程中每星期当中总有一天或两天,程德全、汤寿潜、张謇、汪兆铭、陈其美等在赵家聚会。所以他实际是众望所归、洞悉全盘局势的南方策士,通过他反而好办事了。"经他这一席话,我才恍然理解。我在唐处所见,差不多天天唐要与赵通电话,赵在当时和议中的重要性,由此可见了。但当时得知这个情况的人并不多,而赵亦不自居功,讳而不谈,有人称他是无名英雄,可以说是有些道理的。

唐绍仪、冯耿光所谈到的赵凤昌，生于1856年即清咸丰六年丙辰，其时虚岁不过五十六岁，比唐绍仪仅大五六岁。唐以"赵老头子"称之，尊之为前辈，可见唐对于赵的既敬且畏之情。

赵凤昌之子赵尊岳所撰《惜阴堂辛亥革命记》里对此段历史亦有具体记述，与冯耿光之言恰可相互印证。赵尊岳云，武昌起义之后，其上海惜阴堂宅邸，各方人士"杂沓纷至，户限为穿"，可见其昔日盛况。可冯耿光没有想到的是，这位神秘的"赵老头子"的公子赵尊岳，很快就成为梅兰芳艺术的爱好者，民国后高居上海捧梅的首席人物，正与北方的冯耿光遥相呼应。

赴南京会见孙中山、胡汉民

在南北议和过程中，冯耿光还有一段极为难得的经历，即自上海赴南京会见孙中山与黄兴、胡汉民等同盟会主要领导者。冯氏回忆说，1911年12月25日孙中山抵达上海，29日被南方十七省代表选举为临时大总统，唐绍仪顿时坐立不安。冯耿光说：

唐为此深为焦虑，很想有人到南京去看看民党的真实情况，就与我和章宗祥私下谈起："你二位最好能到南京去看看，相机对他们解说解说。"唐认为我和孙（中山）、胡（汉民）本有渊源，并有乡谊，我又熟悉北方的军事情形，章则是懂法律的，共同走一趟很有道理。其实我与孙、胡并无深交，又非同盟会会员，只是在学生时期孙到东京的时候，我们欢迎过他，以后仅有数面之雅。所以当时我两人对此事有些踌躇,认为你们专命的信使都折冲不了的问题,我们去又当如何?后来唐说:"二位此去,确实有些好处。不仅要向他们解说,也要知道他们些确实的情况和表示,所以还须劳驾。"我们就答应了。我们继思南京方面人地生疏,若贸然前往,恐有未妥。此时汪兆铭自己表示愿为写信,我们方才动身。

冯耿光记述与孙中山等人会见的情形,说:

当时的临时总统府就设在两江总督衙门的旧址也就是太平天国的天王府里。在那里还看到那个具有一段史话的石舫。见了孙中山,才知胡汉民是秘书长,我与胡本来熟识的,他们招待得很殷勤。

走到西客厅里的办公厅,也就是端午桥在两江总督任内的宝华庵。在大厅里放着一面大长方桌。孙、胡各坐一面,东西对坐办公,一切设施都很简单朴素。孙、胡和我们谈了约一个钟头,多是闲谈,初未涉及优待满蒙条件一事。谈到十一点多钟,孙就很诚恳地留我们吃饭。在大办公桌的旁边一个小方台上,四人四面就座,菜饭是广东家乡味,香肠、咸鱼等寥寥四菜一汤。饭后孙就对我说:"我一会去检阅海军,我们一齐去好不好?"我就一口答应了。孙原穿长袍,说着就进去换了一套中山装。记得我当时是穿着灰鼠皮袍。孙拉着我的手一起走,走到总统府正门处,看到前面有一位体格魁梧、身穿军服的人,我一见即知是黄克强大元帅。孙为我介绍，然后让黄乘前头一部敞篷双马车，孙拉着我乘后面一部双马轿车。南京的路很坏，车马行动时车身颠簸，尘土飞扬，很不舒服。

车行半个小时，到了下关，我们一齐登上了一只海军江舰。当时满江大小军舰满挂着各国小国旗。孙到舰上仔细地察看大炮装备等，好像他对军舰是有些阅历的。他和官员、士兵说话都很温和亲密，很有大将风度，官兵对他也很敬爱。他一连看了两条船，都很留意。回到车上以后，我没想到他会对我说："果真和议破裂，我就要督师北伐，你可以和我一同去吗？"他突如其来，我只好唯唯诺诺。他又说："你在军务里多年了，北方军情总很清楚了，可以谈谈吗？"我当时对北洋军情是知道的，出京以前我为了熟悉情况，曾就北方军情自己画了一个地图，一个月来我在代表办公处对北方调拨军队的情况多少也知道了一些。所以我就先把过去北洋的军情和袁世凯在南军起义以后把大军聚集在各铁路和河、淮前线预防民军北伐的情况都略说了一说。（中略）我一面想，一面竟然把我所想的话直对孙中山先生说出，并表示我"希望和议成功，一致推翻清室免得夜长梦多，对共和前途、国家前途皆非福幸"。我劝他极力促成和议，万勿诉之兵戈。孙先生连连点头，颇像同意的样子。这样，我既不便深说，也未便深问了。

冯耿光面对唐绍仪、孙中山、胡汉民等各方头面人物，自如答对，颇有分寸，足见冯氏之大才及胸中谋略。在风云变幻、深不可测的南北议和事件里，年轻的冯耿光完全够得上是其中的一号人物。

6. 缀玉轩"梅党"领袖

1912年即中华民国元年壬子，3月10日，袁世凯在北京就任临时大总统，以唐绍仪为内阁总理，一个新的时代就此开启。袁世凯除了大封功臣之外，他对在清朝担任过各省督抚者较为看重，而对于参加过辛亥革命的革命党人以及载沣、载涛等满族亲贵的亲信，则怀有很深的猜忌。为了巩固自己的政权，袁氏在全国范围内重新整编军队，着手清除军内异己。冯耿光在清帝退位前已经自请开缺，辞去军咨府二厅厅长职务，以他在军咨府的地位，仅于1912年11月26日得授陆军少将。后或袁氏发现不妥，又加冯以总统府顾问的虚衔，并派冯为中国和比利时合资开办的临城矿务督办，亦即中方负责人，待遇相当丰厚，聊表袁氏对冯的笼络之意。年仅三十岁的冯耿光，此前的仕途一帆风顺，在袁氏当权后却被闲置一旁，其内心之愤懑，可想而知。

冯耿光组建捧梅"将军团"

这时，冯耿光所资助的梅兰芳，已经虚岁十九岁了。冯梅相识的五年里，梅兰芳脱离私寓云和堂，从租住的房子里搬到宣武门外鞭子巷三条一所四合院居住，并与京剧武生演员王毓楼的妹妹王明

华成婚,生活与学戏演出都非常稳定。梅兰芳的儿媳、梅绍武夫人屠珍在《梅兰芳的故居》文里介绍梅氏新宅说:

> 上房五间,左首两间是祖母的住房,右首两间伯父母带着两位未出阁的妹妹住。梅先生住在左边厢房,对面是厨房,厨房隔壁就是养鸽子棚。外面靠大门的倒座是两间客厅和一间书房,开间都很小,经常有些爱好戏曲的朋友在那里向雨田伯父商讨一些音乐场面上的问题。

现在虽然没有确凿的资料作为证明,但以梅兰芳的收入水平以及家庭负担而言,其中无疑是有冯耿光的资助。值此冯氏政治失意

舒石父(左一)、许伯明(左二)、齐如山(左三)、梅兰芳(左四)、陈其采(左六)、冯耿光(右一)、程砚秋(右三)、姚玉芙(右五)等人的合影

之时，梅兰芳在艺术上却呈蒸蒸日上之势，冯开始在梅的艺术道路上投入更多精力，而且还联合了他的一批朋友，包括吴震修、李释戡、许伯明、舒石父、吴锡永等人，一起为梅出谋划策，帮助梅打开局面。

冯耿光的这些朋友，基本是毕业于日本陆军士官学校的同学，只有吴震修是毕业于日本测绘学校。吴震修的情况已经介绍过了。李释戡，人称"李三爷"，他的情况至为复杂，且还有一个庞大的家族，兄弟众多，一时难以说得清楚。简略介绍是，李号宣倜，原名汝书，福建福州人，生于1888年即清光绪十四年戊子，1905年6月考入日本陆军士官学校，是第四期中国留学生。其归国后，1908年参加清朝的留学生考试获超等，授予举人功名，派在军界任职，此时也受到袁世凯的冷落，1913年11月6日授职陆军少将。

许伯明、舒石父、吴锡永都是日本陆军士官学校第一期中国留学生。吴锡永后来不知为何退出了冯耿光的这个群体，其经历从略。许伯明名葆英，字伯明，以字行，生于1877年即清光绪三年丁丑，1898年作为浙江官费留学生留日，1912年11月20日授职陆军少将。舒石父名厚德，字石父，以字行，与许伯明同为浙江官费留学生赴日，1912年11月1日授职陆军少将。许、舒两人都参加过上海光复起义，后均被袁世凯调进北京赋闲。据黄郛的连襟钱昌照说：

据我所知，蒋介石在日本留学时，跟黄郛、张群过从甚密。辛亥革命，他们都参加了。那时陈其美是沪军都督，黄郛是第三师师长，旅长是舒石父。两个团长，一个是蒋志清（原注：就是蒋介石），另一个是张群。陈其美、黄郛、蒋介石三人结拜为把兄弟。（作者按：钱昌照回忆有误，结拜的三人应为张群、黄郛、蒋介石。）

钱氏的回忆有不确处，如与蒋介石、黄郛结拜者是张群，而不是陈其美；钱说黄郛任职师长，但也有说是参谋长的。陈其美的沪军都督府实际情况较为混乱，尚须细细考证。但以舒石父的资历而言，曾任过蒋介石、张群的上司，确是可能的。

这样看来，事情就明朗了许多，冯耿光是把一批如他一样，不被袁世凯所用的将军们，组建成为梅兰芳最初的后援团，也就是"梅党"的雏形。波多野乾一著的《京剧二百年之历史》，其日文原著记：

> 作为梅兰芳的后援者，冯耿光、李宣倜（释戡）、齐如山、许伯明、舒石父、吴震修、胡伯平等名流，为梅兰芳组织了名为"缀玉轩"的后援会。

其中齐如山参加得稍晚些，胡伯平即胡礽泰，清末曾任民政部郎中，1914年12月出任民国驻日本长崎领事，所以后来参加缀玉轩的活动不多。李释戡被戏称为"缀玉轩"的秘书长，许伯明因多次陪伴梅兰芳外出演出而被戏称为梅兰芳的侍从武官，舒石父则因对梅氏的饮食起居都非常关心，所以被戏称为梅氏的"乳母"。许姬

梅兰芳与冯耿光

传《梅兰芳和谭鑫培第一次合演》一文里引用梅兰芳的回忆说：

> 民国元年（1912年）冬，谭（鑫培）等发起正乐育化会筹募基金义演，委托王君直、陈子芳、丁辑甫、李丙庵组织两天义务戏，地点为天乐园。王君直等约我陪谭老唱《桑园寄子》，我一口答应，当时我觉得这是谭老提拔我。（中略）但是，冯六爷、许伯老、舒先生都很紧张，认为第一次与谭老配戏，倘或出点差错，影响我的前途，其实我心里有谱。

由此可见冯耿光等人对于梅兰芳的用心程度。

"学生团"与"诗人团"

除冯耿光的"将军团"外，梅兰芳在北京还拥有两支特别的后援队伍，一是"学生团"，一是"诗人团"。

先说"学生团"，这主要是指京师大学堂译学馆的学生。译学馆主要是培养翻译外交人才，却涌现出为数不少的"捧梅"健将，代表人物是郭诵仙、言简斋、张孟嘉、张庚楼、于非闇（即于魁照）等人。梅兰芳《舞台生活四十年》里引梅对许姬传说：

> 还有译学馆的学生，你的表兄言老（原注：简斋。下同）、郭八爷（民原）、张孟嘉、张庚楼等都是我早期的朋友。

梅兰芳在提到言简斋时说：

> 他是中国最早创办的外国语学校（原注：译学馆）的学生。我在文明园演唱时期，这班学生课余常来听我的戏，都是我早期的忠实观众。那时池子里听戏的有一班纨绔子弟，脾气很是骄纵，经常包着当中几张桌子，在里面横行霸道，任意胡来。遇到演员出场，不是他们爱看的，就脸冲着墙，喝茶、抽烟、嗑瓜子。有时还毫无目的叫"倒好""打通"。场内有了他们，秩序就不能安静了。
>
> 译学馆的学生，在当时是比较热情而天真的。看不过去这种怪样子，就在这一班捣乱的看客周围固定了一圈桌子。遇到这些捣乱分子叫"倒好""打通"的时候，他们就大叫其好，盖过了"倒好"和"打通"的声音。这样才把那班纨绔子弟的气焰压下去了。

郭逎仙、言简斋等学生们的年龄与梅兰芳相仿，精力充沛，热情高涨，是"捧梅"的急先锋。民国初兴，中国政坛出现党派政治热潮，国民党、进步党、统一党、共和党纷纷登场，为争得在国会中的席位而展开激烈角逐。有好事者讽刺此种乱象，把梅兰芳的支持者戏称为"梅党"。1913年10月国会选举总统，各党派各显身手，令袁世凯颇为恐慌，竟派遣军警包围会场，强迫议员投自己的票。不知哪位议员有意搅局，居然投了梅兰芳一票。此讯传出，更使"梅党"之名不胫而走。"学生团"的郭逎仙趁势索性以"梅党"自居,撰文《释"梅党"》(1913年),宣称"梅郎兰芳,色艺双绝,今日伶界之奇才异能也,党以显之,不亦宜乎"?郭文还列出"梅党"四项标准,即:

(一)非梅郎之剧不观;
(二)对于梅郎之言论有褒无贬,永不诋毁;
(三)不因梅郎开笔墨之阵以伤梅郎之心;
(四)梅郎设有色艺衰落之一日,不因之改变宗旨。

由此可见郭之"捧梅"狂热程度,实与今日风行娱乐圈的"粉丝"(Fans)群体无异。郭遄仙后来还被小报记者穆辰公编排进他的小说《梅兰芳》,成为其中的男主人公。穆辰公在小说里极度渲染郭与梅的所谓同性恋情,把冯耿光也牵扯了进来。这桩公案,亦如时下演艺界的是是非非,不说也罢。郭的晚景有些凄惨,荀慧生《小留香馆日记》1931年10月22日记:

日前郭遄仙之母来借贷,今请余母来,借伊四十元,请余母送去。

从荀慧生的记录可知郭遄仙的生活甚是窘迫。相比之下,言简斋的结局远胜于郭遄仙,言晚年受到梅兰芳的照顾,在梅宅做些文字工作,后来还被聘为中央文史研究馆馆员,1972年2月在北京病殁,享年八十五岁。

再说"诗人团",情况较之"学生团"要复杂许多。从人员上说,包括清末民初诗坛执牛耳者的樊樊山、易哭庵,还有罗瘿公、步林屋、黄秋岳等,李释戡亦兼属这一阵营;还有稍晚些加入的南方张謇、况周颐等人。他们既以清朝"遗老"自居,其中又有不少人与袁世凯的二儿子袁克文过从甚密;同时他们还保留着诸多旧习气,与新的时代多有隔膜。坦诚地讲,他们在与梅兰芳的交往中,多是残存着晚清逛私寓的不良习气,肆无忌惮地表达着他们的"风流"情绪,与冯耿光、吴震修等有过留日经历的人是大不相同的。举例说,当时社会上的恶少流行扎袜带儿,梅兰芳也学着扎过一回,被吴震修看到了,吴便说反话批评道,"好漂亮啊!"梅意识到自己的不妥,连忙将袜带儿收拾起来,再也没有扎过。

诗人们是不会这样管束梅兰芳的。易哭庵在1913年5月13日作有长诗《万古愁曲为歌郎梅兰芳作》,时人评之云:

年来都下知实甫(易哭庵)者,无不知梅郎;知梅郎者,亦无不知实甫。

易诗中"一笑万古春,一啼万古秋"之句,至今尤为梅兰芳艺术的爱好者所传诵。此诗既可视作梅兰芳成名之标志,又不失为中国诗词在近现代之绝唱。

为酬谢易哭庵此作,冯耿光与梅兰芳特意邀请诗人们到冯宅饮宴并观赏芍药花,易哭庵乘兴又作了一首《梅郎为余置酒冯幼薇宅中,赏芍药花留连竟日,因赋〈国花行〉赠之,并索同座瘿公秋岳和》，句有"京师第一青衣剧，梅郎青衣又第一"。罗瘿公读易诗后，在和诗里酸溜溜地调侃冯耿光与梅兰芳，竟然轻佻地说了句"梅魂已属冯家有"。罗氏的放肆顿时引起众人不满，以为"既非事实"，"论者多不以为然，瘿公亦自悔之"（易哭庵语）。

易哭庵遂再作《梅魂歌》，为罗瘿公打圆场，其诗云：

> 吾友瘿公乃云梅魂已属冯家有，此语颇遭人击掊。冯家冯家果何人，不过与我同为梅魂效奔走。质之冯家固不受，诘之瘿公亦引咎。梅花万古清洁魂，岂畏世间尘与垢。

易哭庵的这首诗，却是对于冯耿光与梅兰芳两人友情的一个极好的解释。

不管诗人们的心态如何，他们在梅兰芳早期的艺术生涯中，是一种不可或缺的存在。他们凭借自己的社会影响力，为梅兰芳鸣锣开道，大幅度提升了梅剧的文化层次和梅氏的社会地位。

1920年夏，易哭庵在京贫病而逝，梅兰芳感念其德，"赙以巨金"（李释戡语）。奭良撰《易实甫传》亦记：

> 梅伶名未盛时，君（易哭庵）赋《万古愁》诗张之，名遂鹊起。梅深感之，病中馈珍药，既殁，致重赙，哭奠极哀，以是为君之晚遇可也。

1924年9月罗瘿公病逝，赵尊岳著文说，梅兰芳亦曾出重金为罗治丧。

由易罗后事足见梅兰芳对于诗人们深怀谢意。但是，梅兰芳晚年尤为反感"梅郎"一词，不愿他人再如此称之，这些旧事遂逐渐湮灭无闻了。

遥想当年，梅兰芳在1916年以两千余两银典下前门外芦草园一所宅院。梅兰芳在《舞台生活四十年》中说：

> 我从民国五年起，收入就渐渐增加了。我用两千几百两银子在芦草园典了一所房。那比鞭子巷三条的旧居是要宽敞得多了。它是两所四合房并起来，在里边打通的。上房是十间，南房也是十间。南房这部分除了一间是大门洞、一间是门房，再紧里边靠墙是堆杂物的一间之外，其余七间：外面的三间打通了是我的客厅；里面四间也打通了，是我用作吊嗓、排戏、读书、画画的地方。我们都叫它书房。有些熟不拘礼的朋友和本界的同人来了，就在这一大间书房里谈话。我那时的日常生活，大概是清早七点起来，放鸽子、喊嗓子，这都是一定的课程。上午拍昆曲，下午排新戏。要是白天有戏，接着就该上馆子了。晚上大家又来讨论有关我的业务上的事情。我这一整天的时间，都抓得紧紧的，连一点空儿也没有。

在这所宅院里，梅兰芳不时与"将军团""学生团""诗人团"聚会，谈文论语，研究戏剧。李释戡为梅氏的新书房取名"缀玉轩"，典出南宋词人姜夔所作《疏影》里的"苔枝缀玉"，这里

罗瘿公（左一）、程砚秋（左二）、吴富琴（左三）、齐如山（右二）、许伯明（右一）等人的合影

梅兰芳与齐如山（中）、罗瘿公（右）在缀玉轩研究剧本

成为"梅党"的大本营，大家互称"缀玉轩同志"。其领袖者，自然首推冯耿光，冯氏遭受袁世凯排斥的数年中，寄情于戏，率领一群将军，把"军咨府"改办为"戏咨府"，积极为梅兰芳联络人脉、出谋划策、调兵遣将、排兵布阵。冯耿光与梅兰芳在这一时期建立起的合作习惯，一直延续到他们的晚年。

7. 梅兰芳的"京剧改良"

民国二年即1913年11月，已经在北京走红的梅兰芳，以二牌的名义随同头牌老生王凤卿首次赴沪演出两月，报酬暴涨到每月1800元，两月收入高达3600元。据陈明远《文化人的经济生活》介绍，北京大学校长蔡元培在1916年底的月薪是600元，这就是说，梅兰芳上海演出的收入，大约合北大校长年薪之半。不过，梅兰芳在上海的收入远高于北京，所以梅氏的年收入应还不及蔡元培。

上海之行对梅兰芳的影响

梅兰芳首次赴沪演出取得极大成功，迅速名满沪江，而且在上海也逐渐形成了以张謇、张孝若父子，况周颐、赵尊岳师徒为代表的一批南方"梅党"。冯耿光等人更是兴致勃勃地追赶到上海照顾。素声《梅消息》记：

> 梅郎去后，都人士之望眼欲穿，而冯某尤甚。前次梅郎登程时，本拟随之前往，嗣以事中止，而南下之心迄未能已也。刻闻梅郎回京尚须迟以时日，而秋水之思积不能已，因托假南旋，借以从游沪滨，作徐勉风月之畅谈。

梅兰芳也回忆说，冯耿光与李释戡一同从北京赶到上海，正逢梅兰芳要第一次演出"压台戏"，他们连忙帮助谋划，决定立刻要梅学习刀马旦戏《穆柯寨》。1913年11月16日晚，梅兰芳演出《穆柯寨》，创造性地完成了生动娇美的穆桂英这一人物形象的塑造，果然赢得了观众的热烈欢迎。冯李等还觉不满足，以为梅在舞台上常常低头，显出曲腰哈背的样子，有损剧中女英雄穆桂英的风度。他们想出一个办法，等梅再演此剧时，冯耿光等坐在正中的包厢里，只要见梅一低头，他们就鼓掌提醒。梅兰芳说：

第二次贴演《穆柯寨》，我在台上果然又犯了这个老毛病。我听到包厢里的拍掌声音，知道这并不是观众看得满意的表示，而是几位评判员发出来的信号。我就立刻把头抬了起来。这一出戏唱到完，一直接到过三五次这样的暗示。在他们两边的看客们，还以为他们是看得高兴，所以手舞足蹈地有点得意忘形哩。其实是穆桂英特地请来治病的大夫，在那里对症下药呢。

较之上海演出成功更重要的是，两个月的上海之行，给梅兰芳带来一种前所未有的强烈刺激。

上海是在西方工商业文明深刻影响下崛起的近现代中国新型大都市，初步具备了经济社会的基础，方兴未艾的工商业文化与市民文化，成为迥异于北京的上海城市文化特色。所谓"经济社会"，在经济水平发展到一定程度后，文化娱乐的普及即成为一种趋势，京剧即适应的是此一趋势。上海的京剧演员迎合这一趋势，主动接受新思想，编演新戏，创建新式剧场，高举起"戏剧界革命"的旗帜。梅兰芳在《舞台生活四十年》里描述他所看到的上海景象：

有的戏馆是靠灯彩砌末来号召的，也都日新月异、钩心斗角地竞排新戏。他们吸引的是一班专看热闹的观众，数量上倒也不在少数。

有些戏馆用讽世警俗的新戏来表演时事，开化民智。这里面在形式上有两种不同的性质。一种是夏氏兄弟（月润、月珊）

1913年冬天，冯耿光（右一）、李释戡（右二）、舒石父（左一）与梅兰芳（左二）在上海的合影。

经营的新舞台,演出的是《黑籍冤魂》《新茶花女》《黑奴吁天录》这一类的戏。还保留着京剧的场面,照样有胡琴伴奏着唱的;不过服装扮相上,是有了现代化的趋势了。一种是欧阳(予倩)先生参加的春柳社,是借谋得利剧场上演的。如《茶花女》《不如归》《陈二奶奶》这一类纯粹话剧化的新戏,就不用京剧的场面了。这些戏馆我都去过,剧情的内容固然很有意义,演出的手法上,也是相当现代化。我看完以后留下了很深的印象。

紧接着,1914年11月至1915年1月,梅兰芳第二次赴沪演出。梅兰芳说:

等到第二次打上海回去,就更深切了解了戏剧前途的趋势是跟观众的需要和时代而变化的。我不愿意还是站在这个旧圈子里不动,再受它的约束。我要走向新的道路上去寻求发展,我也知道这是一个大胆的尝试,可是我已经下了决心放手去做了,它的成功与失败,就都不成为我那时脑子里所考虑的问题了。

梅兰芳清醒意识到必须跟上时代的步伐,才能获得自身生存与艺术发展的空间,赢得属于他的新的时代。

在北京与袁世凯唱"对台戏"

然而,梅兰芳每次带着内心的亢奋从上海回到北京,迎接他的却是北京城市里四处弥漫着的与新时代背道而驰的复古之风。

袁世凯就任中华民国大总统后,以政局混乱为由,大幅度加强中央集权,企图重新回到帝制的旧秩序结构中,创立他的袁氏新王朝。1914年1月,袁世凯解散国会,随后解散各省议会。4月公布《报纸条例》,严格控制舆论。5月1日废除《中华民国临时约法》,发布《中华民国约法》,改责任制内阁为总统负责制,规定"大总统为国家元首,总揽统治权"。与此同时,各省都督改称将军,文官被分出卿、大夫、士等九级,袁世凯还颁布了全国范围崇祀孔子与祭天令,原本就少得可怜的一点民国新气象,几乎被一扫而光。梅兰芳要在北京这样的城市气氛里仿效上海的"改良",是需要有足够的勇气与力量的。

冯耿光无疑是梅兰芳的"京剧改良"的坚定支持者。1914年的春天,具有旅法经历的戏剧爱好者齐如山正式加入"梅党",这对于梅兰芳的"京剧改良",实有着如虎添翼的意义。

齐如山生于1877年12月12日即清光绪三年丁丑十一月八日,河北高阳人,其父齐令辰进士出身,依附于同乡显宦李鸿藻。在李鸿藻介绍下,齐如山与兄竺山、弟寿山先后就读于北京的京师同文馆,从而具备了一定的外语基础。齐竺山于清末与李鸿藻之子李石曾一起在法国开设豆腐工厂,生意极好,供不应求。受竺山所托,齐如山在老家招募青年劳工，于1910年和1913年两次护送劳工赴法，帮助生产豆腐。齐如山因而得以游历欧洲，大开眼界。

民国代清的易代之际，已经三十五岁的齐如山颇欲有所作为。他做了三件事情：一是在京协助李石曾、齐竺山等宣传无政府主义思想和倡导赴法勤工俭学；二是积极参与中国"旧戏"的"改良"工作；三是与齐竺山、齐寿山共同开设大和恒粮店，确保齐氏兄弟三人的基本生活来源。其中"旧戏"的改良方面，齐如山根据自己在欧洲的观剧体会，于1913年著作《说戏》，1914年著作《观剧建言》，提出通过"改良戏曲"而达"改良社会"的目的。齐如山说："演戏有改良社会的责任，所以戏界诸君，总算立于最高的地位，若永远糊里糊涂地不改，把社会拐带坏了，那可就大不对了。况且，警厅现时于戏园也很留神，不断地催着改良，看起来不改也不成。我自己改多体面，为什么老等人催着改呢？"他在书中所拿出的"改良"方案，涉及剧本、剧场、服装、音乐、布景等诸多方面，敦促中国"旧戏"主动且全面地向西洋戏剧学习。

法国汉学家巴斯蒂夫人（Marianne Bastid-Bruguière）在北京师范大学的演讲《清末民初的留法学生与中法文化交流》里说得很好：

> 在20世纪初，中国的国外思想来源其实有两个，一个最重要、最丰富的是日本。很多国内还没有看到或听到的理论，如德国国家和法律思想、卢梭学说、社会主义和共产主义、经济学和西方哲学各派的论说，还有无政府主义，都是中国知识

界在日本发现的,并通过日本的书籍和期刊介绍到中国。而当时中国的第二个国外思想来源是法国,通过法国留学生在中国推广的思想内容主要包括无政府主义和科学理性。

留日的冯耿光等人,再加上旅法的齐如山,就等于说是,梅兰芳的"缀玉轩"连通了巴斯蒂夫人所谓中国接受国外思想的两大渠道。这几乎是只属于梅兰芳一人的得天独厚的际遇。齐如山受李石曾的无政府主义影响较深,其思想性又胜于留日诸氏。梅兰芳晚年撰写《入党自传》说,那时"梅党"成员们"时常把国外的艺术界情况介绍给我"。所以,后世如果只看到梅兰芳传统的一面,而看不到梅兰芳在近现代的艺术革新,就会导致对梅兰芳认识的偏颇。

因为梅兰芳的"改良",中国京剧艺术在民国初期出现了一个极应引起历史学家关注的现象。

一方面是大总统袁世凯积极上演复辟闹剧,加紧为恢复帝制营造气氛,铺平道路。1914年9月28日,袁世凯头戴平顶冠,身着十二章纹大礼服,率领着文武百官,在北京举办规模盛大的祭孔仪式。同年12月,袁世凯公布《修正大总统选举法》,规定总统任期十年,可以连选连任。次年8月,杨度等发起"筹安会",发表《君宪救国论》,毫不掩饰地公开宣传说,"共和绝不能立宪,惟君主始能立宪,与其行共和而专制,不若立宪而行君主"。在筹安会的鼓吹动员下,北京各界人士接二连三游行请愿,要求解决所谓"国体"问题。12月,袁世凯以"顺应民意"为由,明令改中华民国为"中华帝国",改次年为洪宪元年,改总统府名为新华宫。

另一方面，在这种乌烟瘴气的社会环境里，以冯耿光、齐如山、吴震修等为核心的"梅党"与艺术家梅兰芳，没有去迎合时风参加"劝进"大合唱，反而是逆潮流而动，共同筹划推出一系列既兼顾京剧传统，又注入新思想、新观念、新形式的改良京剧，即京剧史上所称的"时装新戏"与"古装新戏"，与袁世凯倡导的"复古"逆风面对面地唱起对台戏。

先是在1914年10月，梅兰芳推出他的第一出时装新戏《孽海波澜》，故事说的是《京话日报》记者揭露恶霸逼良为娼、虐待妓女的事实，引起社会公愤，恶霸受到了应有的制裁，从而突出表现了报纸的社会舆论功能。《孽海波澜》在吉祥戏院上演时，正逢谭鑫培在丹桂茶园演出，吉祥与丹桂都在王府井东安市场，两剧场近在咫尺，无形中等于梅兰芳与谭鑫培打了对台。结果如梅兰芳所说，"吉祥的观众挤不动，丹桂的座儿，掉下去几成；最后两天，更不行了"。引领剧坛多年的前辈艺术家谭鑫培，居然输给了梅兰芳新人新戏，这一新闻传开，激发起更多观众对于梅氏新戏的兴趣。

梅兰芳在《舞台生活四十年》里回忆这时期的经历说：

> 从民国四年（1915年）的四月到民国五年（1916年）的九月，我都搭双庆社，一面排演了各种形式的新戏，一面又演出了好几出昆曲戏。可以说是我在业务上一个最紧张的时期。让我先把这许多演出的戏，按着服装上的差异，分成四类来讲，比较可以清楚一点。

第一类仍旧是穿老戏服装的新戏,如《牢狱鸳鸯》;第二类是穿时装的新戏,如《宦海潮》《邓霞姑》《一缕麻》;第三类是我创制的古装新戏,如《嫦娥奔月》《黛玉葬花》《千金一笑》;第四类是昆曲,如《孽海记》的《思凡》,《牡丹亭》的《春香闹学》,《西厢记》的《佳期》《拷红》,《风筝误》的《惊丑》《前亲》《逼婚》《后亲》。看了这张细目,就能想象出我这十八个月当中的工作概况了。

梅兰芳介绍他的新戏创作过程时,谈到"梅党"成员们的帮助:

我排新戏的步骤,向来先由几位爱好戏剧的外界朋友,随时留意把比较有点意义、可以编制剧本的材料收集好了;再由一位担任起草,分场打提纲,先大略地写了出来,然后大家再来共同商讨。有的对于掌握剧本的内容意识是素有心得的,有的对于音韵方面是擅长的,有的熟悉戏里的关子和穿插,能在新戏里善于采择运用老戏的优点的,有的对于服装的设计、颜色的配合、道具的式样这几方面,都能够推陈出新,长于变化的。我们是用集体编制的方法来完成这一个试探性的工作的。我们那时在一个新剧本起草以后,讨论的情形,倒有点像现在的座谈会。在座的都可以发表意见,而且常常会很不客气地激辩起来,有时还会争论得面红耳赤。可是他们没有丝毫成见,都是为了想要找出一个最后的真理来搞好这出新的剧本。经过这样几次的修改，应该加的也添上了，应该减的也勾掉了。这才算是在我初次演出以前的一个暂时的定本。演出以后，陆续还要修改。同时我们也约请多位本界有经验的老前辈来参加讨论，得着他们不少宝贵的意见。

其中，明确属于吴震修的贡献，是仍穿传统服装的新戏《牢狱鸳鸯》。故事是吴震修从前人笔记里找出来提供给梅兰芳的，说的是"在旧礼教时代，不知有多少青年男女就断送在这'父母之命，媒妁之言'的八个字上了"（梅兰芳语）。剧情十分曲折，针对的是"婚姻太不自由和官场的黑暗"。

梅兰芳在吉祥戏院演出《牢狱鸳鸯》时，演到县官把男主角屈打成招，观众席中有位老者忍不住竟跳上台来，对着县官破口大骂，挥拳就打。后台管事的赶紧跑出来，把老者劝回台下，"这老头儿一路走着还使着很大的嗓门，不住嘴地大骂狗官混账，冤枉好人，可恶至极，我非揍他不可"。这虽是演出中的一桩趣闻，但在崇尚"听戏"的北京京剧剧场里发生这样的情况，观众入戏程度达到如此之深，却是以往所罕有的。

冯耿光为梅兰芳推荐的是《宇宙锋》一剧。《宇宙锋》本是一出不甚受到重视的传统老戏，故事很是荒诞，说的是秦二世要娶秦相赵高之女，赵女不从，借装疯与父亲和皇帝抗争。梅兰芳却特别钟爱这一出戏，他说，"我一生所唱的戏里边，《宇宙锋》是我下功夫最深的一出"。梅兰芳《舞台生活四十年》记述：

梅蘭芳 宇宙鋒

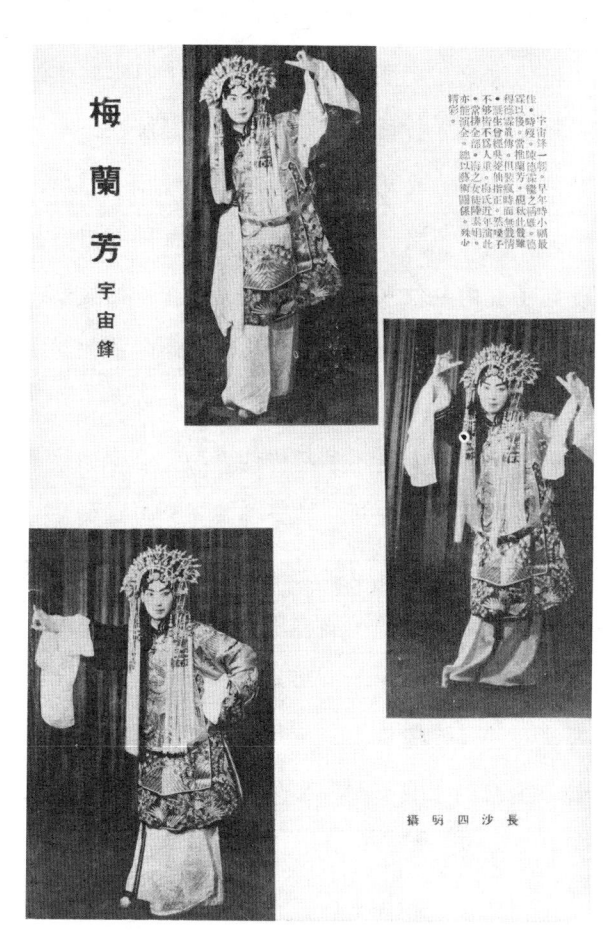

佳霖得·不·情
時宇以霖佳赤
佳演時傅傅儀·
程譜·不會亂·清
譜·人戰·推原·
以嫁之·她裝芳德
聲女指·瘋·樓早
碎隆氏正時殿之年
圓·扇秋·小闢
素年驚無嘆鬢鬆
殘唱演嘆聲鬆敞
少·此子情華鬆

長沙四弼橋

梅兰芳《宇宙锋》剧照

我不是喜欢唱《宇宙锋》吗？不过每次贴演，上座儿的成绩可总不能如理想的圆满。我第一次到上海表演，共四十五天，只唱过两回《宇宙锋》。一出戏是否受观众欢迎，只要看它在每期演出的次数，就可以知道了。实际上我那时已经对这出戏发生兴趣，演技方面虽然不如后来那么熟练，比起别的老戏，似乎是好一点的。我却并不因为叫座成绩不够理想，就对它心灰意懒，放弃了不唱。还是继续研究，每期必定贴演几次。这里面受到了我的一位老朋友冯先生（幼伟）的鼓励，也多少有点关系。他是最称道这出戏的。认为两千年前的封建时代，要真有这样一位富贵不能淫、威武不能屈的女子，岂不是一个大大的奇迹？尽管赵女是不见经传的人物，全本的故事，也只是"指鹿为马"有一点来历，其余都找不到考证的线索。但是这位编剧者的苦心结撰，假设了赵女这样一个女子，来反映古代的贵族家庭里的女性遭受残害压迫的情况，比描写一段同样事实而发生在贫苦家庭中的，那暴露的力量似乎来得更大些。所以我每次贴演《宇宙锋》，他是必定要来看的。发现我有了缺点，就指出来纠正我。别人在他面前对我这戏有什么批评，他照例是一字不易地转述给我听，好让我接受了来研究改正。

在冯耿光与梅兰芳的坚持下，《宇宙锋》这出戏虽然不太叫座，但作为他与冯氏友情的纪念，梅兰芳用几十年时间精心打磨而日臻完善，现今已是京剧的经典剧目。

梅兰芳与"梅党"的做法引起众多京剧同行群起效仿，竞相编演新戏。从艺术成就而言，突破了京剧行当的原有程式，学习上海京剧的化装方法，改进京剧服装，舞台上使用追光，等等。吴震修评价过齐如山说，"此人是使梅脱离捂肚子死唱青衣范畴最有力之一人"。梅兰芳的"改良"，带动北京京剧风格出现巨变，从精神上与艺术上都脱离清末京剧的藩篱，与民国新时代紧密相连，确立了"民国京剧"的艺术风格。

从社会效应来说，尽管冯耿光等"梅党"成员，包括梅兰芳在内，对于袁世凯抱有强烈不满；但目前尚无证据说明他们所推动的梅兰芳的"京剧改良"，具有某种政治目的，是针对袁世凯倒行逆施的一种反抗。然而，梅兰芳以其精湛艺术与超常社会影响力，其一系列新戏所引发的社会反响，对于袁世凯精心制造的帝制文化气氛无形中形成一种抵制。

8. 冯耿光与冯国璋的交谊

袁世凯任职大总统期间，梅兰芳大红，用吴震修的话说，"自民国五六年以来，已经事实上成为中国戏曲界的代表"（许姬传记、梅绍武整理《梅兰芳记事》）。

冯耿光则除了热衷于帮助梅兰芳的演艺事业外，没有太多作为。不过，冯因为与世交好友王克敏的关系，与进步党的往来比较密切。华觉明在《进步党和研究系》中称：

> 1913年2月29日（作者按：此日期有误），共和、民主、

统一三党合并而为进步党，公推黎元洪为理事长，梁启超、汤化龙、张謇、伍廷芳、那彦图、孙武、王赓（原注：王揖唐）、蒲殿俊、王印川等为理事，林长民为秘书长。（中略）进步党宗旨以国权主义相揭橥，与国民党的民权主义相反，凡旧官僚中不满意国民党的人，多数加入。其议员中如梁善济、孙洪伊、田骏丰、林长民、李国珍、陈国祥、王家襄、陈汉第、籍忠寅、周大烈、刘崇佑、黄群、徐佛苏、时功玖、蓝公武、方济川、周兆沅、彭汉遗、王敬芳、萧湘、蹇念益、胡汝麟、向瑞琨、陈光焘、罗纶等，皆为骨干。此外如张嘉璈、胡瑞霖、张澜、张君劢、刘道铿、陈博生等，虽非国会议员，因与汤、梁私交关系，亦加入该党供其驱策。

进步党强调国家主义，拥护法律自由，倡导尊重民意，他们在成立之初并不反对袁世凯，只是主张袁世凯能够带领中华民国走上民主政治与法治的轨道。但是，当袁世凯复辟帝制之心昭然若揭之际，进步党也行动起来，暗中串联，图谋反袁。冯耿光在《我在中国银行的一些回忆》里记述：

袁世凯称帝前，梁启超、蔡锷等密谋反对。王克敏清末曾在日本任留学生监督，与梁启超结识很早，交情不浅。1913年王在中法实业银行做中国方面的代表时，曾替袁世凯向该行借到一笔钱，但没有密切关系。由于他的官瘾很大，喜欢热闹场面，遂经常参与梁、蔡的密谋。我那时是总统府顾问兼临城矿务局督办，事情很闲，也常和他们在一起活动。我们这帮人当时虽对袁认识不清，但赞成共和、反对帝制是一致的。有一天，蔡松坡（锷）相识的妓女小凤仙问蔡为什么反对袁世凯做皇帝，蔡说："现在我们大家见面拉拉手就行了，如果让袁做了皇帝，我们就要向他跪拜，那还受得了。"

蔡锷字松坡，湖南邵阳人，与冯耿光同岁，是冯在日本陆军士官学校的同学，比冯晚一期。蔡归国后在云南担任军职，辛亥革命中发动云南起义，被推举为都督。袁世凯当政后视蔡锷为异己，夺取蔡的军权，将其调到北京改任闲职。蔡锷怕引起袁的猜忌，在京

蔡锷

与名妓小凤仙谈起恋爱，花天酒地，醇酒妇人，掩人耳目。他的这段经历于1981年被导演谢铁骊拍成电影《知音》，蔡锷与小凤仙的故事遂在中国家喻户晓。

袁氏宣布改行帝制后，蔡锷迅速潜回云南。1915年12月23日蔡锷联合云南都督唐继尧、巡按使任可澄通电全国，起兵讨袁，打响护国战争，成为讨袁先锋。可惜的是，次年底蔡锷即因病英年早逝，年仅三十余岁。据传有人以小凤仙口吻挽蔡锷联：

不幸周郎竟短命，
早知李靖是英雄。

上联用周瑜小乔之典，下联用李靖红拂女故事，联语竟十分贴切。

蔡锷身后，小凤仙流落沈阳，生活艰难。据许姬传回忆，1951年梅兰芳到沈阳演出，曾收到已改名为张涤非的小凤仙的来信。梅兰芳与小凤仙的相识，即应发生在冯耿光与蔡锷交往时期。梅氏念旧，当即与小凤仙会面晤谈，在梅氏的帮助下，小凤仙被安排到政府办的幼儿园里工作，数年后在沈阳病逝。

话仍说回冯耿光与进步党之关系。蔡锷在云南起兵讨袁，冯耿光亦曾受托响应。冯氏在《谈冯国璋二三事》文里回忆：

梁启超在报上发表了一篇《异哉所谓国体问题者》的文章，即匆匆出京赴滇，襄助蔡锷发兵讨袁。蔡锷先与四川方面陈宦、冯玉祥等暗中有所联系，不料曹锟率兵入川，而唐继尧兵蹑其后，蔡军大有进退维谷之势。正在这个时候，有一位朋友蹇季常（原注：贵州人，他是梁启超的智囊。作者按：蹇念益）突然托人约我去他家午膳。蹇以蔡军目下所处不利的状况详细见告，还说："当此千钧一发之际，倘无人为之声援，则讨袁军必败，中国前途就不堪设想了。"我询以计将安出，他说："为今之计，惟有打通冯华甫（冯国璋），请他通电逼袁退位。河间（冯国璋）是项城（袁世凯）的嫡系，冯如响应西南，必能予项城以有力打击，同时也是对蔡军的声援。事不宜迟，今晚就请您走一趟，路上密探颇多，千万小心。"我当即买了一张三等车票，拎了一只小皮包，悄悄南行。

冯耿光《我在中国银行的一些回忆》中所述，与其在《谈冯国璋二三事》文里所说有些差异：

蔡（锷）在云南起义后，即率部队进攻四川。唐继尧的部队跟在后面，态度不十分明朗，如果蔡部军事不很得手，唐部很可能叛变。

就在这时候，我到天津，住在利顺德饭店，遇见王克敏，他邀我去见进步党负责策划的人——蹇念益（原注：季常）。蹇把当时形势讲给我们听，认为必须北方军人中有人起来响应，蔡的声势才能壮大，反对帝制的起义才能成功。蹇的意思要我赶快到南京去见冯国璋，劝他早日表明态度。我看到此事关系重大，立即答应下来。这时袁的密探布满在交通要道和头二等火车中，必须机密行事。当天我就乘三等车南下，到南京时正值午夜一点多钟。

冯的前段回忆，强调的是事态紧急；后段则突出了他参与这一事件的主动性。冯的两文都提到的贵州人蹇念益，是一个厉害人物，曾任国会议员，是梁启超的智囊，彼时有"梁谋蹇断"之说，梁氏的诸多主张系出自蹇念益的谋划。蹇通过冯耿光策动冯国璋通电反袁，也成为蹇氏的一大功绩。

冯耿光与冯国璋的交情，要比王克敏、蹇念益深得多。二冯曾

冯国璋

三度同事。第一次是清廷设立练兵处时期,冯国璋任司正使即司长,冯耿光自福建调京任科监督即处长。第二次是陆军部附设军咨处,冯国璋为军咨使,冯耿光为二厅厅长。第三次就是军咨处升格为军咨府,两人职位仍旧。冯耿光对冯国璋的印象相当好:

> 冯之为人,性情温和,外貌朴素,政治野心不大。他在直隶、江苏都督任内,不干预当地的行政和财政,不扩充军队,不组织小集团,不安插私人为之四处搜刮钱财,由于缺乏经济来源,政治力量也比较单薄。当时北洋派中坚人物中,他是比较稳健、谨饬的一个。

袁世凯复出政坛,派冯国璋率军开赴武昌前线。冯耿光参加南北议和时到武昌,冯国璋先派参谋陪同冯耿光视察前线,然后开诚布公地向冯耿光表明,"你看武昌的情形如此寥落,敌方军心不固,斗志不强,我军渡江,必能一股而歼敌奏功;惟屡次请示进兵,都不获准,不知宫保(袁世凯)是何用意?"冯耿光听后却不敢搭话,只能唯唯诺诺而已。

冯耿光知道冯国璋与袁世凯的政治观点不尽一致,这才肯于急赴南京说动冯国璋反袁。冯耿光在《谈冯国璋二三事》文里详细回忆了与冯国璋会面的经过,说:

> 我当即买了一张三等车票,拎了一只小皮包,悄悄南行。第二天夜十一时到达南京的将军府,差官领我进去,冯正在签

押房内批阅公牍，房内别无他人。冯见我即问："你何以不电告接车？"我答以："不便。"他已猜出我的突如其来，必有要事，便引我进入内室。他住的是一排四间平房，最外面的一间是会客厅，第二间是签押房，第三间是吸烟室，最里面的一间是卧室，那天我们是在吸烟室里谈话的。

冯问我："此来有何机密大事？"我先把蹇季常讲的蔡军情况告诉了他，接着对他说："袁已派模范军分京汉、津浦两路南下，京汉的指挥是段芝贵，津浦的指挥是陈光远，这两路的军备充足，据我估计，长江方面的部队未必挡得住他们。还有，不救西南，蔡军也岌岌可危。如果各路失败，则袁做皇帝，势在必成。如今全国的人无不反对帝制，您有何打算，也该及早做出决定。"冯说："你讲的我也有所闻，事已至此，你看该怎么办？"我说："现在只有你来出面电请项城（袁世凯）取消帝制，退居总统；而且时机迫切，说做就要做，稍涉犹疑，便能铸成大错。"冯听完了，默不作声，从他的脸上不难看出他正在深思熟虑。过了好一会儿，他才从榻上站起来对我说："我是他一手提拔起来而又比较亲信的人，我的电报，对他是个重大的打击。我们之间，不可讳言是有知遇之感的，论私交我应该拥护他的；但为国家打算，又万不能这样做，做了也未必对他有好处。一旦国人群起而攻之，受祸更烈，所以我刚才考虑的结果，决计发电劝袁退位。"

冯派人请了秘书贺遽荪（原注：湖北人）进来，嘱咐他拟两个电稿，一电致袁劝其退位；一电分致鄂、赣与西南各省，表示他反对洪宪的态度。

谈话至此,已将近深夜两点来钟。冯为我设榻在西花厅。这个西花厅,又名"宝华庵",进门就看到高高悬着端方写的一块"宝华庵"斋额。将军府的前身就是两江总督衙门,这座花厅是端方在两江总督任内修建的,因为他藏有海内仅存的三种西岳华山碑拓本,所以起了这个斋名。我刚要解衣上床,差官又来传话:"上将军请您早点儿睡,明儿一早请您再过去有话谈。"次晨六点钟,我走进他的签押房,冯已在批阅电稿。经过我们仔细的推敲,又在文字上改动了几处,当天就把这两份重要电报发出。果然,跟着陈宧也有电响应了。

我整天躲在将军府,不敢出门。无巧不成书,偏偏碰见了我的老同学(原注:日本士官学校同学)江宁镇守使王廷桢。他用惊讶的目光对着我说:"老六,你是昨天晚上来的,我已得着报告。这时候怎么你倒有逛夫子庙的雅兴?"我笑着答复他:"我是想到上海去玩的,因为没有钱花了,特地来向老头儿借钱,借着了明天就走。"他说:"好,今儿晚上请你吃饭,找两个熟人陪你打打小牌,你能来吧?"我说:"我在这里又没有事,当然可以叨扰你一顿。"这件事我告诉了冯国璋,他露出很踌躇的样子对我说:"你要知道,我这里有不少是项城的耳目,王子铭(原注:王廷桢的号)就是其中之一,连我行动,他们都随时向北京打报告,今晚你得小心。"他说完,又把宪兵司令陈调元找来再三叮嘱他负责我的安全,要他暗地保护我去,保我回来。我去镇守使署的路上,确实看到沿途有陈调元放的步哨，当时的形势仿佛很紧张，其实那天晚上王廷桢并不露骨地再来盘问我。可是我回到将军府，差官告诉我，上将军已经派人来问过好几次了。从这段小插曲里，已可看出洪宪时期袁冯之间的微妙关系，袁对冯的防范甚严，早被冯所觉察了。

近代史学家历来认为，冯国璋的通电对袁世凯打击尤大，是促成袁氏宣布取消帝制的一个重要因素，但他们却没有注意到冯耿光在这一重大历史事件中的贡献。

回顾自民国元年以来，冯耿光参加南北议和，在南京与孙中山、胡汉民会谈，单身独闯冯国璋的上将军府，以冯氏之胆识、谋略与口才，如生汉初，亦不失为陆贾、随何之才。只是冯耿光对政治兴趣不大，不再刻意寻求在政治上的发展。

1916年6月6日袁世凯在京病殁，黎元洪继任大总统，段祺瑞出任国务总理。很快，黎段之间出现"府院之争"。1917年7月6日，冯国璋就任代理大总统，仍以段祺瑞为国务总理，民国政坛出现冯段合作局面。

冯国璋原有意重用冯耿光，拟授冯陆军部次长。1917年汪大燮以特使名义出访日本时，冯耿光还曾以陆军少将名义，作为随员陪同出访。但是，冯耿光最终接受王克敏邀请，再次改弦更张，弃武从商，在冯国璋支持下出任中国银行总裁。

1919年8月12日，冯国璋宣布总统任期已满，退出政坛。12月28日冯国璋在北京帽儿胡同住宅病逝。冯氏任职大总统时间仅两年余，冯耿光在此期间获得中行总裁职位，走上人生事业的巅峰。但冯国璋的早逝，又旋即令冯耿光失去了最强有力的政治靠山。

9. 冯耿光首任中行总裁

冯国璋就任代理大总统、段祺瑞任国务总理期间，于1917年7月17日任命梁启超为财政总长。梁启超深知王克敏与冯国璋、段祺瑞等各方势力都有交情，7月31日即委派王克敏署理中国银行总裁，以张嘉璈为副总裁。梁启超任职财长半年即难以支撑，12月1日宣告辞职，以王克敏继任财政总长。

王克敏字叔鲁，1873年即清同治十二年癸酉生于广东，与冯耿光是同乡，而且是世交。王克敏于1903年乡试中举后被派往日本任留日浙江学生监督，后改驻日公使馆参赞、留日学生副监督。1907年归国，先在度支部、外务部任职，后受知于赵尔巽、杨士骧而调直隶协助总督处理外交事务，任直隶交涉使。民国初期任中法实业银行董事、中行总裁、财政总长。其人记忆力惊人，记数字尤其是一绝，可以背诵账本，有"活账本"之称。

作者按：笔者曾在《从张伯驹事迹略谈现代金融与文化》文里提出：

袁世凯于清末季接替李鸿章，擢升直隶总督兼北洋大臣。他网罗人才，厉行新政，数年之间即令直隶全省呈维新之格局，风气焕然一新；以袁世凯为首的北洋政治军事集团也随之形成，实力更胜于昔日的李鸿章。后世史家或许是受到袁氏逝后北洋分裂为皖、直、奉三系军阀的影响，论及北洋往往集中关注其军事作为，强调袁氏维新"强军"的一面，事实上作为政治家的袁世凯，同样把"兴商"作为战略，予以高度重视。袁氏甫抵直隶即明确提出，"庶政繁巨，百废待兴，而办事以筹款为先，人才以理财为亟"。经袁氏的培植提携，北洋集团迅速组建起不逊于其政治、军事力量的强大理财队伍，前期的主要人物包括唐绍仪、刘永庆、周学熙、凌福彭、张镇芳、孙多森、孙多鑫、王锡彤、梁士诒、毛庆蕃、陆嘉谷等。袁氏就任大总统后，这支队伍大幅度扩充，特别是以梁士诒为代表的"旧交通系"脱颖而出，形成独立的政治势力，囊括了周自齐、朱启钤、沈云霈、叶恭绰、孙多钰、任凤苞、李经方、张弧、关冕钧、施肇基、赵庆华等数百人，控制中央政府财政、金融、交通、邮政、税务、盐务等部门，达到足以与段祺瑞、冯国璋、张勋等军事力量分庭抗礼、相互牵制的程度。所以说，北洋非但为现代军阀之出处，亦是现代财阀的摇篮。在军阀与财阀之间，既有密切合作，也有深刻矛盾。民国初期的混乱政局，即与这种复杂关系有着不可分割的关联。现代财阀之于政坛崛起并发挥作用，这应视作近现代史的一种特色。

以梁士诒为首的财阀集团"旧交通系"，因支持袁世凯称帝失败而消沉；以曹汝霖为首的"新交通系"，又因曹氏先后出任财政总长、交通总长、交通银行总理而一时得势。

王克敏虽与旧新"交通系"都有关联，但他并不从属这两个派系，而是期望发展成为一种新的财阀势力。王克敏出任财政总长后，鉴于直系冯国璋与皖系段祺瑞之间既有合作又有分歧的政治局面，采用釜底抽薪之法，说动与冯国璋关系密切的冯耿光入伙，接替自己出任中国银行总裁。这样，王克敏既以此示好冯国璋，且可以通过非银行专业出身的冯耿光继续控制中行。冯耿光在《我在中国银行的一些回忆》中说：

> 我和王（克敏）很早就认识。他的父亲王子展（存善），一向在广东做官，交游很广，与我家有世交，因此我和王家父子都很熟悉。王在清末从日本回国，因为他的父亲和直隶总督陈夔龙（筱石）有交情，由陈保举他做天津交涉使。辛亥革命后，冯国璋调任直隶总督，王仍任交涉使，我曾从中介绍，这是冯、王结识之始。有一次冯在交涉使署宴请各国驻天津领事，冯的卫兵不满意所发的车饭钱，吵闹起来，王不顾情面，当场申斥。冯对王的举动不但不见怪，回到都督府还惩办了闹事的卫兵，因此两人的交情倒反而更深一层。

冯耿光也承认他到中行任职，是出自王克敏的意见。冯说：

> 冯国璋到北京就任代理大总统后，曾有意要我担任陆军次长，我虽是日本陆军士官学校出身，但只在很短时期带过部队。对于政治一向不感兴趣，因此我对于这一职务很觉踌躇。正在

这时，王克敏做了财政总长，要想找一个和冯有渊源的人担任中行总裁，遂来拉我去接替他这一职务。我熟思之后，就决定到中行来。（中略）后来冯（国璋）任代理大总统，梁（启超）任财政总长，王（克敏）和张嘉璈任中行正副总裁。后来王接任财政总长，就约我去接替他的职务。我和冯系前清军咨府老同事，认识最早，交情也很深，但担任中行总裁，却是梁、王的主意，不是冯自己找我的。

作者按：中国的银行业是中国近现代化的产物。鸦片战争打开中国的大门，外国资本蜂拥而至，1865年英商汇丰银行在上海设行后，外国银行逐步形成金融网络，扼制住中国财政的咽喉，迫使中国政府仰人鼻息。晚至1897年5月，经清政府批准，盛宣怀才费尽周折在上海开设了第一家中国人自办的银行，即中国通商银行。此后，中国国内银行开设渐多，其规模较大者首推中国银行与交通银行。

中国银行的前身是1905年8月在北京成立的大清户部银行，1908年2月改称大清银行，相当于清朝的央行，其股本总额为银1000万两，政府认购半数，其余是商股，由政府委派正副监督管理。

辛亥革命爆发后，上海商股看准这一机会，当即以"商股联合会"名义，呈请临时大总统孙中山批准，直接将大清银行改名为中国银行，并于1912年2月6日在上海宣告成立。他们的这一举措显然是得到临时政府财政总长陈锦涛的支持，陈在成立会上致辞说：

清政府之办理中央银行，有政治上种种不良之原因，故中央银行亦受其影响，未易改良。现在共和国体业已确定，本银行将来于统一纸币、办理国库两事，股东必得绝大利益，且外国人欲来购股者甚多，现均一律谢绝，惟愿我国民不可失此好机会。

被临时政府委任为正监督的吴鼎昌也在成立会上致辞说：

清政府惟一之金融机关，幸得南北股东之同意，财政总长之大力，今日改为民国惟一之金融机关，实最为可贺之事。将来招集股本，以雄财力；改良办法，以谋进步，中国银行之前途，必有希望。

从大清银行到中国银行这一重要改变，绝非是简单的改换名号，实际上，这是中国银行的商股在借机夺取中行的控制权。袁世凯代替孙中山出任临时大总统后，对此未予重视，直接地接受了孙中山的批示意见。可是，此件到了新任财政总长熊希龄手中，却被熊发现其中的破绽，即中国银行既具央行地位而又为商股操纵，则财长的指挥必然失灵。熊希龄在1912年5月18日批复云：

自民军起义以来，公私存欠各账目纠葛纷纭，一时难有头绪，非另设清理机关，不足以期协妥。中国银行关系民国金融命脉，永远信用；若以大清银行继续，改换名目，恐兹人之疑惑。应由国家先以巨款另行办理，俟有成效，再行招集商股承办。兹据该股东等呈称第二条，政府另设新行，发还商股一节，颇有见地，自应采酌施行。但民国初立，财政支绌，大清银行账目既未清理完结，商存、票存亦未设法筹还，安能有此巨款发还商股？姑念该股东等血本所关，大清银行办理失败，多由前清政府用人不当之咎，该股东致为所累。民国政策，恤商为本。该股东屡次呈请，既经孙袁两大总统先后批准，本部应即变通办理。所有该股东等商股500万两，俟中国银行完全成立后，准其作为存款，以免亏损，而示体恤，至商存、票存，均系商民财产，本部尤应设法筹还。

熊氏的批复，老辣而坚决，意思不外乎就是说，政府虽然没钱，央行仍然必须听命于财政而不可由商股主导；中行商股如要维护自己利益，可以将商股转为存款。

熊的意见在中行商股中引起很大反弹。熊任财长时间很短，其后的财长亦不敢轻易同意中行商股的主张，这个问题遂始终无法根本解决。这样，北洋政府逐渐找到一种模式，当政者选择自己嫡系出任财长，财长再从自己嫡系里选派中国银行总裁。至冯耿光出任中行总裁，中行总裁居然已经换过十几任。政治上既无法获得稳定，中行总裁人事亦无从稳定。

梁启超担任财长虽短，却勇于捅中行这个马蜂窝。他重用王克敏与张嘉璈两人，修改《中国银行则例》，将天平重新倒向商股。梁氏自称：

使商股在股东总会中增加力量，正副总裁悉由董事会产生，发行纸币，须经董事会通过，不受政府统制滥发钞票，对于国计民生，很有帮助。

梁启超的这一态度当系出自王克敏的谋划，王克敏继任财长后，当然也继承梁氏的做法。

王克敏既选定冯耿光出任中行总裁，中行即于1918年2月17日在京召开第一届股东总会，选举董事监事。可是，因中行内部矛盾重重，又因梁启超主持修改《中国银行则例》而引发的反弹，这次股东会议开得极不顺利，股东们争吵不休，秩序大乱，会议从午后二时直开到深夜三时，直至出动警察干预，勉强完成选举。

此次会议出席股东264人，实有投票权5403权，超过中行股权的三分之二。当选董事包括：

施肇曾（省之，5030权）、王克敏（4831权）、张嘉璈（4666权）、林葆恒（子有，4280权）、李士伟（伯芝，4223权）、周学熙（4117权）、冯耿光（4006权）、潘履园（3981权）、熊希龄（3946权）。

当选的监事有：

卢学溥（4769权）、李湛阳（劲风，4196权）、陈光甫（4181权）、李宣威（律阁，4055权）、张燮元（3697权）。

2月24日，代理大总统冯国璋根据所谓中行股东总会选举结果发表命令：

> 任命冯耿光为中国银行总裁，张嘉璈为副总裁，此令。

26日，冯耿光正式就任中国银行总裁。中行是国内银行之规模最大者，地位最高，冯氏即成为彼时中国金融界之领袖人物，三十六岁的冯耿光就此登上人生与事业的巅峰。

冯氏入主中行前后，曾有人在剧院里见到他，为那时的冯耿光留下一幅剪影。张聊公著《听歌想影录》里说到，梅兰芳多年不演唱工繁重的《祭塔》一剧，1918年2月，梅氏"忽然高兴，露演一次"。当日在吉祥戏院观众席里出现这样一幕场景：

> 吉祥楼下座客，尤为包桌，其最前一排，稍向左偏之一桌，有一人据案独坐，气宇轩昂，则当时已在政治舞台上，崭露头角之徐又铮氏也。其最前正中之一桌，则为捧梅最力之冯幼伟氏。

徐又铮就是段祺瑞最信任的左膀右臂徐树铮，大权在握，段对其言听计从，日后段系屡次向中国银行发难，背后多有徐氏操纵。冯耿光在吉祥戏院里俨然与徐氏分庭抗礼，不去巴结面前这位炙手可热的人物，则此时之冯氏也是踌躇满志，意气风发。

冯耿光任职中行总裁后，中行形成王克敏、冯耿光、张嘉璈三位"巨头"共管的新格局，打破了此前总裁随财长变化而更迭的惯例。冯耿光在《我在中国银行的一些回忆》里说：

> 自1918年到1928年间，中行总处主要是由王克敏、张嘉璈和我三人共同负责主持，遇事大家商量，分别联系办理。王和我均先后两度担任总裁，张则一直担任副总裁，具体主持银行业务，没有更动过。

王冯张"三巨头"共管的模式，维持长达十年之久，这是此前中行史上未曾出现过的稳定局面。

附录：中国银行早期历任负责人

职务	姓名	字号	任期
监督	吴鼎昌	达铨	1912.9—1912.9
行长	唐瑞瀛	士行	1912.9—1912.12
总办	金邦平	伯屏	1912.10
总裁	孙多森	荫庭	1912.12—1913.6
署理总裁	周自齐	子廙	1913.9.5—1913.9.25
署理总裁	汤　睿	觉顿	1913.9—1914.7
总裁	萨福懋	桐孙	1914.8—1915.4
总裁	李士伟	伯芝	1915.4—1916.4
总裁	徐恩元	荣光	1916.6—1917.6
署理总裁	李思浩	赞侯	1917.6—1917.7

署理总裁	王克敏	叔鲁	1917.7—1918.2
副总裁	张嘉璈	公权	1917.8—1928.10
总裁	冯耿光	幼伟	1918.2—1922.6
总裁	王克敏	叔鲁	1922.6—1923.10
总裁	金　还	仍珠	1923.10—1928.10
代理总裁	冯耿光	幼伟	1927.1—1928.10

10. 冯宅堂会盛大演出

冯耿光自1912年改任闲职，蛰伏六载，至1918年才得重任显要，其喜悦之情可想而知。冯氏决定要肆意张扬一番，他在1918年5月25日和26日，借口母亲徐太夫人七旬寿辰，联合兄长冯祥光一起为母亲祝寿，在王府井那家花园和海军联欢社举办堂会戏演出。堂会戏，朱家溍在《堂会戏》中解释："北京在1929年以前常有堂会戏，就是在家里宴客演戏。如果住宅不够大，也有在会馆或大饭馆演戏的，都称为堂会。"冯宅的堂会，事实上就是冯耿光的就职招待会。

冯宅的堂会戏演出，主角当然是与冯交情非同一般的梅兰芳。1917年5月，号称"伶界大王"的谭鑫培逝世后，梅兰芳成为社会公认的继任者，高居梨园首席；而梅氏在冯宅的堂会中，又有着半个主人的地位，更须特别卖力气。据刘曾复《忆余叔岩演的堂会戏和义务戏》文说，梅兰芳当日因喉炎而"嗓子疼"，但因"梅与冯耿光有深交"，仍然"特别卖劲儿"。当日，梅兰芳先是演出《春香闹学》与《满床笏》两剧，在大合作戏《蚆蜡庙》里又反串武旦，展示了轻易不露的武功。这还不算，梅兰芳还精心赶排了一出古装新戏《麻姑献寿》，作为特别的贺礼，这却是除冯氏外再无第二人有的待遇。据《那桐日记》录：

1918年5月25日

夜雨甚大，至午止。四婿来，即去。唱影戏，因雷雨大作，酉初戏止，戌初雨住。冯幼伟借予花园演戏，请予作客，往听戏数出，子正归。

1918年5月26日

冯祥光、冯耿光为其母作七旬寿，借余花园及海军联欢社演戏，宴客。余往拜寿，因人杂而回。茂如弟、毓二甥、振亲家老爷，大、四、五、六姑奶奶、四婿、承笃生、三侄均来看，晚饭后去。

那桐记为两日，25日应是小规模的暖寿，26日是正日子。那桐说的振亲家老爷，即庆亲王奕劻之子载振，入民国后极少露面，其能出现在这一场合是很罕见的。

张厚载所记冯宅堂会

张聊公《听歌想影录》里的《冯幼伟氏宅大堂会》，极为详细地记录了冯宅堂会戏的盛况。张聊公就是在1918年10月《新青年》

杂志第5卷第4号发表《我的中国旧剧观》，因而被胡适、钱玄同、周作人等"新文化"诸氏当做批判"旧戏"的"靶子"的北京大学法科政治系学生张厚载，他后来又参与了林琴南的一桩公案，1919年3月被北大以"损坏校誉"为由挂牌开革。张伟品《京剧新语》里说，张豂子"心有不甘，去找蔡（元培）校长，校长推之评议会，去找评议会负责人胡适。本班全体同学替他请愿，不行。甚至于教育总长傅沅叔（增湘）替他写信，也不行"。后经冯耿光把他介绍到银行工作。张厚载后来用笔名豂子、聊公、聊止等撰写了大量京剧评论，著有《听歌想影录》《歌舞春秋》等。张厚载记冯宅堂会戏文章如下：

民国七年（原注：夏历四月十七日），中国银行总裁冯幼伟氏，为其太夫人七秩大庆，称觞祝寿，并借金鱼胡同那宅，召梨园演剧，以乐嘉宾。是日裙屐纷纶，气象繁缛，而所召诸伶，尤极一时之上选，所演各剧，更极一时之盛会。盖近来堂会戏中所未有之大观也。余既躬逢其盛，敢以所观佳剧，杂记梗概于左。

《战濮阳》 此剧系富连成社所演，精神饱满，处处生动。茹富兰扮吕奉先，精彩尤多。富连成社向以武剧著称，而茹富兰尤为该社武生翘楚，故但使茹富兰演《战濮阳》，而富连成合班之精神，已可窥见。

《虹霓关》 白牡丹（荀慧生）扮东方氏，素服出场，风致甚佳，凝思遥睇，做工亦不即不离。尚小云之丫鬟，辇笑神情，一以兰芳为师。"一见此情"一段二六板，四平八稳，婉转处神似兰芳。张彩林之王伯当，平平无奇。

《武家坡》 程砚秋之王三姐，余曾于丹桂园听过一次，此次嗓音较上回尤觉清亮，闻梅郎在帘下细听，亦甚许可，座客尤多赞美者。艳秋艺事，目下虽尚幼稚，然在幼稚时代，急宜扎住根基，虚心向学；他日所造，应无涯□（影印版此字模糊）。梅郎所以能有今日，不过虚心想学而已。高庆奎之薛平贵，唱作除平稳外，说不出多少好处，进窑后一大段，唱来亦只是无甚毛病而已。

《马上缘》 王蕙芳、程继仙、张文斌合演，蕙芳花衫，不免有造作气象，行动都觉不甚自然。余以为彼之花衫戏，尚不如其从瑶卿新学得之青衣也（原注：如《女起解》之类）。程继仙为近日小生中首屈一指之人才，自无疑义，是日扮薛丁山，虽非重戏，而间架已自可观。文斌之武丑，一种滑稽神态，亦颇有趣味。

《长坂坡》 （杨）小楼之《长坂坡》，固尽人皆知之好戏也，而是日配角之齐全，尤为出色。第一，王瑶卿之糜夫人，投井一场，做工之迅捷，道白之沉着，均为现时演此戏者，所望尘莫及。第二，钱金福之张飞，亦为钱宝峰后第一人，寓极猛烈之精神，于极稳健之形式中，断非他伶所敢望其肩背。此外如李顺亭之刘备，唱工苍劲，嗓音高亢，亦第一硬里子也。至小楼之赵云，回翔竦峙，气度雍容，武把之稳练，固不待言，即做工之精细，亦当独步一时。投井时，惆怅悲戚之容，演来尤妙。说白之高亮清脆，尤为小楼特色，唱一二句摇板，如"又来常山保驾人"及"桥头站定三将军"等句，无字不沉重有味。小楼诚今日惟一之武生全才也。又老鹤先生（作者按：李释戡）谓余言，"小楼耍枪，无论如何，总不失为枪花，俞五亦然。他伶则不免有持枪而耍刀花者，因刀花讨俏也"。余观是日小楼之枪法，固绝不混入刀花，此亦俞派武生之特征，而外江派所惭恧者也。

《春香闹学》 此戏系《跪池》《三怕》所改。《跪池》《三怕》一剧，情文均极绵妙，编排已就绪，惟（姜）妙香连日抱恙，未将词句习熟，不能遽演，故临时改为《闹学》。李寿峰扮塾师，岸然道貌，神情甚佳，唱昆曲尤动听。梅郎扮春香，活泼泼地，纯是一片化机。前见某君论美人之美，只在一个憨字。若梅郎之《闹学》，轶态横流，瑰姿遝起，可谓将憨字做得淋漓尽致矣。（作者按：《梅兰芳艺术年谱》此处记述有误）

《二进宫》 王琴侬之青衣，造诣甚深，唱工自有可听。裘桂仙之大净，声韵圆满，今日花脸之巨擘，舍此殆将莫属。时慧宝唱工亦佳，惟是剧似非其所长耳。

《惠明下书》 天乐园昆弋班之侯益隆演之，身段非常矫健，唱昆曲"粉蝶儿""端正好"诸折，声调亦悲壮郁勃。韩世昌未来以某角代之，座客中有党韩者，当未能满意也。

《满床笏》 此戏角色之完全，亦外间所绝不多见，《上寿》一幕，旦角毕至，合场递进，按次而俟，五色并驰，不可殚形。此中惟贾璧云与芙蓉草到场稍迟，尚小云出门未回，均未能赶上，遂以他角承乏，然演时仍极整齐。妙香继仙，做作均佳，无庸赘叙，而凤卿之唐皇，堂皇富贵，扮演皇帽，尤觉允惬。出场唱西皮慢板"金乌东升玉兔坠"一段，其第二句"景阳钟三撞把王催"之"催"字，不似奎派老生之用力，然亦别饶韵味。转二六后迂回顿挫，声韵亦胜，此剧向称奎派擅场，凤二以大头派之人物，演唱此角，亦自别致。德霖之皇后，唱工虽不多，而句句有研究之价值，将率公主下殿，唱摇板一句，声调陡高，有类长啸，成公子安之状啸也，曰"响抑扬而潜转，气冲郁而熛起"（原注：注谓声在喉中而转，故曰潜，熛起言疾），又曰"音要妙而流响，声激曜而清历"，余谓德霖之唱，殆犹是尔。兰芳饰公主，娇啼婉转，声情掩抑，唱工亦自动人。李顺亭之郭子仪，老臣忠悃，神情宛合，唱工劲挺，尤异凡响。

《上天台》 刘蹩脚（原注：鸿声）之唱工，虽不足为识曲者道，然自谭叫天逝世，刘以嗓音之洪亮，唱调之圆滑，于剧界上更取得优越之立足地。平心而论，彼之唱工，虽不免浮滑，然行腔圆到，嗓音坚实，在近日须生中亦不得不推为一时魁杰。《上天台》一剧，自"孤离了龙书案"直至"一步一步随定孤王"一气呵成，尤非真实力气不办，更不容其偷油弄巧。且全剧唱句，亦无讨厌之腔，尤其跛刘最有规矩之一剧，故冯宅特令唱此一出，而座客之鼓掌赞叹，亦不亚于其他佳剧矣。姚期一角若援刘跛成例，必以坛子花脸（原注：梅荣斋之诨称）为配演，而是日偏令裘桂仙饰之，尤觉美具难并，此亦堂会戏之特色，而外间所断断办不到者也。郎德山之姚刚，亦颇不弱。

《打花鼓》 贾璧云梆子班出身,无论演何剧,总略嫌俗气,而其《打花鼓》,则娇响妍态,别饶风韵,颇有可观。慈瑞泉、陆金桂,分饰两丑,调情科诨,亦多趣致。

《拾玉镯》 田桂凤年鬈已衰,而演花衫戏,细腻熨帖,犹称一时无两。此剧描摹之精,观者莫不心折。

《麻姑献寿》 此为梅兰芳特为冯宅祝寿所编排之歌舞妙剧。梅饰麻姑,唱工身段,繁妙已极。为王母上寿一场,歌声婉转,舞态蹁跹,尤为全场最精彩之点,实奄有《散花》《奔月》两剧之长。座客观赏之余,莫不惊叹,以为得未曾有。陈德霖扮王母,扮相年龄,均属最适当之人选,唱工亦甚吃重,颇为全剧生色。朱幼芬、姚玉芙诸伶,分饰仙女均妥。

《蚰蜡庙》 以杨小楼之费德功,余叔岩之褚彪二角,最为出色。小楼勾脸扮相,极见壮美,念白神气,尤具神采。叔岩之褚老英雄,白髯飘拂,神情豪迈,做工之沉着精到,确非他伶所能企及。王凤卿饰施公,亦极妥练。张桂兰一角,由梅兰芳、朱桂芳先后分饰,兰芳饰前部张桂兰,身段玲珑,姿态娇艳,以视上寿之麻姑,又是一种风貌。桂芳接演后部,把子纯熟紧密,自是武旦本色。俞振庭饰黄天霸,精神饱满。王长林饰朱光祖,白口清脆。尚小云饰小姐,程艳秋饰丫鬟,虽皆无足重轻,究为全剧增色。此外钱金福饰关泰,高庆奎饰院公,李连仲饰金大力,范宝亭饰窦虎,许德义饰米龙,俞华亭饰贺人杰,慈瑞泉饰老道,李敬山饰费呈,均胜任愉快。而张文斌饰张妈,尤为隽妙。此戏演得火烧柴地,非常热闹。其中各角,要仍以小楼、叔岩二大名伶为其中坚,而兰芳、俞五、金福、凤卿、小云诸伶之陪衬,亦自得力不少。此戏散时,在午夜二点半钟,乃座客略无倦容,池座且患人满,致有奔走台上者,亦足见好戏入人之深矣。

此次冯宅空前之堂会,其特优之点,盖有下列数事:

(一)名伶之齐集。名伶齐集,则配合自更有精彩,此固(故)堂会戏固有之特色,而冯宅此次堂会,则当代名伶,搜刮殆尽,更为民国以来绝无仅有之大堂会。

(二)《麻姑献寿》之开演。梅兰芳之《麻姑献寿》,为□(影印版此字模糊)应堂会之新制,而此次适第一回演,与《散花》异曲同工,尤觉一新耳目。

(三)派戏之精密。冯君左右,多富有剧曲经验之士,故不独《麻姑献寿》一剧,曾经名士润色,对于各角之支配,如令刘鸿升《上天台》,田桂凤演《拾玉镯》,贾翰卿演《打花鼓》,余叔岩唱《虮蜡庙》等,皆非常精准,且取长补短,含有深意。

(四)戏单之讲究。戏单印刷甚美,而大名士罗瘿公手书小楷,尤属难能可贵。

张厚载的文章固然面面俱到,但未能就此次堂会戏的意义加以更多发挥。首先是演员阵容、行当搭配、演出质量,以及剧目安排,几乎无可挑剔,达到民国京剧的最高水平。其次,这是民国京剧史上具有标志性的演出,余叔岩在《虮蜡庙》里饰演褚彪,暗示着在谭鑫培身后,似乎余叔岩已经成为谭氏在老生行当的继承者,对于奠定余氏日后在梨园的艺术地位,有着重大意义。最后,冯耿光与梅兰芳的事业都得到蓬勃发展,这次堂会戏使得他们的合作进入一个黄金时期。

促成梅兰芳、余叔岩合作

冯宅的堂会戏,还有后续故事。余叔岩的演出得到内外行的公认,他趁热打铁,托人找到冯耿光说项,提出要借助梅的声势,参加梅兰芳剧团。梅兰芳在《舞台生活四十年》里回忆:

1918年秋,春阳友会的名誉会长李经畬找冯幼伟先生,研究(余)叔岩搭班的事,李先生认为叔岩长此闲居,终非了局,劝他搭班。叔岩表示,"只愿与兰弟跨刀",请冯先生征求我的意见。

我在义务、堂会戏中,早已看过他的戏,很愿和他合作。那时,我虽搭朱幼芬的"翊群社",但我的内兄王毓楼正和姚佩兰酝酿组织"喜群社",约好我在新明大戏院开幕演出。我提出加入叔岩,他们认为社内已有头牌老生王凤卿,戏码不好派,增加戏份开支也没有必要。我说:"我已经答应叔岩了,你们务必把这件事办圆了。"最后他们表示,戏码倒第三,戏份是凤二爷(王凤卿)的半数。当时我的戏份每场八十元,凤二哥四十元,我觉得二十元似乎少了些。王毓楼、姚佩兰说:"叔岩还要带钱金福、王长林等陪他唱戏的配角,这都要另开

梅兰芳与余叔岩

钱，负担已经不轻了。"我就托冯先生转达这两个条件，大家以为他未必肯屈就，哪知叔岩一口答应。第三天就和介绍人冯、李两位一起到了芦草园我的家里。李经畬说："叔岩二次出山，希望多多关照，戏码也要请您帮忙。"我说："我和余三哥是老兄弟、老世交，他的事我必尽力而为，咱们先想几出对儿戏，就可以和我在后面唱了。"

梅兰芳的意思是说，余叔岩参加其剧团是遇到阻力的，但是梅兰芳尊重冯耿光的意见，还是接受了余氏的加盟。

10月18日，梅兰芳精心选择了他曾与谭鑫培合作过的剧目《打渔杀家》，作为他与余叔岩合作的开始。梅余都是京剧世家出身，旗鼓相当，相得益彰，他们后来又合演过《游龙戏凤》《四郎探母》《摘缨会》等多个剧目，达到了最佳的舞台效果。齐崧在《梅兰芳和余叔岩的〈游龙戏凤〉》一文里称赞说：

> 严格地说他们二位（梅兰芳、余叔岩）真正的合作戏只有《戏凤》和《杀家》两出，而这两出戏，可称是天下第一份儿，最佳的搭配。凡看过的人，都心里有数，认为是人生第一乐事。笔者生而有幸，居然还赶上了看这两出绝活儿。而其中最令人赏心悦目的则为《游龙戏凤》。这一龙一凤，确是天上难找地下难寻的一对儿瑰宝。把国剧的艺术，发挥到了毫端。一个是潇洒风流，卓尔不群；一个是活泼可爱，娇艳清新。二人无论做表、念白和唱腔韵味，都已到了化境。举手投足，一颦一笑全都是戏。旗鼓相当，各不相让。做工之细腻，盖口之严紧，观之者，如沐春风，如对晓月，这份儿享受，实非笔墨所能形容。

在梅兰芳的热心帮衬与有力提携之下，余叔岩也确立了自己的艺术地位，成为具有盛名的京剧明星。齐崧说，"余叔岩自与梅老板合作而起家"，此语甚是公允。作为促成梅余合作的冯耿光，自然是极有功劳的。

11. 中日金融交流与梅兰芳访日

冯耿光以外行身份出任中行总裁,其主要任务就是周旋于大总统冯国璋与内阁总理段祺瑞之间,为中行谋求更多发展空间。冯耿光的政治态度非常鲜明,即扬冯抑段。冯耿光为冯国璋抱不平说:

冯、段同时出任总统和内阁总理,一个是徒拥虚名,形同傀儡;一个是实权在握,敢作敢为。双方的摩擦就多了。虽然冯常常让步,矛盾终不可免。

冯耿光对于段祺瑞颇不以为然,坦率地批评说:

段祺瑞早就抱有极大的政治野心,他网罗了一批所谓外交家、军事家和理财家,组织小集团;复借参战军名义,积极扩充自己的队伍。他历任内阁总理,掌握了财政命脉,先后经手借款达五万万元之多,有这一笔惊人的巨款供他运用,加以外交上也有联络,所以在袁世凯死后,北方的政治舞台上就让他翻云覆雨地闹了好几年。

"西原借款"与日本对华贷款热潮

冯耿光以为,段祺瑞之所以能维持政权数年,与其从网罗的

"理财家"那里借到"惊人巨款"有直接关联。这笔所谓巨款,应是针对日本的"西原借款"而言。

日本的"西原借款"与日本的对华政策有关。袁世凯当政时期,日本以"二十一条"向袁氏施压,导致中国民众反日情绪高涨。第一次世界大战爆发后,国际形势发生变化,日本新上任的寺内正毅内阁,希望调整对华政策,通过笼络中国政府,改善中日对立关系。

令人莫名其妙的是,寺内正毅首相没有经过外交途径传达这一消息,而是委派其幕僚西原龟三秘密访华,与中国政要进行商谈,表示愿意为中国政府提供大额贷款,其背后的目的在于,"以稳妥条件提供贷款,在增进邦交亲善的同时,采取能促成其主动向我提供有利权益的手段"(铃木武雄《西原借款资料研究》,转引自郭予庆著《近代日本银行在华金融活动——横滨正金银行（1894~1919）》)。

西原龟三来到中国,因其身份不明而四处碰壁,幸而遇到交通银行总理曹汝霖,事情才有了转机。

交通银行成立于1908年3月,在中国金融界的地位与中行不相上下,合称为"中、交"两行。其前任总理即"旧交通系"的领袖人物梁士诒,梁因支持袁世凯称帝而为袁垫款3420万元,导致交行库存为之一空。1917年1月,曹汝霖接任交行总理,改为紧密追随段祺瑞,成为段氏皖系集团的钱袋子。曹汝霖见到西原,听到日本贷款的消息,抱着有病乱投医的心态,及时做出积极回应。曹汝霖在回忆录里讲述事情经过说:

当合肥（段祺瑞）复辟之役告成以后，由坂西利八郎顾问介绍西原龟三来见，说是奉日本寺内正毅总理大臣密命来华，改善大隈内阁对华政策之错误，以期两国提携亲善。贵国目下急务莫如财政，日本现在国力充实，可能为贵国帮忙，如有所需，幸赐教愿为尽力。坂西亦在旁吹嘘，谓寺内在朝鲜总管任内，关于经济问题，都由西原君幕后策划。余因初次见面，不明底细，适接任交通银行总理，该行资金薄弱，由施省之董事向大仓商借日款，久无成议，遂请西原借日金500万元，西原允电东京。不久即得大藏大臣胜田主计亲电，允借日金500万元，并无抵押品，且汇款迅速。余遂信西原是有来历的，此余与西原商借日款之开始也。

曹汝霖因为与西原接洽而尝到甜头，以极快速度拿到日款，无论是段祺瑞还是曹汝霖，都不禁喜出望外。段祺瑞即以曹汝霖为财政总长，使曹坐上"新交通系"领袖的位子，冠居各路财阀之首。曹汝霖先后通过西原向日本借款3000万日元，以1日元合0.8银元计，约合2500万银元，这笔巨款有效地支持了段祺瑞政权。

与此同时，因"西原借款"只是日本对华政策的一部分，在其带动下，日本掀起一股对华贷款热潮。郭予庆著《近代日本银行在华金融活动——横滨正金银行（1894~1919）》记录：

第一次世界大战期间，日本对华贷款急剧膨胀，1917年日本对华贷款占外国贷款总额的74%，1918年达90%。大战期间，日本对华贷款2.7亿日元，约为战前13年日本对华贷款的1.8倍。

中国方面对日方内部情况不甚熟悉者，把这一时期的日本贷款都列入"西原贷款"范畴，导致"西原借款"的金额众说纷纭，莫衷一是，乃至连冯耿光对此事都是"惊天巨款"的印象。

在这股突如其来的日本对华贷款热潮中，日本各财阀一改往日颐指气使的作风，转以低调温和姿态寻求与中国的合作机会。曹汝霖回忆录里所提到的，交行曾由施省之董事出面向日本大仓借款而无果。大仓指日本财阀大仓喜八郎及其商社，该公司以在日俄战争和中日甲午战争中为日方供应军需起家，后来负责日本对华贷款事宜，财大气粗，傲慢苛刻。然而，出于日本国内派系斗争的因素，日本寺内正毅内阁的对华贷款外交把大仓喜八郎排斥在外，甩开了大仓商社渠道。大仓喜八郎有所不甘，1917年11月亲自率团访华，积极联络中国财界，拓展在华的人脉。

无巧不成书，大仓喜八郎还是日本歌舞伎的最大赞助者。日本歌舞伎在明治维新后也出现改良运动，其中一派强调坚持传统，以改造旧有剧目为主；另一派则主张编演新戏，大演外国剧与时装剧。大仓喜八郎支持的是传统派，为此在东京兴建帝国剧场，作为传统派艺术家的演出基地。

冯耿光就任中国银行总裁后，眼见"西原借款"为交通银行曹汝霖所把持，中行难以介入。当大仓喜八郎前来刻意结交之时，冯氏与大仓意外地发现，他们竟分别是各自国家传统戏剧的赞助者，由此而更是投缘。这样，在冯氏与大仓氏的交流中，金融与戏剧两大话题交替进行，气氛尤为融洽。

据中国银行北京分行与北京市档案馆编《北京的中国银行》所收录的档案资料记载，1918年8月27日，中国银行北京分行与日本正金银行秘密签署协定，以每月所收盐税款6万银元为抵押，向日方借款200万日元。这笔借款与冯耿光、大仓喜八郎两人交往是否关联，尚待详细考证，但无论如何是脱离不开两人的人脉的。

借款之外，大仓喜八郎也向冯耿光提出邀请梅兰芳访日的要求。葛献挺曾在20世纪60年代听冯耿光亲口叙述梅氏访日情况，葛在《梅兰芳与冯耿光》文里说：

> 大仓不仅是财阀，而且是东京帝国剧场的主持人，大仓回拜冯耿光时正式提出梅兰芳访日的邀请，并进而商定了出访日本的细节和日程。

梅兰芳实现首次访日公演

就在中行刚签订秘密借款合同之际，1918年9月，日本政局再次变化，首位平民首相原敬上台，取代了寺内正毅内阁。原敬内阁认为，对华贷款事实上是片面支持了段祺瑞政权，反而引起中国各政治派系对日本更加不满，因而迅速停止对华贷款，要求改用其他方式改善中日关系。在日本新的对华政策下，大仓喜八郎邀请梅兰芳访日公演项目，正可谓恰当其时。

不凑巧的是，1919年，中国方面出现严重危机。先是中国政府代表陆徵祥、顾维钧、王正廷、施肇基、魏宸组等就山东问题解决办法，在巴黎和会上提出抗议；4月20日济南发生国民请愿大会，要求废除"中日密约"，由此中国国内开始新一轮的反日高潮，爆发了轰轰烈烈的"五四运动"。在这样的大背景下，梅兰芳访日又尤其不合时宜。对此，梅兰芳一方，齐如山出面解释说：

最初约时是用中日亲善的口号，也有中国人反对，说日本倡言中日亲善是假的，不可相信。我说："这个无妨，如今两国相交，多数是彼此利用，中日亲善四字也可以彼此利用。倘能利用得法，于中国也不见得有什么损害。"

梅兰芳抵达日本后，也着重强调访日目的在于艺术交流，说，"与其说是为了展示自己的艺术，不如说是为了研究日本的表演艺术"（佐佐木干《从日本文化人的日记看梅兰芳访日》，转引自《万象录》）。

不管怎样，在中日关系相当艰难的情况下，梅兰芳于1919年4月21日至5月30日率团首次访日公演，震动日本朝野，赢得巨大成功。朱家溍《梅兰芳年谱未定草》叙述：

此次访问，是中国戏曲演员第一次在外国舞台上演出，受到日本广大观众和文艺界的热烈欢迎，如内藤虎次郎、狩野直喜博士和戏剧家青木正儿诸名家都在报刊上发表文章。我国国内报纸报道："彼都士女空巷争看，名公巨卿多有投稿纾赠之雅。名优竞效其舞态，谓之梅舞。"日本著名歌舞伎演员中村歌右卫门曾在浅草的吾妻座上演过译成日文的《天女散花》，说明此次访日演出影响甚大。

随团赴日的齐如山在回忆录里说：

中国代办公使柯先生举行了一个规模很大的酒会，不但各国大使都到，日本整个的内阁，连总理都到了，酒后演了一出小戏，大家欢迎的情绪都非常之热烈，各位赞美的言辞亦各有不同。柯代办及使馆人员都大为高兴，都以为得未曾有。柯先生对我说："一个代办公使请客，最高的官员，外交次长可以到一到，总长就很难到的，此次内阁总理都惠然肯来，可以说是史无前例，这都是梅兰芳的面子。"我说："也可以说是中国戏的力量。"柯先生对此语未加注意，总之无论是因为哪一种关系，都给我们国家的面子确实极大。有一件事情，这里附带着说两句。这个酒会当然花了几千块钱，报到外交部中，不准报销，说为一个唱戏的人请客，史无前例，至于为国家争了多大的光荣，他们脑子里头没有。尤其新进的各司长更是反对，后来换了部长，这笔账才报销出去了，彼时部中官员知识不过如此。

作者按：袁英明在《论日、中"梅迷"与中国京剧跨出国门——梅兰芳之日、中友人与其首次访日演出》里指出，齐如山所提到的中国驻日本临时代办，据《日本外交史辞典》记录应为庄璟珂。庄是福州人，民国初期曾任过司法部民事司长。

齐如山没有说明的是，梅兰芳首次访日，是基于大仓喜八郎与冯耿光之间的协定，与冯氏的支持是分不开的。其一是大仓喜八郎遵守与冯耿光的承诺，承担了在日接待和演出的各项准备工作，动员社会各界迎接梅兰芳的到来。其二，冯耿光通过王克敏的关系，获得中国驻日使馆的帮助。葛献挺在《梅兰芳与冯耿光》文里记述说：

冯又通过王克敏的关系，待梅到东京时，请中国驻日使馆举行酒会以造声势，酒会举行时，不但各国大使到会，而且整个日本内阁，连总理大臣都亲临祝贺。

齐如山与葛献挺都说到的酒会，系在5月12日，出席的总理大臣即原敬首相。日本梅兰芳研究家佐佐木干《从日本文化人的日记看梅兰芳访日》文里引原敬1919年5月12日日记：

晚，去了中国代理公使招待的晚餐会，（中略）饭后看了有名演员梅兰芳的表演。

这一重大外交成果应是冯耿光在幕后策划的结果。

其三，冯耿光委派中国银行高级职员许伯明前往日本，协助梅氏访问。在梅兰芳赴美前，齐如山曾在致冯耿光、赵尊岳、吴震修三人的函中透露过：

然（赴美）较赴日本之毫无预备者，又强多矣。赴日本时系（许）伯明到东京后方有一些筹备，故伯明当时甚为焦急也，且以后再预备也未见得好到什么地方。

从以上三点而言，冯耿光对于梅兰芳的首次访日，无疑发挥着关键作用。回顾"西原借款"以来的日本对华贷款热潮，最后竟以梅兰芳访日公演获得巨大成功作为终结，实在是有些令人匪夷所思。

日本各界名流在东京招待梅兰芳、王明华夫妇

12. 冯梅两家的北京豪宅

在20世纪20年代，清朝王公贵族因失去收入来源而家境急速没落，特别是1924年10月冯玉祥发动"北京政变"后，清宣统帝溥仪被驱逐出紫禁城，京津满族亲贵所有的土地也被收归国有，这些旧王孙们只好依靠出卖资产维持生活。早在1916年，豫亲王府及早出售给美国财阀洛克菲勒，兴建协和医院；此时各家王公贝勒更是忙不迭要将房产出手。北京的银行家看准这一机会，不约而同地或买或典，购入豪宅，既满足个人享受，又向社会展示银行实力。此一做法在银行界形成一时风尚，彼此仿效，相互攀比，如交通银行总理曹汝霖购置的是佟府夹道的佟公府；交通银行协理任振采购置的是铁狮子胡同原吴三桂宅；金城银行总经理周作民购置的是位于西绒线胡同的清贝子绵勋宅；中孚银行购入的是毛家湾庄亲王府的一部分；盐业银行北京行经理岳乾斋购置的是内务部街的六公主府；副理王绍贤典租的是定府大街的载振宅花园。

冯耿光与梅兰芳的新宅

身为中国银行总裁的冯耿光也不能落后于人。冯氏在京住宅，最初在东单喜鹊胡同，与西裱褙胡同的齐如山家相距不远。其后迁至王府井煤渣胡同，与易哭庵、罗瘿公等赏芍药花约即在此宅院。冯氏在香山脚下静宜园还另外建有别墅一处，名"雨香馆"，但仅有几间平房，梅兰芳等朋友到郊外游玩时即下榻此处，因而在李释戡、李宣龚、赵尊岳等人诗作中出现过。冯耿光就任中行总裁，按照中行规定的标准，一般董事监事每月薪俸200元，另加津贴200元，共计400元，约相当于发行量尚可的报社总编辑收入的两倍，相当于主任、编辑、记者的四倍。中行的总裁、副总裁的薪俸系由董事会决定，另有一笔交际费由总裁、副总裁各自掌握；估算冯耿光的收入，年薪至少超过万元。作者按：鲁迅于1923年购置北京宫门口三条寓所，面积约400平方米，价格是800元。冯氏年收入约可购买十几所鲁迅故居规模的房屋。

冯氏凭借此时的经济实力，自然看不上鲁迅的房子，他购置的是东四九条35号清末贝子奕谟的宅第。其宅位于东四九条西口路北，西端临街，分东西院，东院后为东四九条小学。朱家溍在《北京闻见录·贝子奕谟府园》记其西院即花园部分：

> 位于东四九条胡同。园在府西，所占面积与府的部分相等。九条与十条的间距较短，因此九条的大宅都是横向发展，此园的形状也是东西长，南北短。此园的池馆、亭台、楼阁、廊厦所占面积多于树石花草，但布局很曲折灵巧，不显拥挤，且工料讲究，是一座以建筑取胜的宅园。1924年，梅兰芳受上海民新影片公司约请拍摄《黛玉葬花》时，就借用此园实景，现有照片传世。奕谟是嘉庆帝之孙、惠亲王绵愉之子，这座府邸后来由他的嗣孙溥佶卖给中国银行总裁冯耿光，现在是某机关的职工宿舍。从外面看面貌依旧，里面如何则不得而知。

从朱家溍的记述里可以窥见冯耿光豪宅之一斑。冯氏有位远房表妹,即著名的女作家凌叔华,在其所著《古韵》里有《两位表哥》,也为这一时期的冯祥光、冯耿光兄弟留下非常生动的描述。

凌叔华是清末北洋财阀凌福彭的后人,她的丈夫就是文学家陈西滢,曾与徐志摩一起创办《现代评论》周刊,与鲁迅打过笔仗,有一种说法是,这场笔仗的起因还与凌叔华有关。

还需要说明的是,梅兰芳首次访日公演,经济上收入颇丰。梅兰芳也赶在这时,一如那些银行家一样,于1920年购置了一所距离冯耿光宅不远的豪宅。

新的梅宅位于无量大人胡同24号,即今红星胡同51号,由七个院落打通,院内建有洋楼、假山、花园长廊、荷花池。屠珍在《梅兰芳的故居》文中叙述:

此后十三年内,无量大人胡同内梅先生的客厅"缀玉轩"成为人文荟萃的地方,真可说是京城的一处"艺术沙龙"。梅先生的文学修养和历史知识,就是在众多友人谈文论艺、臧否人物、上下古今、无所不及的氛围中,得到了熏陶和提高。他在这里编排了《霸王别姬》《西施》《廉锦枫》《春灯谜》《太真外传》等新剧,还曾在花园里拍摄了《红楼梦》剧目的不少剧照,风采奕奕,流传至今。祖母和王氏夫人相继在这时期病逝。

梅先生当时已享誉海外,来京访问的外宾大都提出必定要看的一是故宫,再是梅剧,并拜访梅先生。于是他在这所宅子里先后接待过瑞典王储（原注：后来的古斯塔夫六世）夫妇、美国前总统威尔逊的夫人、日本著名歌舞伎表演艺术家守田勘弥和著名画家渡边（作者按：渡边晴亩）、美国好莱坞影帝范朋克、意大利女歌唱家嘉丽·古契、印度大诗人泰戈尔和著名画家难达婆薮、英国作家毛姆，以及众多国家的名人、学者及驻华使节。总之，国际友人来访络绎不绝，其中包括文艺界、政界、实业界人士和旅游团等。梅先生每月总要在家中举行招待茶会多次。当时军阀政府贪污腐败，拿不出外交交际费，均需梅先生自己出资筹备一切。招待时，所有用具都是纯粹中国式的，中式茶点用中国古香古色的精美杯盘盛装。为此他的客厅和书房逐渐布置得十分典雅考究。室内墙壁上挂着中国山水花卉的绘画，桌上及柜架上陈列着他收集的精致古玩、玉器及有关中国戏剧的图画，庭院摆着用古瓷花盆种养的艳丽的鲜花。家具多是紫檀、黄花梨等硬木雕刻制件，其中不少是从皇室人家卖出的物件。有人估计他在那个时期（1920—1932年），共举办过上百次这类茶会，接待过的宾客达六七千人次。梅家女仆张妈当时曾经诙谐地对梅夫人说："梅大爷每次要花那么多钱开茶会招待洋人，我看早晚要让他们给吃穷了！"现在看来，梅先生这样做，无疑是为了宣扬祖国优秀文化艺术而恪尽绵力。这期间他曾于1924年再次访日，并于1930年访美巡回演出长达半年之久，使中国京剧表演艺术在世界戏剧舞台上产生了巨大影响。

缀玉轩外景

缀玉轩内景

京剧研究家大多没有注意到，梅兰芳的购置豪宅及其日常生活，完全是比拟当时的银行家，而京剧艺术家中则再无第二人可以与梅兰芳相比拟。

这就要说到梅兰芳与中国银行的特殊关系。冯耿光入主中行以后，陆续把"缀玉轩同志"也引入中行：如舒石父于1920年出任中行陕西分行经理，次年转任山西分行经理；吴震修、许伯明先在总行任职，后来都担任过中行北京分行副经理，吴震修还出任过总行的总文书；等等。这样一来，所谓"梅党"，于中行之外仍然是"梅党"，在中行内部就成为"冯党"。梅兰芳虽未参加中行，但他很快成为中行的股东，占股100股，在单位与个人股东中均算数额较高者，梅氏因之也实际发挥着中行形象代言人的作用。从这一意义上讲，梅兰芳的生活比肩银行家，是并不为过的。屠珍文章所云梅兰芳之种种交际，有些是出于京剧的需要，有些则是出于银行的需要。这一时期的冯梅两家，因为距离相近而难分彼此，冯的某些活动是在梅宅举办，梅的活动也常在冯宅举办，现存梅兰芳这一阶段的照片里，大凡花园部分显得宽敞气派的，则是在冯宅所拍摄的。

梅兰芳在搬入无量大人胡同宅的次年，又与年方十六岁的京剧女演员福芝芳结婚。梅氏在新宅内修建了一座两层西式洋楼，与福芝芳生活在一起。

冯耿光的家庭生活

冯耿光的家庭情况不详，按照当时的习惯，冯氏在广东老家似应有原配，但尚未发现相关资料。这时照顾他生活的夫人名施碧颀，后来一直陪伴冯氏到老。许姬传曾写到这位冯夫人说：

> 1936年初夏，梅先生的老友冯幼伟的夫人施碧颀四十岁生日，他画了一张仕女为她祝寿。冯夫人看了说："那年您给六爷画的普贤菩萨，花了一两个月工夫，细致极了，这张道姑打扮手拿拂尘的画，恐怕一个黄昏就画出来了。"梅先生说："这十年里，我的画长进了，我觉得比普贤像画得自然。"老友吴震修眼睛看着壁上挂着的普贤像、仕女画，带笑说："这两张画都是精品。但我更喜欢这张道姑，因为人比菩萨更有意思，你可以说她是《玉簪记》里的陈妙常，也可以当她是《红楼梦》里的妙玉。"

从许文推测，冯夫人的年龄略小于梅兰芳。孙曜东口述《浮世万象》里叙述冯夫人的来历说：

> 那时与冯六爷一起生活的太太是陈绿云（作者按：此处当是孙记忆有误，冯夫人姓施），艺号叫冯老三，是晚清北京青楼里的名人，人称"北里"的第一号美人，资格上仅次于上海

的"四大金刚"（原注：指小林黛玉等人。作者按：参见孙家振《退醒庐笔记》所记，李伯元在《游戏报》撰文戏称光绪末季四位名妓陆兰芬、林黛玉、金小宝、张书玉为"四大金刚"。冯老三则当红在民国初年）。她嫁冯六爷后倒是把她的妹妹冯四给拯救了，生活上有了依靠，其妹妹就不必再入娼门了。冯四长得亦美丽动人，后来嫁给曾参加国际奥林匹克运动会的短跑运动员程金冠。

冯耿光在致梅兰芳的书信里也提及夫人说：

如果厨子无地方找，您可将小丁带来，老三进医院，用不着他，带他来赚几文亦是好的。

又：

碧割治经过听说甚好，我安心了。行将六十的人重组家庭不是容易的事，您有工夫去看看她罢。

冯氏信中所说的"老三""碧"，都是指的冯夫人。孙曜东所说的冯夫人的妹妹冯四，名施利聆，曾在苏州慧灵女子中学读书，1933年与程金冠结婚，生有一子名程于杰。1997年2月12日施利聆在苏州病逝。

顺便再说一件相关的逸闻，即冯信里说到的厨师小丁。据许姬传说,小丁本名王寿珊,是名厨姜浩本的徒弟。又据孙曜东说,小丁是由冯夫人带进冯家,但其成名却是在冯家。孙曜东《浮世万象》里记述:

> 我曾有幸多次承蒙中国银行原董事长冯耿光先生不弃,到他家里吃饭,品尝他家厨子小丁的拿手好菜,那真是叫人终生难忘。就说他的虾片汤吧,就绝对与众不同。当一桌菜吃得差不多了,该上汤时,只见他端来一只大海碗,往桌子中间一放,碗底和碗壁上贴了薄薄一层用青岛对虾切成的虾片,然后在碗底撒上些葱丝、姜丝、香菜末、胡椒面,倒上少许白兰地,再端来一锅烧得嘟嘟滚的老母鸡汤,当着众人的面,"哗——"地往碗里一浇,那虾片就满碗沸腾,不仅碗里的虾片都烫熟了,而且满屋子都弥漫了白兰地和虾片的混合香味,客人们轰然一阵叫好,桌上就十分热闹。还有他的焖烧鸡翅,酥而不烂,油而不腻,风味独特,也是他的招牌菜。他的菜,最拿手的有八样,如红烧竹笋、葱爌河鲫鱼、火腿干丝等等。人少用小盘,人多用大盘,一桌总是八样菜。虽说只有八样,都是家常菜,可吃了叫你忘不了,所以常有人向冯六爷借小丁去家里办酒席,有时还要排队挨号地等好多天,弄得冯六爷反而吃不上自家厨子的菜了。

孙曜东记述的冯家传奇厨师,许姬传在《陇游散记》里也记到小丁的故事。1957年8月,梅兰芳率团赴西北演出,特向冯耿光借小丁随行。在兰州时，梅要款待甘肃省省长邓宝珊，命小丁下厨显露手艺。

邓老（宝珊）夫妇应邀到交际处吃饭，小丁聚精会神地做了几样清而腴、厚而不腻的拿手菜。邓老最欣赏牛肉汤炖花生。这样菜是向沈昆三先生家学来的，当年冯幼（伟）老与昆三兄住在愚园路静园路，两家紧邻，所以做菜互相交流，沈家菜也是有名的。

过了几天，邓老又到交际处看梅先生，他说："昨天我家学做牛肉汤炖花生，可是汤不清，所以来请教丁师傅传艺。"梅先生就把小丁找来，当面讲了做这碗汤的窍门，以后，邓家再做这碗汤就汤清味腴了。

许姬传说，1982年3月，梅葆玖、梅葆玥赴港演出前在上海排练，梅葆玖写信告诉许，他们在上海大厦吃到了小丁的菜。这是这位名厨在80年代留下的最后踪迹。

附录：凌叔华《古韵·两位表哥》

爸从青岛回到天津不久，来了两位冯姓表哥。爸请他们一起吃晚饭。家人都很高兴，因为有将近两年没见面了。

妈在厨房忙开了。她知道两位表哥口味高，得让他们吃好，喝好。

"张妈,洗酒杯了吗?老爷可不许酒里掺水。一滴都不成。"

"记着哪。"张妈说,"我看这酒不够喝的,莲花白还剩一点儿,双溪陈酿也只半瓶,大表少爷又那么能喝,还得再打一坛子陈酿和虎骨酒。"

妈让张妈从地窖里拿一坛子陈酿,她说虎骨酒冬天喝好,这会儿都打春了。虎骨酒由黄楸椁和几种草药酿成,能舒筋活血,强身健体。

张妈拿了两大坛陈酿。酒坛用竹网包着,上面有两个竹提手,拎起来像个大篮子。坛口封了几层纸,上面糊着一层厚厚的泥。据说这种泥是精心调和的,专用来封酒,可使酒香不跑。

双溪陈酿有股特殊的香味,介于水果香与花香之间。我爱看他们先洗了手,然后小心地揭去封泥,刚一拿开盖子,屋里便溢满一股沁人的奇妙酒香。每当我嗅闻着山上浓郁的野花香和阳光送来各种植物的馨香时,总不禁联想起这种奇特的香味。

"我先尝尝。"妈接过一小杯酒。我见她的嘴唇红润好看,知道酒一定很香。妈把杯子递给我,说:"你着急了是不是?去搞些'笑兰'的嫩花苞,撒在上面。等明儿早晨,就会香味扑鼻。若放在枕头底下,准保你梦着酒仙。"

妈说话常能丰富我们的想象。

妈耐心地看张妈把坛子里的酒倒进瓶子。这种酒瓶多由白镴或白银制成。中国黄酒用大米酿造,味似葡萄酒,喝前先放在热水里温一会儿。人们常用它来佐餐,能喝酒的人一顿饭就能喝上五六十杯。

两位表哥是大妈的侄子,都很有才华。我们在北京住时,他们常来。大表哥康贤比二表哥康光年长两三岁。他当过驻欧洲几个国家的总领事，通晓数国语言，回国时才三十五岁。虽然他常穿中山装，可他留的胡子和油亮的分头总让我们觉得他是个洋人。而且，他还爱拄着根文明棍，说话时横在手里，好像随时要打谁，有点令人讨厌。他进屋便脱了帽子，放在客厅的桌子上。这倒使我们有机会戴着它玩。不过，我有点替他的秃头顶感到难过。

康光当时只有三十岁，个子比康贤矮些，讲话很快，与论敌争辩，言辞犀利，诙谐睿智。他虽年纪尚轻，可资历不浅，在北京上层社会很有地位。他毕业于东京帝国大学，而后因与国民党领袖孙中山相交甚厚，曾作为清朝末代皇帝的特使到南方与革命党人谈判。后来任中国银行董事长，他是签名印在中国银行票据上的第一人。而且，他还和著名京剧演员梅兰芳配过戏。两位表哥天资聪颖，学识渊博，深得亲朋好友的敬重。

康光在事业上一帆风顺，已经功成名遂。但待人谦逊，从不倨傲。对孩子总是亲切和蔼，每次来我家，都问我们晚上去不去看戏。如果去，他便去买票。

两位表哥到的那天晚上，爸还没回来。妈在客厅里招待他俩，她已盼了好久。他们把妈看成是自己的姨妈，因为他们知道，妈同大妈是好友。而且，抚养妈的潘家与他们冯家是亲戚。妈有什么问题决定不下来，都要问他们。她常对我们说："这事得等你们表哥来了再定，他们见过大世面。"

"表妹，来跟我们说说话。"两位表哥热情招呼我们，"我们有好长时间没见了。"

"你们俩都坐我边上。"康贤表哥说,"都三年了,我记得上次见你时,你还梳着两条小辫,像个小娃娃。时间过得真快,现在都成大姑娘了。我听说,你还是个学生运动的头头。我是老了,从欧洲回到北京那天,去看姨妈,你在摇篮里睡得正香呢。"

"你们男人还那么怕老?"妈问。

"西方人不爱说出自己的年龄。"康贤说,"如果跟中国人似的,头一次见面,问一位英国或法国小姐多大了,非露怯不可。即便是个男人,第一次见面就问岁数,人家也不高兴。"

"西方人可真有意思。"妈叹了口气,"他们一定觉得我们可笑,是不是?"

"听说你们都在为学生运动出力。"康光转向妈,说,"姨妈,真该祝贺您,眼下要想超过别人,除了学习,还得干点实事。竞争比我们年轻时重要多了,男女都一样。"

"梅表妹,听说你想上洛克菲勒医学院,这主意不错。"康贤打断话头说,"我前天去东城,看到了富丽堂皇的北京协和医院,翠绿的琉璃瓦,大理石的柱子和台阶,门窗漆得鲜艳猩红,华美壮观。我要是年轻十岁,变着法儿也得进去享享福。你想,从外面看,辉煌如皇宫,里面都是现代化的设备,热澡、冷浴、空调、电气炉子,中餐、西餐,随你吃。"

我和梅姐听得入了迷。妈一直在想孩子的入学问题。

"看不出你这么喜欢协和医院。"康光开玩笑说,"干脆你假装生病,我把你送进去享清福。"

"只怕你嫂子不干。"康贤打趣说,"你没听说,那儿的护士都很漂亮,她们全是大家闺秀,风韵迷人,思想开放,会讲外语,正是我们要寻找的姑娘。"

"你对协和医院这么了解,好像跟那儿待过。你不怕我们把你说的告诉太太?"妈说。

"我这是聪明反被聪明误。我去过一两次,是看一位病友。只能待一刻钟。就这些。"

我们都笑了。这时,爸进来了。

"什么事这么开心?"爸把帽子和外衣交给妈说,"接着说,我就爱跟家里听你们说笑话,整个下午跟那帮诗人在一起,无聊透了。"

爸躺在长沙发上,这是他从以前天津德国租界的家具店买来的。他想躺着舒舒服服地听我们聊天。

"哪来的那些无聊的诗人?是银行家还是军阀?"康光问。

"都有。他们以前只想赚钱,钱赚多了,就来买名誉。他们觉得写诗不错,可以扬名,还以为自己写诗同赚钱一样有天分。"

"我敢说那些人的诗乏味至极,真庆幸回家能摆脱那帮所谓的诗人。"康贤说。

"够扫兴的,瞧这一包都是他们的诗。"爸说。

"姑父,我要是你,就把这包扔到火炉里。"康光叹了口气。

晚饭准备好了,我们走进饭厅。

在我们家,吃晚饭是一天里最热闹的时候。爸常说:"吃饭是一种极好的享受,劳累了一天,干吗不好好松松心。"因此,他不论多忙,总惦记着晚饭吃什么。

我和梅姐下午一放学,他便问我们晚上想吃什么。有时为做菜,他能不厌其烦地跟妈唠叨好几个小时。有一次,梅姐说干吗跟吃饭上花那么多时间,真是瞎耽误工夫。

妈马上说:"俗话说'当官为嘴,做贼为饱',谁不想吃好点。怎么是瞎耽误工夫?"

中国有句古话:"生在苏州,穿在杭州,吃在广州。"我们家找的广东厨师有二十多年了,我记得都叫他宋师傅。他做的都是家常菜,但样样鲜美可口,色香俱全。他善烹调,最拿手的是做肉、鱼和鸡,不失原味,还飘散出不同的植物香。我们都喜欢看他做鸡时的忙乎劲儿,他将雏鸡切成小块,用酱油调浸一个小时再放到油锅里煎炒十分钟,放上蒜末、洋葱、青椒和辣椒,那味闻着特香,吃起来真是味道好极了。看上去倒不难做,他只是摇着油锅,鸡的颜色稍稍变黄,就算成了。这便是烹调。他在酱油里加了许多种调料,尝起来酸、甜、苦、辣、咸,五味齐全。他炒的菜家里人都爱吃,有一种特有的风味。

我最爱吃他做的清蒸鲜鱼和油炖糖醋鱼。梅姐爱吃他做的油爆羊肉,里面放了蘑菇、胡桃、竹笋和青蒜。她老让他给做爆羊肉和烙饼。有了这,她别的什么都不吃了。

妈做的几样菜,我们也都爱吃。除了招待贵客,她很少做。这天晚上,她做了两个菜招待表哥,一个是野鸡肉,放上米酒、生姜、干蘑、干笋,用微火炖一整天,一揭盖,肉香飘溢。另一个菜是鱼丸子汤。鱼丸子用鱼肉、火腿、洋葱加蛋清调制,再撒上盐和胡椒粉,放入汤中。那丸子看上去清亮透明,吃起来味道鲜美。汤中再撒上香菜和水芹。奶白的丸子与青菜相配，真是好看。

两位表哥都夸菜做得好吃。康贤对我们说："表妹，生在这个家，你们可真有福气。你们的妈妈结婚前就做得一手好菜，你们的爸爸又那么会点菜。"

"你们吃过那么多山珍海味，还能看上我做的菜？"妈谦恭地说。

"是真的好吃，我有许多年没吃过这么好的饭菜了。"康贤说，"我们中国人有时太谦虚了，姨妈。人家西方人可不这样说。给你们说个笑话，去年在巴黎，中国的总领事在一家大饭店设宴请客。他按中国的习惯致辞时说，准备的饭菜不好，请多海涵。第二天，饭店经理对那位领事提出控告，说他侮辱了饭店的名誉，影响了生意。"

我们都笑了。

"这是真的，还是你编的？"妈问。

"这是真事，如果你们想听，我还能讲好多。"康贤说。

"就是东方，也有不少这样的事。"康光说，"有一次，我的一位朋友去东京，跟新认识的一个日本人打招呼，问人：'吃了吗？'那日本人很惊讶，不明白他什么意思。他没回答，但显得很尴尬。他们也没再谈什么，分手时人家说再见，我那朋友说'明儿见'。跟北京，这话听起来多亲切，道声别而已。可那日本人又误会了，他第二天给我的朋友拍了封电报，说很抱歉，今天不能见。"

"有位英国朋友跟我讲，他有一次对一个温柔的日本女人发了通脾气。"康贤说，"他到东京访友，朋友不在。他有急事，就问朋友是否留了条。给他开门的女人什么也不答,只是按日本的礼节连声说'是,是',但她越说'是',英国人越恼火。他最后不耐烦地问'你傻了?'那女人还说'是'。"

我们被逗得前仰后合。爸说:"你们知道,李鸿章老早就清楚东西方礼仪上的差异,打手势都有不同,西方人叫你来时,手指向上,手掌对着自己,而中国人手指是冲上,手掌却对着你。"

吃过晚饭,我们都来到客厅。康光和我聊了很长时间,他问我女子师范毕业以后打算干什么。我告诉他想教书。我觉得教育在中国最为重要,它可以多种方式救国。

"我看你教书不好,你还没老到要做一个女教员。"康光说,"为什么不画画呢?缪素筠老师对你寄予了厚望,希望你将来成为大画家。除了你,她可从来没夸过自己的学生。她常给在北京的侄儿写信,问及你的情况。"

第一次去访缪素筠老师,就是康光带我去的,现已成了美好的回忆。我记得,与缪师作画,多么令我沉醉,幼小的心灵充满抱负,生活特别富有诱惑力。可我不想告诉表哥我正在想什么。

"我觉得画画对中国的困难一点儿用没有,它只是和平时期的职业。"

"我不同意。"表哥说,"我认为每个人都该充分发挥天赋才能,画画也并非没用。对于一个艺术家来说,最重要的就是把他所看到的美的事物表现出来。它对我们以及社会改革家都是有帮助的。我要是你,就不放弃画画。当然,除了画画,还可以学别的,例如文学,你不是也很喜欢,努力吧。"

"孩子，表哥说的就是我要跟你说的。"妈说，"一跟生人说话脸就红，哪当得了什么社会改革家和教员。"

"你的那些姐妹们上的什么学校？"

"九姐去年跟三妈去了上海，上了个特别时髦的学校。那个学校还教英语、法语，每年都培养出一大批时髦小姐，能歌善舞，有的还弹得一手好钢琴。"

"这种学校是专为时髦女孩开的。"表哥说，"重复你的话，对国家一点儿用没有，对九妹也没好处。"他转向妈说："我看让梅表妹去学医，她将来准是个好医生。"

康光的判断十年之后得到证实。九姐成了交际花，与丈夫、孩子一起生活，并不幸福。梅姐成了著名医生，同一位知名科学家结婚。我真为她骄傲。

康贤回北京前，又来看我们。那是个下雪的星期天，除了爸，我们都在家。花园被厚厚的白雪覆盖，硕大的假山石看去好似北极的一个小岛。家里的两条蒙古黑犬那天可着劲儿地撒欢，在花园里蹿上跳下，雪地上留下斑斑点点的狗爪印。我爱看狗在一起戏闹，更爱看它们嘶咬。客厅里飘散着梅花、水仙和菊花的香气。猫咪躺在俄式大火炉旁，沉沉地打着鼾。妈正在竹绷子上绣着花，绣针穿过绷子的声音正好与猫的鼾声合拍。这种静谧的和谐，常使我想起北京。

突然，我们听到火车驶过。我们家离车站只有二里地。妈放下绷子，叹了口气："我就是受不了这汽笛声。"

"那干吗不回北京？"康贤从屏风后面转出来说。他先进了爸的书房，爸不在。"她们该在北京上学，你和姑父也都没必要住这儿，尤其是姑父，成天跟那帮军阀费唾沫，能受得了？他们现在正想拉他入伙，对他没好处。我劝劝他，跟你们一起回北京。"

"就怕小六从南方回来不让他走，她儿子跟这儿上学。"妈说。

"我看姑父对那孩子根本不上心，不爱搭理他。那孩子太笨，考试两次不及格了。让他们娘俩待在天津，甭管他们。"

听康贤这么说，我特别高兴。但看得出，他对爸感到惋惜。

爸回来以后，康贤跟他谈了好长时间，爸听得很专心，并说来年（1929年）回北京。他让康贤在我们回去前跟北京找一处小点儿的房宅。

我和梅姐听到爸的决定高兴坏了。我记得那天晚上，我俩跑到花园，跟那两条大狗可着假山石上下追着玩。花园里装上了电灯，照得通明。小树、山石、花坛和西式台阶、阳台上，披着一层白雪，银装素裹，晶莹皎洁，真是迷人。我以前竟从未注意过。

"住在北京，能去西山看雪景了。"我说。

"下雪天，我们去长城吧。"梅姐说。

"看那无垠的山峦披着白雪，天放晴了，还能看到野鹿奔逐跳跃。白鹤、金鹰从紫禁城飞到郊外。"

"春天来时，御花园里有美丽的孔雀伴行漫步。"

"怎么会呢？"我问。

"你不知道御花园已经开放了？"

我在脑子里编织了一幅美丽的地毯，上面有辉煌的宫殿、富丽的园林，到处是鲜花、孔雀、白鹤、金鹰。金鱼在荷塘戏水。牡丹

冯祥光与其子冯武越一家

花色彩艳丽，雍容华贵，芳香怡人。在戏院、茶馆、寺庙和各种市集，都能见到一张张亲切和蔼的笑脸。环绕京城北部的西山、长城，给人一种安全感。这是春天的画卷。我多想拥有四季。能回到北京，是多么幸运啊！

附录：徐小五《无量大人胡同6号院忆旧》

20世纪50年代中期，我们兄弟姐妹五人随着奉调进京的父母（中略）搬进了这处中西合璧的大院（这里曾经是20年代梅兰芳大师的故居，姑且就叫它"梅家大院"吧），一住便是近二十年。（中略）梅家大院坐落在（无量大人）胡同的东头6号，那大大的、朱漆斑驳的正门重得我从来推不动，记得门槛有一尺高，常常把急匆匆的我绊倒。一溜儿结实厚重的白色砖墙还连着车库门和小旁门，一看就是大家气派、先声夺人。

大院和其他传统的四合院不同的是，并非中规中矩的传统样式，而是由几进院落、几个小四合院、一个"L"形回廊、一座小假山、一个小水塘及一幢西式两层小洋楼组成。这几个小院我们称之为上院、中院、下院、东南院、东北院、前院和后院。上院南侧有一座怀抱小池塘的假山，"L"形长廊将小洋楼、假山及东院连接起来，长廊顶端漆绘雕刻处处可见。除了前院沿边一圈和上院北侧有些开门见院的房子外，每个院落自成一体，分别有正规的北房、南房或东西厢房。院里几乎每家都有铺着长条木板地面的客厅、卧室、书房、过道，下院的大北房甚至还有玻璃暖廊。

值得一提的是，院内各家还有当时十分稀罕的全套西式卫生设施，有抽水马桶、大澡盆和下水道（而北京不少四合院都只有公厕）。

上院中间有枝繁叶茂的大枣树、梨树和桑树。（中略）上院东头小亭子旁，有几株靠墙搭架的紫藤萝树，开花时节散发出沁人心脾的幽香。（中略）整个院子真可谓山石池塘树影花香，当月亮升起时，另有一番朦胧的景致。人们完全可以想象当年梅兰芳大师在这里大宴宾客的意境和排场，说不定还在小假山前的走廊上排过戏。

乔冠华一家住在小洋楼的一楼，楼上住的是章文晋一家。顺着长长的楼梯上楼可到达玻璃窗围成的半圆形客厅，从窗户往下看可将这所别致的建筑群落尽收眼底。（中略）袁大使家在假山旁的一组套房，由于靠着山水显得有点潮湿。

我家先是住在中院的北房和西厢房，后来搬到（中略）下院的那座气势宏大、带有玻璃暖廊的北房。可能正是因为有玻璃暖房挡着阳光，下院这所大北房里面有些潮湿和阴凉。（中略）记得大北房门口一左一右摆了两个用白色花岗岩雕成的西洋风格的大金鱼缸。多少年后，我认出梅兰芳大师与外国友人的一张合影的背景就是这座大房子。所以应可推断出，梅兰芳大师隆重迎宾待客之地就是在这里。

这所北房的房梁很高，客厅左边由厚重的紫红色大幕布隔开，右边是宽大的四四方方的主卧室。主卧室旁边的卫生间居然和我们家卫生间是一墙之隔，还有扇朦胧玻璃窗。（中略）我家西厢房实际上是东西通透，设有对开门，两面都是玻璃窗，也相当于下院的东厢房。为了避免我们小孩子一开门就到下院玩闹，父母一般不让我们开朝西的那扇门。可以想象，这个曲径通幽的大院的设计者当初就顾及了梅家大家庭人事关系。

13. 中交两行挤兑风潮

冯耿光就任中国银行总裁固然为其人生得意之事，但冯氏在中行的工作并不能顺利进行。在冯氏的政治靠山冯国璋卸任大总统后，段祺瑞的势力即安福系一家独大，安福系不能容忍中行不在其掌控之中，开始抢夺中行的权力。冯耿光在《我在中国银行的一些回忆》里说：

> 1919年安福系得势，又发生很大的风波。安福系政客想夺取中行的管理权，借口中行新则例只由冯国璋以代理大总统命令公布施行，当时国会解散，没有经过立法程序。该系议员乃在临时议会参众两院，提出修改中行则例的新议案，要把总裁、副总裁由董事产生等规定完全取消。但是各地中行商股股东普遍反对，西南军政府和各地方商会等方面亦都通电指责。北洋政府总统徐世昌和代理国务总理龚心湛，看到情势不妙，也主张慎重，该案才以"付审查"为名搁置下来。然而安福系政客并不甘心，仍利用同年4月中行股东会在北京江西会馆开会的机会，进行捣乱，串通少数股东到会质问中行当局，企图恢复1913年的旧则例，引起激烈的辩论。但因行方握有多数股权，终于否决了他们的提案。这年冬天，该系议员王伊文等又在众议院，提出查办中行正副总裁案。在未提出之前，特托人向我示意，我一笑置之，并致书友人云："我对于此案不特不为疏通，且盼其成立，依法行查，借明真相，未始非银行之福也。国家财政，久无办法，国家银行，又何能办，故久有求去之意，不过今日尚非其时耳。现在既有责难，只可镇静以待，若因此遽行求去，则我将何辞以自解？"等到该案提出通过后，中行即沥陈经过，呈请财政部彻查。财政部派员形式上查了一

通后谘复众议院，同时我们又从人事上对该系部分政客进行联络，轩然大波才平息下来。

冯耿光回忆里讲了三件事情。

第一件事情是1918年9月至11月，参议院议员吴宗濂提出应将中行新则例交新国会追认，参议院对此做出决议，却为政府所搁置。作者按：中行新旧则例，核心问题是总裁、副总裁人选的产生，旧则例是由政府简任，新则例是股东大会选举董事，政府再由董事中简任。段祺瑞之安福系想把中行人事抓在自己手里，因而图谋否定新则例。

第二件事情是安福系拉拢部分中行股东，在1919年4月中行股东总会召开时大闹会场。时任中行副总裁张嘉璈叙述：

到会股东中有安福系党员多人，借口决算报告不详，肆意捣乱，力求延会。多数股东以本年报告，实较上年为详，不主张延会。主席以两说投票取决，而该系党员等竟至拥守票匦，不准投票，且有因投票而被殴者。多数股东在恶势力范围下，无法律可言，惟有忍辱而散。

这一事件发生时，正值梅兰芳首次访日前后，冯耿光全力应对安福系的进攻，没能与梅一同访日。安福系此次的进攻，用内外夹攻之法，一面搅闹股东总会会场，另一面于4月28日在国会众议院做出恢复中行旧则例的决议。冯耿光、张嘉璈等奋力反击，组织上海股东通电最高当局，坚决反对恢复旧则例，同时在媒体上大造舆论，抨击旧则例。这场风波最后在大总统徐世昌调停之下，众议院议案再次被搁置。

第三件事情是1919年12月17日，众议院议员陈嘉言、王伊文、陈懋鼎等提议查办中国银行总裁、副总裁贪利、违法、渎职、殃民等罪状，导致京钞跌价、疑谤纷乘。据姚崧龄编著《张公权先生年谱初稿》称：

> 查办案发生后，先生（张嘉璈）与总裁冯耿光极为镇定，希望因查办结果而可使水落石出，真相明白。呈文内详叙出售七年长短期公债、收回京钞经过，并称曾经财政部历次派员到行查核，证实无讹。全文详尽冗长，于12月23日登载北京各报。嗣经财政部人员查明，议员王伊文等所控各节，并无实据，随即呈报国务总理。

从以上情况看，各种政治势力围绕中行领导权的明争暗斗始终没有停止，而中行本身还因发行京钞、政府垫款等一系列问题深受拖累。冯耿光对于银行业务远不如王克敏、张嘉璈在行，所幸的是，其一是吴震修迅速熟悉了银行的运作方式，成为冯氏最重要的参谋。其二是王克敏、冯耿光、张嘉璈三位中行"巨头"的基本想法接近，组成中行系财阀团伙，协同对外。冯耿光在《我在中国银行的一些回忆》中说：

我和王、张两人结交有先后，彼此性格和能力也各不相同，但有一个共同的看法，即都想把中行办好，必须维持它的相对独立性，尽量扩大商股权益，削弱官股力量，以免受到政局变动的影响。北洋政府财政部因为需款应用，经常将该部持有的中行股票抵借款项，我们就怂恿他们陆续让售给商业银行，到北伐前夕，官股为款极少，只剩5万元了。

王克敏、冯耿光、张嘉璈三人主张中国银行的独立性，不断充实商股力量，以商股为基础，保证他们在中行的领导地位。其实，袁世凯病逝后，北洋政府人事更迭频繁，各派系交替秉政，政府公信力大幅度削弱，这无形中也给金融工商业留出了许多发展空间，各银行多在积极吸纳存款，扩充商股，壮大民营经济实力，获取丰厚利润。中国银行作为银行业的旗舰，顺应的正是这样的趋势。

冯耿光等人与安福系的斗争，并没有持续很久。1920年7月，直皖战争中皖系失败，安福系主要成员段芝贵、徐树铮、曾毓隽等人被通缉，其在国会的党羽亦作鸟兽散。中行当局因政治对手的垮台而暂时渡过难关。

可是，一波方平一波起，1921年11月中旬，中行业务发生更大危机，爆发了震动全国的中、交两行挤兑风潮。姚崧龄编著《张公权先生年谱初稿》叙述：

中国银行亦京钞整理，甫经就绪，正可乘时增募股本，扩充营业。不意两日之内，发生京津两地钞票挤兑风潮，来势凶猛，致汉口中、交两行亦同受影响。京津两地当日竟兑出银币百万元。而17日已然拥挤。天津分行深恐库存现金不敷应付，以致蒙停兑之恶名，乃决定暂时限制兑现。每人以十元为限，一面迅向各分行调集现款。迨11月30日，现款调齐，准备恢复无限制兑现前，先请当地著名英籍会计师司塔门检查账目，签字证明资产负债实际情形，登报公告。12月1日，恢复完全兑现，乃竟风平浪静，一如平时。北京方面，则自19日起，即由同业宣布组织公库，收兑津钞，作为定存，按照存款数目，由中行拨存抵押品于公库，人心稍定。

《张公权先生年谱初稿》更引张嘉璈随笔云：

津钞挤兑中，吾始体会银行论所谓通货膨胀遏止之结果，为通货收缩之语。京津两处，向有中交两行不兑现京钞数千万流通市面。今一旦收回，市面筹码顿形减少，银根自必紧迫，吾当时尚无此经验。一心注意于收束京钞，而尚未想及收束之后果，致累及津行，铸此大错。

这一年，也是吴震修流年不利，先是患病，出天花，病愈即遭遇挤兑风潮，时任中行北京行副理的吴震修首当其冲。

《许宝蘅日记》1921年9月28日记：

孔子圣诞。午后二时入府。六时后赴治臣之约，座有钱琴西、吴震修、吴延清，谈西医治病。琴西去年病肾脏炎，震修今年病天花，延清病疝，皆西医治好。震修去年遇一相者，谓其貌不类其为人，必须变化，今年果出天花，甚奇。十一时归。

吴震修在《中华民国货币史资料》第一辑里，撰文谈到中、交两行挤兑风潮。吴说：

民国十年（1921年）中、交两行突然发生挤兑风潮的原因，有人说，是由于某派某政客所指使；有人说，是日本在太平洋会议时期有意造谣，破坏中国金融；也有人说，是因为总税务司安格联命令各海关不再收受中、交钞票。我认为这些说法，都是报纸上外间推测之词，不尽可信。这次风潮发生时，我适在中国京行任副理，经理是常朗斋。常在民国初年做过县知事，和京师警察厅长吴镜潭（原注：士湘。下同。作者按：应为炳湘）很有交情，在军警界中兜得转，但不过问内部业务。这时中行头寸很紧，库存现金几等于零，全靠我和襄理王绍贤（寿彭）等临时向联行和北京银钱同业张罗应付，每天勉强渡过难关，情形早已不妙。就在这年11月16日那天傍晚应付票据很多，一时头寸轧缺，竟无法弥补。这一消息传到市面上，立即引起风潮，中、交两行同时挤兑。这完全由于中、交两行内部早已空虚，市面上偶有风吹草动，便弄得不可收拾。中、交两行自从民国五年（1916年）京钞停兑以后，社会上信用本已动摇。后来北洋政府发行两次公债，整理收兑，实际上仍有很大差额，是由中、交两行填发定期存单来补足的。北京中行经常把所存的金融公债押给联行和北京银钱同业，透支款项，利息高到月息一分五厘。有一次总税务司开出一张180万元的支票，拨付金融公债的本息，就全部被天津中行扣去，抵还欠款。我急得无法，只好用总裁、副总裁的名义，打电报给沪行告急，才由宋汉章亲自到外商银行汇来60万元。就在这次风潮中，津行卞白眉写信给我说，他作了一首诗，内有"存有两行争先后"一句，我就写回信告诉他，此"两行"应指北京、天津的中行，不是中、交两行，可见当时京行情形是如何紧迫了。在风潮未发生前，总税务司确曾一度拒绝拨付公债本息，并命令各海关不收受中、交钞票，对于中、交的信用，大有影响。但是远在几个月以前，不能说是挤兑的主要原因。至于政客们在报纸上利用中、交两行互相攻击，更是常见的事，不可信以为真。

当风潮发生时，北京中行的实力并不如交行，但因中行内部的人心比较团结，平时虽然彼此斤斤较量，遇有实际需要，还能缓急相助，而且这时上海、天津、汉口等地中行的业务都较京行为发达，我又和他们尽量联络，多给垫款利息。因此京行挤兑时，经过各方面筹划协助，终于在两星期后，无限制兑现，把风潮平息下来。继于民国十二年（1923年）总处召集济南会议，大家同意由上海、天津、汉口、浙江、南京等行共同负担300万元，交由钱琴西（宗瀚）驻在京行负责清理旧欠，才把京行的多年积亏，从根本上解决了。

交行的情形，与中行有所不同，内部人心涣散，上海、天津等处分行的实力,并不比京行强。平时对于汇拨款项,各行之间早已具有戒心。一旦发生风潮,竟致呼应不灵。最后由叶誉虎(恭绰)向张作霖借到400万元,才于第二年(1922年)1月7日对外宣布无限制兑现,较之中行,已经迟了一个多月了。

冯耿光的叙述,则更突出了这一事件在当时的严重性。冯说:

1921年秋冬之交,交通银行总理曹汝霖搬到佟府夹道新房子里去。这房子有一个小型戏台,可以招待一二百人看戏。亲友们遂在11月16日以祝寿为名,举办了一个堂会,大家凑凑热闹。孰知戏码已经排定,将要开演,忽然有人来报告,北京中、交两行同时发生挤兑风潮。那时中、交的不兑现京钞,已经全部收回,但实力不充,加之财政部在这年又先后向中、交两行借垫军警饷款480万元及公债基金垫款700万元,因此新发兑现钞票的现金准备极为缺乏;此外还有大量以京钞掉换的定期存单,流在外面,即将到期。这些因素就是引起挤兑的原因。

这次挤兑风潮,因为头寸短缺,两行一开始时便采用限制兑换的办法。每有钞票五元,只兑付现洋一元,余四元仍付钞票,且于付款时,故意将现洋反复敲打,手续异常缓慢。只听见叮叮当当的声音不绝于耳,十分热闹,实际上是为了多拖延时间,少兑出现洋。后来连一点现洋亦不搭付,等于停兑了,于是中、交钞票在市面上又有了行市,其情形的严重,不亚于1916年的停兑风潮。中、交两行都感到内部空虚,彼此互相探听对方实力情形，生怕倒闭在对方的前头。

当时北京的步军统领王怀庆对于挤兑风潮非常注意，曾经会同内务部、京师警察厅共三方面代表，深夜召集中、交总行负责人去谈话。我和张嘉璈代表中行，曹汝霖、任振采（原注：凤苞）代表交行，接连去了好几次。王怀庆和内务部、警察厅的代表坐在长桌的上首，我等坐在下首，问话时态度严肃，一再追问中、交两行的现款到哪里去了，是不是私人挪用了，对于交行尤其不客气。有一次，警察厅长殷鸿寿说："若在外县，发生有钱庄停兑倒闭等情事，经理人是要枷首示众清查财产的。这次在北京城里，客客气气，还不好好交代清楚。"我听后气愤极了，就站起来说："今天我们四个人都在此地，可以暂时拘禁起来，请派大员彻底清查中、交两行账目。如果有私人挪用公款，以致发生风潮，情愿以身家生命抵偿。"王怀庆看到这一局面弄僵了，就说："您不必动气，大家坐下来好好谈谈，想个办法，应付这个局面。"这才缓和了全场的沉重空气。经过中、交当局向各方面疏通，终于把这事搁下来。因为这次问话，是由三个官厅共同召集的，我们就把它叫作"三堂会审"。

中行的亏空没有交行大，京、津两行又由沪行宋汉章等装来现洋接济，因而这次风潮，经过半个月的纷扰就解决了。交行风潮拖延较久，最后听说由叶恭绰经手，向奉天官银号借到现洋400万元，于次年1月间对外无限制兑现，才把风潮平息下去。

这次挤兑风潮带来的严峻后果，一方面是张嘉璈所说的，

"（中行）股票市价由100元跌至70元左右。新股东在数月之间，蒙此重大损失，啧有烦言，公开吐骂，尤以纱厂帮股东为甚"。另一方面，中交两行都出现重大人事变动，交行总理曹汝霖辞职，改由张謇出任总理，而以钱新之为协理，实际掌控交行业务。中行方面，冯耿光左支右绌，亦觉难以为继，向王克敏提出引咎辞职。

14. 吴震修删改《霸王别姬》

中国银行与交通银行在挤兑风潮中所受打击甚重。中行于1922年1月宣布紧缩开支，正副总裁等高级职员均减薪一半，总管理处职员从300人减至120人，全年预算开支从450万元减至370万元。冯耿光在这一年5月22日至24日召开的股东总会上辞去总裁职务，王克敏再任总裁，1923年10月后改由金还接替。张嘉璈则仍任副总裁。

中行新一届董事会董事包括：

冯耿光、周作民、王世澄（君宜）、施肇曾、李士伟、李铭（馥荪）、罗鸿年（雁峰）、张謇、金还。

1924年4月又选举了新一届监事会成员，包括：

卢学溥、陈辉德、童今吾（蒙求）、徐陈冕（寄廎）、李宣威。

中行的这一届董监事会，一直维持到1928年11月。

中国理想优美之剧

中、交两行发生挤兑风潮前后,冯耿光遭遇事业上的失败,梅兰芳却获得了一次艺术上的巨大成功。梅兰芳访日归国后,或许是受到歌舞伎传统派的启发,他与缀玉轩"梅党"的兴奋点,从反映社会问题的时装剧,转向古装新戏,希望创作一种不同于注重写实的,可以寄托高尚与优美观念、陶冶人的情操的,所谓中国"理想优美之剧"。

1920年5月5日《申报·自由谈》发表了赵尊岳对李释戡的采访,李释戡代表梅及"梅党",对于他们的这一戏剧理念做出较为准确的表述。其全文如下:

> 昨与缀玉轩秘书长李释戡谈戏,颇有精义,约略记之。
>
> 戏之严格高尚,无过昆曲,律吕节奏,在委婉顿抑。若乱弹不足道矣!
>
> 往日西洋演戏,注重写实派,描写悲欢离合,务求其真。顾今日则不然,渐渐复兴为理想。以人生世上,终日困于悲欢离合之间,写实之事常日接触,何必复现之剧场?剧场所以寄最高尚之遐思,与最优美之观念,以引人入于高尚者也。所凭者理想,理想能越出于悲欢离合人事之外,至于天国,则所造者已较深矣。故理想优美之剧,初不必惑于怪力神道之说也。脱思想超爱,亦何尝不可另辟一境界,在仙佛之上耶?

或有谓戏为通俗教育，处处宜根据此说者，不知观剧者之程度亦有阶级。能买座观畹华（梅兰芳）演剧者，其人当已受教育，初不必自通俗始。知真正通俗教育之戏，只可使普（通）者扮演之，售价亦绝不能尔许之昂也。

布景纵像真，绝不能真。天然之山水，华堂大厦，何处无之，必于剧场求之耶？西洋用科学布景，而今亦渐渐有废弃之意。不如红氍毹上一曲清歌。特为营业计，为通俗计，尚一时不能见诸实行也。

这时的李释戡，挂着将军的头衔，干得最起劲的却是"缀玉轩的秘书长"，也是"理想优美之剧"的积极鼓吹者和主要创作者。他认为，梅兰芳大可不必走西方写实戏剧的道路，更不必追求舞台布景的现代化。戏剧原是不应该千篇一律的，观众的多元化决定戏剧的多元化，梅兰芳完全可以创作出一种抽象与理想的、超越现实生活的新型戏剧。李释戡的观点与英国戏剧家奥斯卡·王尔德的唯美主义多有暗合之处，李的主张也不妨称作"东方唯美主义戏剧"。梅兰芳的《天女散花》《洛神》《西施》《麻姑献寿》等一系列古装新戏，即贯穿着这样一条主线。

在1921年后半年，梅兰芳与京剧另一位代表性艺术家杨小楼开始合作，他们决定改编杨小楼曾演出过的连台本戏《楚汉争》作为合演剧目。负责改编剧本的齐如山，采用明代沈采《千金记》为底本，增加了其中女主角虞姬的戏份，形成《霸王别姬》的初稿。就在梅兰芳、杨小楼准备排演的时候，不想正被银行业务搞得焦头烂额的吴震修,仍然有闲心来过问梅兰芳的工作。吴震修发现齐如山的剧本太冗长,全剧要分两天演完,对齐提出修改意见。梅兰芳在《舞台生活四十年》里回忆说:

  有一天吴震修先生来了,他说:"听说你和杨小楼打算合演《霸王别姬》,那太好了。"我就把头二本《霸王别姬》的总讲拿给他看,并说:"您看了如有需要修改的地方,您告诉我们。"吴先生仔细地看了一遍后说:"我认为这个分头二本

梅兰芳《霸王别姬》剧照

两天演还是不妥。"这时候写剧本的齐先生说:"故事很复杂,一天挤不下,现在剧本已经定稿,正在写单本分给大家。"吴先生说:"如果分两天演,怕站不住,杨梅二位爷枉费精力,我认为必须改成一天完。"他说到这里语气非常坚决。齐先生说:"我们弄这个戏已经不少日子,现在已经完工,你不早说话,现在突然要大拆大改,我没有这么大本事。"说到这里就把头二本两个本子往吴先生面前一扔,说:"你要改,就请你自己改。"吴先生笑着说:"我没写过戏,来试试看,给我两天工夫,我在家琢磨琢磨,后天一准交卷。"(中略)两天后,吴先生拿了本子来,他对齐先生说:"我已经勾掉不少场子,这些场子,我认为和剧情的重要关子还没有什么影响,但我究竟是外行,衔接润色还需要大家帮忙,我这样做固然为听戏的演戏的着想,同时也为你这个写本子的人打算,如果戏演出来不好,岂不是可怜无益费工夫吗?"齐先生听他这样说,也就不再坚持成见,而是和大家共同研究润色继续加工。

吴震修与齐如山之争,实非简单一个长与短的问题。齐重历史叙述,敷衍故事;而吴震修则是提炼出项羽、虞姬爱情悲剧的主题,使之更加贴近了民国社会的需求,同时也突出了梅兰芳所饰虞姬的戏份。

经过吴震修、齐如山两位编剧的合力创作,《霸王别姬》剧情非常紧凑:汉王刘邦与楚霸王项羽交战,汉军统帅韩信在九里山设下埋伏,将项羽围困垓下。项羽与虞姬夫妇知大势已去,虞姬为了不拖累项羽，拔剑起舞，慷慨悲歌，与项羽做临终诀别，然后挥剑自刎。项羽目睹虞姬之死，顿时心如死灰，随即也在突围途中自刎乌江。

剧本确定之后，梅兰芳为虞姬设计了独一无二的造型，头戴古装头套，顶插如意冠，身穿鱼鳞甲，肩披珍珠云肩，腰系白裙，外罩黄色绣花斗篷。这一扮相简洁生动，既能显出虞姬地位尊贵，又表明其身在军营，参赞军务。尤为紧要而实用的是，较为便于剧中的"剑舞"——梅兰芳的古装新戏，喜欢在剧中加入一段特别的舞蹈，如《天女散花》中的"绸舞"、《嫦娥奔月》中的"花锄舞"、《千金一笑》中的"扑萤舞"等。梅氏在《霸王别姬》中也设计出一套"剑舞"，从这一设计可看出，梅氏创作《霸王别姬》，某种程度上仍是沿用他的古装新戏思路，亦即具有一定的唯美主义色彩。

梅兰芳破天荒地为"剑舞"配了较为独特的音乐，选用的是节奏感极强的"夜深沉"曲牌。"夜深沉"曲牌激昂流畅，浑厚完整，不仅对演奏者的要求很高，而且在加入舞蹈之后，音乐的胡琴、鼓与演员之间的配合难度极大。梅兰芳在唱腔上也下足功夫，剧中的"南梆子"与"西皮二六"两段如泣如诉，意韵悠长，脍炙人口，绕梁三日，成为公认的梅氏代表性唱段。

1922年2月15日，冯耿光辞去中行总裁前夕，梅兰芳与杨小楼精心创作的京剧《霸王别姬》在北京第一舞台剧场举行首演。第一舞台有3000个座位，平时上座率最多到五成，是日则卖了个满堂。

冯耿光参与《霸王别姬》修改

《霸王别姬》的一炮而红让梅兰芳与冯耿光都尤为兴高采烈，他们次日晚一起到杨小楼宅，给杨道乏又提出进一步修改意见。梅兰芳在《舞台生活四十年》里说：

第二天晚上，我和玉芙，还有冯、齐、吴三位，五个人一起到笤帚胡同去看杨先生。在那间小楼上我们几个坐下之后，杨先生向来要说客气话之前总是提高嗓门面带笑容先"啊！啊！"几声，这一天也不例外，抱拳向冯、齐、吴三位说："这出《霸王别姬》头回唱，不怎么整齐，您三位多包涵。"冯先生说："戏唱得很饱满，很过瘾，听戏的也都说好，排场火爆，大家都卖力气，我想您太累了吧！"杨先生笑着在嗓子眼里轻轻地"噢"了一声，这也是他向来有的一个特点，是对冯先生的夸奖表示承认，而又不敢当的意思，然后说："不累！不累！您三位看着哪点不合适，我们俩好改呀！"吴先生接着说："项羽念力拔山兮，是《史记》上的原文，这首歌很著名，您坐在桌子里边念，好像使不上劲，您可以在这上面打打主意。"杨先生轻轻拍着手说："好！好！我懂您的意思，是叫我安点儿身段是不是？这好办，容我工夫想想，等我琢磨好了，兰芳到我这儿来对对，下次再唱就离位来点儿身段。"这天大家聊到深夜才散。

在吴震修的建议下,据杨小楼的女婿刘砚芳回忆:

> 从第二天起,我们老爷子就认真地想,嘴里哼哼着"力拔山兮",手里比画着。我说:"这点身段还能把您难住?"老爷子瞪了我一眼说:"你懂什么?这是一首诗。坐在里场椅,无缘无故我出不来,不出去怎么安身段?现在就是想个主意出去,这一关过了,身段好办。"老爷子吃完饭,该沏茶的时候,掀开盖碗,里头有一点茶根,就站起来顺手一泼,我看他端着盖碗愣了愣神,就笑着说:"嗜!对啦,有了!"原来他老人家已经想出点子来啦,就是项羽把酒一泼,趁势出来。

经过这番加工,杨小楼在虞姬自刎一场里,唱"力拔山兮"之前,原是高坐在桌案之后,这时改为将杯中酒一泼,向后摔出酒杯,然后起身离座,边舞边悲歌"力拔山兮气盖世"。经此一改,身处英雄末路的项羽的悲壮之情,瞬间就被杨小楼表现得更加淋漓尽致。

梅兰芳、杨小楼的《霸王别姬》,最大限度体现出他们的京剧美学观念,是京剧史上里程碑式的演出,为民国时代的京剧艺术发展树立起新的样本。民国京剧艺术的高峰是呈现出梅兰芳、杨小楼、余叔岩"三大贤"鼎足而立的格局,梅兰芳、余叔岩的横空出世,都与冯耿光有着直接关联;梅兰芳与杨小楼的最重要合作,也离不开冯耿光、吴震修。冯耿光对于民国京剧的贡献卓著,后世史家不可不察。

很可玩味的是，三个月之后，中行股东总会召开，张嘉璈在其随笔里说："经过此次重大政潮，及历届股东总会之纷扰，可谓四面楚歌，何以尚能幸存？"他的"四面楚歌"的感慨，不知是否来自观看梅兰芳、杨小楼《霸王别姬》的印象。面对中行的局势，张嘉璈尚且有如此的慨叹，黯然离职的冯耿光，又何尝不是深有同感呢？

15. 冯耿光二任中行总裁

冯耿光于1922年5月卸任中行总裁，退居董事，但仍在中行内部居领导地位。接替冯耿光的王克敏，总不肯放弃政治野心，很快又出任政府的财政总长，冯耿光等担心王克敏身兼部、行首长，会混淆二者职能，造成官股势力卷土重来。1923年11月16日，中行驻京董监事金还、张嘉璈、冯耿光、李士伟、罗鸿年、王世澄、李宣威、周作民、王源瀚等联名致函在沪董监事，郑重声明财政部与中行各有职责，不容牵混。声明云：

王君叔鲁（王克敏）前在本行总裁任内，奉命长财政，实值政局未定，谣诼繁兴。本行因总裁之去留，影响甚大，再三敦劝，迄未就职。兹王君再拜财长之命，业于本月12日正式就任。还等鉴于前此谣言之来，对于王君不得不叩其对行意见。昨经面询，王君声明此次出任财长，当为国家财政力谋整理：指部行各有职责，截然两事，法章规定极严，绝不容稍有牵混等语。诚恐远道传闻失实，特此奉布。

分清部行职能固是要紧，其实北京政府此际已经陷入极度混乱状态。段祺瑞皖系失败后，直系、奉系军阀又打成一团，1923年10月直系军阀曹锟贿选大总统，1924年10月冯玉祥发动"北京政变"，把曹锟赶下台。在冯玉祥组成的临时内阁里，冯耿光、吴震修的老部下黄郛，一跃成为内阁总理，代摄总统职务。11月24日，段祺瑞再度出山，出任临时执政，1926年4月下野。其后，奉系张作霖势力控制北京，组建安国军政府，旋即败退东北，张作霖在途中遇刺身亡。

北京政府混乱如此，南方的国民党势力反而得到蓬勃发展。1925年3月12日孙中山在北京病逝后，国民党在广州成立了以汪精卫为主席的国民政府，次年蒋介石就任国民政府军事委员会主席及国民革命军总司令，兴兵北伐。到1927年初，国民政府已占有包括上海、南京、武汉等大城市在内的半壁江山。

处在纷乱时局之中，已经由商股控制的中国银行，首要工作不再是与政府争抢人事权，而是要确保自身地位与利益不受损害。他们把维护的重点确定为北方的奉系军阀及南方国民政府。

冯耿光与奉系军阀的关系

中国银行在北京设总管理处多年，根深蒂固，维护与奉系军阀的关系本不困难。1926年7月7日，冯耿光的侄子冯武越主持的《北洋画报》在北京创刊,该杂志以"传播实事、提倡艺术、灌输知识"为号召,主要经济来源是奉系少帅张学良。冯武越的夫人是曾任交通部次长的赵庆华之女赵绛雪,赵绛雪的妹妹即"赵四小姐"赵一荻,以秘书身份陪伴张学良多年,晚年成为张学良夫人。《北洋画报》刊载内容,不无投张学良所好的意味,同时也是宣传梅兰芳的主要舆论阵地。现在看来,《北洋画报》亦是冯耿光联络奉系的一个渠道。

尽管中行与奉系关系尚属良好,但是,冯耿光说,"这时北方在奉军控制之下,政治、经济紊乱达于极点"。此种情况下,中行仍不免多次为奉系所勒索。1925年10月,张作霖组建方面军分驻京畿、直隶、山东各地,向各银行逼缴军费,中行亦在其内。姚崧龄编著《张公权先生年谱初稿》引张嘉璈随笔云:

彼(指奉系)向我说:"中国银行应领导先认大数,否则将来采取手段。"我拒不答复。彼嘱其军需将我带至一办公室,种种胁迫。我告以中行无余款可借,请其到行查看库存,当知实情。结果经人调解,将我释放。

冯耿光在《我在中国银行的一些回忆》中也叙述了相近的情况:

我在北方多年,熟人很多,维持中行局面,本不致有什么问题。不料有一天,驻在保定的奉军第三、四方面军团部,忽然派一参谋到中行总处来找我说,他们有一笔进口押汇的军火,约值30万元，在未交货付款前，洋行方面要求银行担保，张学良要我以中行名义签字担保。我因兹事关系重大，推说须经董事会通过，而当时各董事散居各地，无从召集，难于照办。对方坚持不允，最后说要派一名副官带领宪兵四人护送我到保定去见张学良，当面商量。我想此事不妙，遂找陆军次长杨毓珣设法。杨说："千万不可同去，否则便没有办法。"即由杨亲自找张作霖说明原委，一场虚惊，才算平安度过。

张嘉璈与冯耿光叙述的似为同一事件，可是两人说法差异甚大。冯氏举出证人奉系将领杨毓珣，杨是袁世凯的三女婿，在奉系的地位较为特殊。据杨的连襟薛观澜所著《我亲见的梅兰芳》说：

> 每值张大元帅作霖午睡之时，孙传芳、张宗昌、张学良、张作相、吴俊升、汤玉麟、韩麟春、褚玉璞等八个军团长，战战兢兢，惟恐吵醒老帅。只有杨琪山（杨毓珣），时任张氏的副官长，毫无顾忌，他用力推动铁丝门，老帅常被他吵醒，他却满不在乎。

如果发生冯耿光所述的情况，这位袁氏驸马爷是完全有可能出面为中行斡旋的。比较之下，冯氏所述细节清晰，而张嘉璈随笔中仅是一笔带过。杨毓珣爱好京剧，与梅兰芳、余叔岩关系均颇密切，自然与冯耿光亦是熟稔，而其与张嘉璈的交情则平平。

中国银行对于北方奉系势力多是敷衍，乃至直接拒绝奉系的勒

索。中行较为看好南方新兴起的国民党政权,更寄希望于国民党北伐的成功。冯耿光在《我在中国银行的一些回忆》中说:

> 早在1925年,中行香港分行经理贝淞荪(原注:祖诒)就写信给北京总处,报告国民党自从1924年改组以后,有国际援助,声势很好。第二年北伐开始,贝又报告国民政府向广州银钱业借款80万元,雇用挑夫把现洋放在砖头下面,挑过粤赣边界大庾岭,作为中央银行的发行准备,并且说北伐军力量雄厚,组织严密,胜利有百分之百的把握,可以打败北方军阀。王克敏、张嘉璈和我三人在一起商量,认为北方政局腐败,是我们所亲眼目睹的,军队不能打仗也是事实。但南方动态究竟如何,却不敢轻易相信,最好能有一人亲自去看看。王、张两人认为我是广东人,如果前去,比较不惹人注意,我也同意以探亲为名回家乡去一趟。
>
> 我到广州,看见那里各方面情形,另有一番新气象,和北方完全不同,住了一时就回来。(中略)我看到南北政局将发生重大的变化,就和王克敏、张嘉璈两人商量,由王和我留在北方,应付北洋军阀。张嘉璈因母病很重,正好赶到上海,就地与国民党联络,相机应付。这种局面,一直维持到1928年总处搬到上海时为止。

张嘉璈随笔也说:

第九届股东总会散会之后，我与总裁金还及各常务董事会商，认为中国银行之职责，系为全国民众服务。行务行政不应集中北京，宜由正副总裁分驻京沪，就近处理。可由本人以副总裁名义驻沪，指挥南方行务。各常务董事均极赞成，因于6月中携带秘书一人赴沪，在上海分行二楼辟办公室办公。

冯耿光以探亲为名，前往广州探听虚实，做出"南北政局将发生重大的变化"的判断，经与王克敏、张嘉璈商议，决定王冯留守北京，应对奉系军阀；张嘉璈则以母病为由赴沪，联络国民党。据中行资料，张嘉璈所称的股东总会于1926年5月召开，张氏6月初即入驻上海，就近指挥南方各分行。这时，总裁金还病重无法视事，王克敏因种种原因不便出面，冯耿光再次被推到前台。1927年1月27日，冯耿光再次出任中国银行代理总裁，而他实际主持北京总管理处的工作，应是早于这一时间。

私人资本发展的黄金时代

关于中国银行一些重要事件的记录，冯耿光与张嘉璈的叙述常有不尽一致处，中行王冯张"三巨头"之间，王冯两人私交甚笃，而冯张之间则是公多于私。冯耿光对张嘉璈其人是持保留态度的。冯说：

张嘉璈是日本庆应大学出身，在未进中行前，曾在浙江省议会和北京参议院做过秘书，很为王家襄所信任。他到中行来，大概是通过进步党的关系。他那时年纪很轻，但一般朋友、同事都认为他是政客，有时大家谈得很热闹，他一来到，谈锋马上冷淡下来。1916年中、交停兑时，张在上海分行任副经理，曾与经理宋汉章共同筹划，抗拒北洋政府停兑命令，照常兑现，在对外宣传联络方面，做了许多工作，但两人相处始终不甚融洽。宋也是经常用"政客"两个字来形容张的举动。有一个时期"政客"两个字几乎成为张的绰号。北伐前几年，每逢中行准备发股息时，我就要电约汉口、杭州两行经理同到上海和宋

张嘉璈

汉章磋商分担垫款办法。有时宋问我的来意，我回答说："这不用我说，你心里也明白。"宋问我垫款几时可还，我说："有钱就还，没钱就慢点还。"宋认为我说话实在，不像张那样虚伪，说话吞吞吐吐地靠不住，常常约期准还，到期仍然还不了。平心而论，张对于银行业务经营比较内行，和上海金融界蒋抑卮、李馥荪、陈光甫等素有联络，因此在股东会等方面具有一部分力量。他自到行以后，苦心规划行务，贡献很大。宋汉章的话，也只是一面之词而已。

张嘉璈，1889年11月13日即清光绪十五年己丑十月十一日生于江苏省嘉定县，其祖父曾在四川任过知县，父亲弃儒行医，生有子女众多，张嘉璈行四，其兄张嘉森即张君劢，曾组织国家社会党，主张"国家社会主义"。其妹张幼仪，由张嘉璈做媒许配徐志摩。

张嘉璈少年时投考上海江南制造局附设的广方言馆，毕业后得老师唐文治（蔚芝）资助赴日留学，就学于庆应义塾大学，师从著名经济学家堀江归一及福田德三两教授，学习货币银行与政治经济。归国后先后任《国民公报》编辑、邮传部《交通官报》总编辑，民国初年转入中国银行上海分行任副经理。1916年5月中、交两行发生第一次挤兑风潮，张嘉璈与中行上海行经理宋汉章公然违抗北京政府所发布的停兑令，而且成功地平息了挤兑风潮，由此在行业内外赢得盛誉。在金融专业领域，张嘉璈受其师堀江归一的影响至深，张嘉璈自述云：

堀江教授倾向"自由主义"。惟对于"国家资本主义"，并不反对，但主张国家一切生产与公用事业，应由"民主监督"。

张嘉璈就任中行副总裁后，积极在中行推行堀江自由主义金融理论。他于1917年10月邀请堀江来京，在其兄张君劢发起的财政金融学会讲学，并将堀江的演讲稿连载于《银行周报》。

虽然中行"三巨头"之间的关系不无微妙，但在中行的经营理念上，他们还是高度一致的，王克敏与冯耿光也都接受张嘉璈的金融"自由主义"。作者按：王冯张"三巨头"执掌中行的时期，正逢中国私人资本发展的黄金时代，因而"三巨头"努力维持中行与政府的交往，大幅度增加中行商股，倡导堀江的"自由主义"金融理论，都是与当时经济形势非常契合的。李新主编《中华民国史》第三编第二卷概括说：

> 抗战前夕，私人资本在本国资本中的比重大于国家资本，且在工业资本中居于优势。在1894—1936年的四十二年中，国家资本只增加26倍，私人资本却增加了175.4倍；国家资本在本国资本中的比重日趋下降，由79%下降到24%，私人资本的比重则急速上升，由21%上升到76%，私人资本发展越来越快。从四十二年的全过程来看，私人资本发展最快时期是1920—1936年。在这十六年间，私人资本增加到13.35亿元，超过1920年以前积累资本总和的两倍多。（中略）抗战前，国家资本在工业方面并不占重要地位。如果剔除本国资本中的金

融资本，全国工矿业资本总额是13.76亿元，其中私人资本约为11.7亿元，国家资本只有2亿元，仅占本国资本的15%。

在私人资本领先发展的驱动下，中国银行积极扩充商股并推行堀江理论，也为中行带来丰厚利益。

特别应该指出的是，私人资本发展的黄金时代，也正是以梅兰芳、杨小楼、余叔岩等"三大贤"为代表的民国京剧艺术最为繁荣的时代。京剧研究家刘曾复《忆余叔岩演的堂会戏和义务戏》一文里曾经说道：

> 1913年李宅（作者按：北洋直威将军李准）堂会，烦余（叔岩）任戏提调。（中略）这次演出，黄（润甫）的戏份30元，金（秀山）10元，刘（春喜）、王（长林）各6元，场面共30元，余（叔岩）本人不拿钱。这些位看起来拿钱不多，此时谭鑫培堂会戏的所取则与他们悬殊，每戏能到500元，杨小楼一戏也能拿到200元。此后，戏份与时俱进，谭鑫培一戏能得700元，杨（小楼）、梅（兰芳）以及后来的余（叔岩），也都是价码越来越大。这在当时的内外行中已成为惯例，并不以为奇，就是一些著名演员也无异议，并且安于所得。例如著名武旦阎岚秋（原注：九阵风），平时戏份是每戏40元，老演员陈德霖、钱金福、王长林，每戏均为8元，裘桂仙4元，都是人所皆知的官价，堂会戏最多也就是加倍而已。在堂会戏总的花销上，1911年前后，北京小堂会200元即足够开销。此后，堂

会戏愈来愈盛行，花费也愈来愈大。1916年之后，大堂会能到5000元，到了1927年前后，高达7000元的并不鲜见。此后，由于政局变化，首都南迁，北京的堂会戏一度烟消火灭。直到1936年前后，北京的官宦人员又办过不少大的堂会。

这段描述正好印证了民国京剧艺术，与这一大的时代背景是密不可分的。私人资本进入京剧领域，发挥出种种不可思议的效果，也让京剧艺术勇于创造，大胆尝试，流派纷呈，充满活力，冯耿光与梅兰芳的合作就是其中最为生动的例证。

1925年至1926年，梅兰芳推出他的又一代表作《太真外传》，这仍然延续《霸王别姬》的路数，属于"新历史剧"。徐城北在《梅兰芳与二十世纪》里叙述：

《长恨歌》中写到唐明皇、杨贵妃沉湎歌舞的醉生梦死状态："骊宫高处入青云，仙乐风飘处处闻。缓歌漫舞凝丝竹，尽日君王看不足。渔阳鼙鼓动地来，惊破《霓裳羽衣曲》。"尤其这《霓裳羽衣曲》，据说也是有舞的，可惜曲既不传，舞更难见矣。然而，四本《太真外传》既以《长恨歌》为主干，于是这"霓裳羽衣舞"就是万万不能减却的。根据情节发展，第三本在"禄山求职""七巧盟誓""禄山逃走"这三个重要关目之后，下面就应紧接被"渔阳鼙鼓"惊破的"霓裳羽衣舞"了。梅兰芳在策划排演《太真外传》之初，恰也作如是想。"梅党"重要成员冯耿光在闻悉之后，即以现大洋1000元之代价，为梅购下孔雀翎外褂子一袭,以作羽衣之用,不料在排演此舞时,竟发现了意料之外的巨大困难:雀翎长在鸟儿身上,不但美丽而且可用以随意飞翔;一旦"移植"到演员身上,就难以运用自如,从而也就失去其天然之美。梅曾试舞,结果舞未竟而雀翎却折断数支,同时在旋转飞动之际,又常和旗帜绕在一起,使得梅手忙脚乱,汗流浃背,千金就此虚掷。

陶孟和《北平生活费之分析》记录1926年对北京48个平民家庭6个月间的生活调查,平均每家总支出数为101.45元,其中食品费占71.2%,燃料及水费占11.3%,房租占7.5%,衣服费占6.8%,杂费占3.1%。按照这一标准,这件孔雀翎外褂,大约是一个平民家庭五年的生活开支。

此处所举只是一个失败的例子。梅兰芳的艺术创作,包括着不可计数的成功与失败的试验,假如没有冯耿光这样的私人资本介入,仅仅依靠艺术家自身的力量,自然是无法完成的。也可以说,民国初期每一位成功的京剧艺术家背后,或多或少地都有着私人资本的援助。

16. 中行与蒋介石北伐

张嘉璈在金融方面推崇堀江理论,在政治方面则非常热衷于联络国民党。张嘉璈较早就打通与黄郛的联系,并通过黄郛而与蒋介石建立了沟通渠道。

张嘉璈、吴震修与蒋介石的往来

1926年9月中旬,张嘉璈抵达上海不久,即密电中行南昌支行汇款30万元给蒋介石,作为资助北伐军的军费。张嘉璈随笔说:

> 广州中央银行纸币,经行长宋子文向香港中国银行等借得现款200万元,以为发行准备后,该行纸币逐渐流通,顾仍未敢任意发行。发放北伐军饷时,特另发行一种临时兑换券,配搭使用,以减少中央银行之现金支出与纸币增发。此项临时兑换券,盖有国民革命军总司令部行营方印,并加盖湘、赣、桂,或湘、鄂、桂通行字样戳记,以资识别。该项搭发纸币,由各军所在地之军部附设兑换机关,就近向总司令部领得之少数现金,限作商民兑现之需,不准移作别用。迨九月初,北伐军抵达赣州后,查悉当地商民习用银元,或能兑换银元之纸币,而该军所携现款有限,需用现银元迫切。蒋总司令因电驻天津正待南下之黄膺白(黄郛),转嘱我在上海设法汇济。当时孙传芳正在南京调动大军,准备对国民革命军做殊死战,对银行举动,监督至严,加以赣州僻处内地,调汇不易。惟中行在绝对保密之下,卒获如约汇济30万元巨款。

1927年1月初,张嘉璈再次密电南昌支行汇款交蒋介石使用。张嘉璈随笔记:

蒋总司令于去年11月初进驻南昌后，复通过黄膺白（黄郛）转嘱我由沪拨汇南昌现款20万元济用。当时孙传芳已败退南京，中行行员均同情于革命军。此次拨汇巨款，仍复能绝对保密，孙方毫无所知。

张嘉璈其实对蒋氏缺乏深刻了解。中行一次次秘密为蒋氏提供军费，不料蒋氏的胃口也越来越大。1927年3月，蒋介石在上海设立江苏兼上海财政委员会，将江浙财阀一网打尽。31日上海《民国日报》公布的该委员会名单，陈光甫任主席，委员包括陈光甫、虞洽卿、钱永铭、吴震修、王伯群、钮惕生、陈其采、秦润卿、汤钜、顾馨一、王孝赉、徐国安、杨杏佛、柳亚子、汤济沧。

其后，国民政府财政部部长宋子文又在上海设立国民政府财政部驻沪办事处及中央银行筹备处，罗致金融实业人士为蒋介石筹款。宋子文的驻沪办事处设三个专门委员会：

公债委员会：宋汉章、胡孟嘉、倪远甫、钱永铭、李馥荪、陈光甫、虞洽卿、吴麟书、穆藕初、顾馨一、朱吟江、劳敬修、孙景四、荣宗敬、孙衡甫、徐静仁、孙铁卿、张福运、秦润卿、谢叕甫、楼恂如。

预算委员会：陈其采、陈光甫、吴震修、吴蕴斋、金润泉、许仲衡、汤筱斋、徐青甫、贾果伯、朱忠道。

银行币制委员会：宋汉章、胡孟嘉、李馥荪、徐寄庼、贝祖诒、叶扶霄、王文伯。

从这两份名单看，中国银行方面，除张嘉璈之外，公开参与国民党活动的代表，还包括吴震修和宋汉章。

作者按：《齐世英口述自传》里曾经记录了其在1926年10月的一段经历：

> 我在汉口住了半个月，认识了许多人，诸如市长刘文岛，工务局长黄伯樵，课长沈怡，日本驻汉口总领事高尾亨等，还认识了李汉俊、詹大悲、耿伯钊三个共产党员。我常跟这些人聚餐谈天，对当地的情形了解许多。（中略）不久我又从上海到汉口去，在黄伯樵家遇到黄郛，他对我说："外面有拥护苏联、拥护农工政策、打倒军阀三个标语，这是因为他们知道我与蒋先生（介石）的关系，反对我来，特别张贴。"他把内弟沈怡找来介绍给我说："你们都是留德同学，现在认识，将来也可做个朋友。"其实我和沈怡已经认识。他并且告诉我他就要到南昌去，问我好不好一道去，他要介绍我见蒋先生，就这样我与他同船去南昌。同行的还有黄夫人沈亦云女士，许静芝、吴震修（原注：留日学生，任职中国银行）、沈鹏、葛敬恩等，大家在船上打小牌。船抵南昌后，我与葛敬恩、吴震修住中国银行，黄郛住总部，许静芝是黄的秘书，与黄同住。见蒋先生时主要是问我在东北的事，我把经过的情形告诉了他。以后蒋先生常请黄郛吃饭，我也沾光，常应邀参加。及黄郛行将离赣前往上海，我亦拟回沪，蒋先生要黄转告我留在总部，我没留下，送我一个不支薪水的委任参议的名义（原注：张岳军是总参

议）。在这里我认识了陈洁如，也认识了陈果夫、陈立夫兄弟。

从齐世英的回忆来看，吴震修通过黄郛的渠道而在南昌与蒋介石会面，显而易见是在代表中国银行与蒋沟通。因此，中行与国民党的联络中，吴震修亦是重要角色。

蒋介石对中国银行的勒索

蒋介石、宋子文在将中行等各路财阀聚集起来之后，立即以"军需紧迫，急于星火"为名，要求金融实业界为其筹集巨款，中行被派借款100万元，态度之蛮横与奉系军阀如出一辙。张嘉璈随笔记：

> 关于总司令部军需处处长俞飞鹏向沪行借支100万元事，曾引起蒋总司令误会。盖沪行不知总行有致汉口分行（原注：可以支用100万元）之密函，而沪行经理仍照向章索取担保品，致蒋总司令闻之大为不悦，将借款增为500万元，嘱俞处长在沪行经理办公室坐索，非办到不得离行。我时居丧在家，得此消息，急驱车至行，告知沪行经理宋汉章，曾有在汉口支用100万元之约。当凭蒋总司令公函，需借100万元，照付了事。

陈安性在《宋汉章与中国银行上海分行》中叙述此事说：

1927年北伐军进入上海，蒋介石向上海商联会借款200万元，要求中国银行先行垫借100万元，遭宋汉章拒绝。随后虽允照借，但要求提供担保，为蒋介石所不满，后经斡旋获谅解。时北伐军节节胜利，需款益亟。中国银行副总裁张嘉璈从北京移沪办公，在借款问题上先由中国银行借垫一部分，而后往返折冲，经江浙财团与江苏兼上海财政委员会达成协议，同意蒋的要求，发行"江海关二五附税库券"3000万元作抵，由上海银钱业、上海商联会、江浙两省绅富和两淮盐商分摊认购，这样就解了宋汉章之围。不久，又以关税附加作抵，继发库券4000万元，仍按原比例分别认购，国民政府在财政上得此支持，也就立稳脚跟。当时，宋氏曾说张嘉璈虽是个政客，但不谓无用，盖亦赞许其能随机应变。

冯耿光《我在中国银行的一些回忆》对此事也有回忆：

张嘉璈在上海应付国民政府的需求，也不是很顺利的。他和黄郛、陈其采、钱新之等人，原来都是很熟的朋友。当北伐军到上海时，国民党就指派陈、钱等人组织江苏兼上海财政委员会，中行由吴震修代表参加。有一次这个委员会决议，先凑二五库券垫款100万元，送到南京去，要中、交两行各担任50万元。先是钱新之与宋汉章商量，宋不允垫借，后由吴向宋劝说，宋仍坚决不答应，并且说："孙传芳军队已经过江来了。"吴看到这事无从下台，就赌气不管，一个人溜出边门跑去看电影。因为这笔垫款发生波折，财政委员会相继辞职，蒋介石大为不满，第二天就打电报给宋汉章，非要借1000万不可，措辞异常强硬，虽经再三疏通，最后还是分期照借了。二五库券第一次发行总额就有3000万元，沪行担任的数目也不少。宋汉章因为不善于应付，坚决要求辞职，遂由总处决定把宋提升为沪区行总经理，后由董事会推为常务董事，所遗沪行经理职务，由贝淞荪接任。

宋汉章，名鲁，字汉章，以字行，浙江余姚人，1872年即清同治十一年壬申生于福建建宁，早年随父至上海，在通商银行担任"洋大班"英国人美德兰（A.M.MaitLand）的助手，通晓银行业务和管理制度，办事格外严格认真。上海光复起义时，沪军都督陈其美将宋扣押起来，逼迫宋为其筹饷，宋亦不肯屈从，尤为上海同业所称道。在国民党强借巨款之时，宋汉章仍是坚守银行制度，以至于连吴震修都被气得跑去看电影，可见宋氏之固执。张嘉璈等为了不开罪于蒋介石，改以贝祖诒为沪行经理，宋则交出实权改任银行常务董事。张嘉璈随笔称：

宋经理对于总司令部军需处借款事，既按银行向例作风应付，引起双方不快。诚恐此后应付新政府人物，难免不再发生类似事情。我颇有调香港分行经理贝祖诒任沪行副经理，协助宋氏之意。会宋经理忽患神经衰弱重疾，极需静养，自请专任常务董事，因调贝祖诒继任。

中行交出巨款之后，蒋介石也为缓和与中行的矛盾，4月初亲自登门到张嘉璈家吊唁张母。6月15日，张嘉璈参加南京国民政府召集的财政会议，参与谋划经济政策，乃成蒋介石的入幕之宾。

17. 冯耿光宅绑票命案

冯耿光二次出任中国银行总裁，竭尽全力维持与北方奉系、南方国民政府的关系，偏在此时，冯宅突发一起轰动一时的绑匪命案，令冯氏颇为狼狈。

这桩绑匪命案要从梅兰芳的婚姻说起。梅兰芳先娶王明华，再娶福芝芳。屠珍《一世姊妹情：记梅兰芳两位夫人王明华与福芝芳》说：

> 1921年的一天，吴菱仙老师和罗瘿公先生受梅家之托，到福芝芳家说媒。当时，坤角登台献艺在社会上还是件新鲜事儿，时有不良子弟伺机骚扰。福母整日为女儿提心吊胆，正想有合适人家就把女儿嫁出去。梅兰芳人品好、艺术好，当时已走红，虽然已婚，但福母了解到王氏夫人不能再生育的情况后，就答应了这桩婚事。但她表示，自己虽家境贫寒却是正经人家，不以女求荣来嫁女儿，她不要定金和聘礼，但提出两项条件，一是梅兰芳要按兼祧两房的规矩迎娶福芝芳，她的女儿不做二奶奶，要与王明华同等名分；二是因膝下只有这么一个女儿，必须让她跟着女儿到梅家生活，将来梅兰芳要为她养老送终。

梅家和王明华对此均表同意,于是梅兰芳与福芝芳结为伉俪。(中略)福芝芳嫁给梅兰芳后,就终止了演艺生活。她性情文静,为人厚道,不多言语,在家中照顾梅兰芳日常生活,颇得梅兰芳的疼爱。她因出身贫寒,幼年没有上过学,没有受过什么文化教育。梅兰芳特为她聘请了一位中年女教师,常年住在家中。每日上午读书、识字。她聪明、伶俐又好学,十分勤奋。早上起床,先写一个时辰的毛笔字,然后就从《三字经》《百家姓》《千字文》学起,又学了唐诗、《古文观止》,还学会了背诵《左传》中的几段。老师还教她读白话文,阅读杂志。就这样断断续续学习了四年多。慢慢地,她从只能识读简单书信直到能读古文和白话文的小说作品。看小说的爱好伴随她终生,那一直是她最喜爱的消遣。

黄裳《吴震修谈梅兰芳》里也记述吴震修盛赞福芝芳。

对于梅夫人福芝芳,吴氏极口称道的。"北方女人,旗下人,气魄大。"后来有许多事都是福出面解纷的,如在广东演出,被挽留,而班子无法养,都是福芝芳出面料理的。梅与福芝芳结合,时王夫人病重,吴正出天花,卧病一月,后许伯明告知此事,吴说,何不等等。一次,许多姨太太之流也在议论此事,吴说:"说来说去,人家福芝芳到底是个未出阁的闺女。"听者大哗,群起而攻之。吴只好说:"失言,失言。"

梅兰芳、福芝芳的婚姻虽称美满，偏偏梅兰芳又邂逅了京剧奇才女老生孟小冬。

孟小冬生于1908年（《辞海》第七版为1907年）12月9日即清光绪三十四年戊申十一月十六日，乳名若兰，原名令辉，艺名小冬。自幼学戏，1925年春自上海北上京津，迅速引起关注，风靡一时，袁克文即寒云为之书匾"玉貌珠吭"。这一年的8月23日，京师华商电灯有限公司总办冯恕（公度）在三里河大街织云公所举办堂会，原定是梅兰芳与余叔岩合演《四郎探母》，因余叔岩病而改换孟小冬替演，梅孟在冯耿光宅对戏，双方颇有好感。次年王克敏五十大寿，梅兰芳与孟小冬为之合演《游龙戏凤》，坤生男旦，玉露金风，颠倒阴阳，珠联璧合，令坐者如醉如痴。

许姬传《漫谈我所知道的孟小冬》说：

> 我第一次听孟小冬，觉得她嗓音宽亮，无女声尖窄之病，而且出字收音、行腔用气都有准绳。扮相潇洒，身段凝重，难怪胡适之说她"身段、扮相、做工毫无女子气，真是好极了"。

1927年春节过后，在众人极力撮合之下，梅兰芳、孟小冬在东四九条冯耿光宅举行婚礼，冯耿光为主婚人，洞房初就设在冯宅，后迁到内务部街，距冯梅两宅均甚近。

许锦文著《梨园冬皇孟小冬传》就此认为，梅孟结合，主要是得到冯耿光的支持。许锦文的描述相当生动，但其真实程度有待细考，只可暂且姑妄听之。

梅兰芳与孟小冬

"梅党"中坚分子、文人齐如山当场就向冯耿光说："这确是天生一对,地设一双。成人之美,亦平生一乐,六爷若肯做点好事,何妨把他们凑成一段美满婚姻,也是人间佳话。"另一"梅党"成员李释戡也说："从经济效益角度考虑,如果梅孟一旦结合,婚后出台合作演出一些生旦对儿戏,肯定会有极大的市场。"夜壶张三(作者按:新闻界人士张鹏,字汉举)在边上马上补充说:"那就开一家夫妻剧场!"冯耿光当时听了,一笑置之,但心中却也在盘算这档事,觉得颇有几分道理。

　　齐如山为梅孟的结合,因何如此卖力,极力拉拢?那是因为他对梅的第二房夫人福芝芳不满,认为梅的原配夫人王明华现在重病在身,被送到天津疗养,就是被福气出来的,心中颇为不平。又因见福不仅不善于理家,而且对梅把持甚紧,甚至连梅的一批挚友上门,也要遭她的"白眼",因此想气一气她,借以分散梅对其的感情。所以早就在梅面前竭力宣扬孟小冬如何如何才貌出众,色艺双绝,乃女中丈夫。齐如山认为只有孟小冬过门后,才能打败福芝芳,为王氏夫人和一些挚友出一口气。同时,冯耿光也对福怀有不满情绪,原因是梅家的财政大权,现在由他在控制着。冯时任中国银行总裁,因见梅老实厚道,不善理财,故替梅在中国银行以最高利息,办了"特殊储户"手续,如遇大的开销支出,必须经冯的参谋核准。福芝芳对此感到不是滋味,时有怨言,并经常对丈夫不断诉说,梅则认为为人不能忘本,常劝慰她说:"我们要是没有冯六爷,焉有今日。"福芝芳见丈夫如此软弱,恨铁不成钢,但也无可奈何,可是这股怨气,常向外人发泄。这样一来,对于冯的包揽把持,也有许多人说了不满意的话,一来二去,日子长了,难免传到冯氏夫妇耳朵里,冯听后非常生气,冯的夫人施碧顾更对丈夫说:"真是狗咬吕洞宾,不识好人心。"她要求丈夫从此甩手不要再管,免受闲气。但冯考虑到梅兰芳为人忠厚,应该顾全大局,岂可与妇道人家一般见识,只好装作不知,不管别人怎么去说,还是一切照旧。从此冯福面和心不和。

这时冯六爷见一些朋友不断地要求促成梅孟百年之好,也就不再阻挠,同意了这桩婚姻,并正式委托齐如山、李释戡二位做大媒。冯说:"据请你们马上去征求梅孟的意见,让他们拿个主意,选个好日子,把事儿赶快办了吧!若是成功,真可算是天作之合了。"

不管许锦文的描述是否真实,冯耿光对于梅孟婚姻的支持态度,应该是没有疑问的。冯氏未曾想到,一场大祸就此酿成。

孟小冬的戏迷里有位青年学生名李志刚,因迷恋孟小冬而走火入魔,听到梅孟成婚消息后怒不可遏,立意伺机报复。许锦文《梨园冬皇孟小冬传》记:

1927年9月14日下午二时许,李志刚又至无量大人胡同5号梅宅附近往返不去,对停在门口梅的自用汽车尤为注意。三四时左右,李至梅宅求见兰芳,被看门人所拒。至七时有客驱马车来访,下车步入梅宅,见门侧站着一位白皙青年,乃询问门房此为何人？据答是一求帮者，来此求见老板已多次了，这位客人也就一笑了之。原来这天晚上冯耿光要在家设宴为诗人黄秋岳做寿，宾客极多，梅兰芳当然也须赴席作陪，因知门口有一求帮青年，迟迟未行。当时冯总裁亦在梅宅，还有其他七八位客人，趁天已黑就把梅兰芳夹在中间一起出门，分乘冯的自备车及一马车急赴冯宅。李志刚见众人乘车而去，尚不知梅亦在其内，因见梅的白色自用汽车尚停门口，故仍在梅宅附近盘桓。梅等既抵冯宅，即通电回宅询问门口青年去否？仆人回答尚未离去，梅乃告其即将大门关闭。八时半过后梅宅汽车开往东四九条冯宅接梅。李见空车开走，亦雇一人力车匆匆追去，约九时许，也来到了冯宅门口逡巡。梅的司机见此青年又追踪而至，深以为异，就在门房里告诉冯宅的仆役及其他来宾的司机。大家都觉得奇怪，来到门口，冯家老仆上前很客气地问道："先生贵姓？到这里有什么事吗？"青年操着山东口音回答："我叫李志刚，在黎明中学教书，现有急事，欲向梅老板求援，烦老人家通报一声。"

众人见这青年，乃学生模样，二十来岁，身穿西装，眉清目秀，不似无赖之辈。听他一说，原来是寻求帮助，便纷纷解囊，当即凑了二十多元，交给青年，但青年坚持要求见梅老板面。老仆只好进入院内客厅，向冯报说外面来了个穷学生要见梅老板。其时厅内盛筵正开之际，冯便不耐烦地问："他有什么事吗？"（中略）梅对素不相识之人，一般是不见的。这时候座间那位《大陆日报》的绅士张汉举（作者按：张汉举绰

号夜壶张三）在旁自告奋勇说："我出去看看。"（中略）

李志刚见出来的不是梅兰芳，而是一位身穿丝绸大褂，满面富态的长者，就先脱帽鞠躬致敬，随之泣诉道："先生，本人并不认识梅老板，只是我祖父与梅老板有交情，现已逝世三日，停尸在床，无钱入殓，故欲求见梅老板，乞为资助。"言下不胜唏嘘。（中略）张（汉举）持钞出，告其已凑得百余元，请即携去。李嫌不够，乃又增至200元，李仍言不够。张汉举说："如需再添，我必须同你去贵宅看看情形再说。不知你家在哪里？"对方说："离此很远，在东斜街14号。"张说："那好极了！我住西斜街，你可稍候，待席散同行。"（中略）张三（即张汉举）亦席散而出，乃命自备汽车开回本宅。适有座客汪霭士，乃命画家，住在南太常寺，也欲搭张的汽车回家，于是三人一同登车往西城开去。

这时已是深夜快11点了，（中略）张汉举一看，这分明是说假话，便说："干脆你下车吧，我可要回去了。"对方说："好吧，我们一块儿回去。"张说："你还回去做什么呀？"对方说："我们去找梅老板，他抢了我的未婚妻孟小冬哪。"张三说："我看不必啦，你下去吧！"说着伸手要开车门，想把他推下去，不料这个青年顿时变得面目狰狞，从怀里掏出一支白朗宁手枪顶住张三的胸口说："别动，你动一动我就打死你。"并向司机怒吼："把车赶快开回冯家找梅老板！"张、汪二人大惊。（中略）不到一刻钟车已驶至九条西口。（中略）冯阅信也大吃一惊，知道遇上绑匪。（中略）冯见来势甚凶，非此数百元可以了事，乃电告梅兰芳，嘱其凑集若干现款即速派人送来。当冯梅通话之际，不料为电局密探员所闻，即时电告公府密探处处长朱继武，朱即带数十名密探赶至，同时并电其他军警机关。（中略）当青年挟持张、汪入宅时，冯耿光见来势不对，急命家人先扶病中太夫人从后门送往邻近友人家中。而冯本人恐怕后门亦有党徒暗中监视，乃逾墙逃出。途中遇一人力车，急命其拉往无量大人胡同。军警得此警报后，惟恐还有党徒包围梅宅，又派许多暗探在无量大人胡同戒备。冯车将至梅宅，见途中三五成群徘徊观望，疑为匪党，急舍车步行，以一元付车夫，挥手叫车夫离去。而暗探见其形迹可疑，急盘问车夫刚才从哪里来？车夫答从九条胡同拉来。暗探更怀疑是匪人，扑上去想抓他，冯也相信必定是匪徒，所以对准暗探脑门就是一拳。冯总裁本为陆军出身，自有相当膂力，暗探被击，连退数步，冯乃急冲到梅宅前，敲门而入。（中略）冯入门后，告梅宅门前有匪徒，乃以电话报告区署，区署派警察，所见到的都是暗探。而暗探告以适才见到匪徒已逃入梅宅，于是又急敲梅宅大门。梅宅更加惊惶，冯又从梅宅逾墙跳上邻家屋顶，邻家正逢办喜事，院中搭有喜棚，冯惊慌之际，竟从喜棚上坠落院中。后警察来到邻宅欲借电话向区署报告，相见之下，问明情由，方知误会。

这一晚，正值"梅党"重要成员黄秋岳生日，冯耿光宅与梅宅两宅却遭大乱，闹得人仰马翻。

翌日晨7时，冯总裁又电中国银行送来万元，共为2万，仍由朱继武捧交青年，其中有大洋2000元，青年要求把现洋换成钞票，朱面有难色说："这还得梅老板想法。"青年略一沉思，说："算了！"（中略）此人也很机灵，那支手枪一直抵在张三的后心上，他教张三从窗口将现钞一捆一捆接进来，查点数目也是张三爷的事。侦缉队虽然精明强干也无可奈何，因为冯六爷有话，就是钱全给他拿去都没关系，以保张汉举活命要紧，所以谁也不敢冒险破门而入，怕坏了大事。

直到现钞都送齐了，该匪又教张三喊话，把一辆汽车开到大门口，预先开好车门，等候启行。冯宅遵命照办，青年这才教张三打开门，双手捧着钞票走在前面，他仍用手枪押着在后面紧紧跟随，以张为挡箭牌，一路举枪由中院走至前院，直到冲出了大门，两旁的人投鼠忌器，谁也没敢开枪。到了汽车门前，他叫张三抱钞票先进去，张三低头弯腰往汽车里一钻，手枪刚好离开他后心。大家一看正是时机，忙快步拥向车门，匪徒一见笑道："好啊！原来你们有埋伏，也罢！"对准张三要害"砰砰砰"三枪，"夜壶"破了。又转身开枪拒捕，击伤侦探二人，军警一见张三倒下，无所顾忌，一阵乱枪之后，盗匪中弹，半身俯伏在汽车门里，气息奄奄，军警拥上，缚送军警联合处，到了那里已气绝身亡。至8时许方完事。

这场惊心动魄的绑票案宣告结束，张汉举中枪身亡，做了替死

171

鬼。此事在北京闹得无人不知，沸沸扬扬，成为一桩大案。

《许宝蘅日记》1927年9月15日记：

> 昨晚冯幼伟家忽有匪人绑票事，至今晨九钟军警始将匪人围住，当场击毙，枭首示众。此等事都下尚属初见，而此匪孤身行强，亦罕闻也。

北平军警联合办事处为此发布公告：

> 为布告事，本月十四日夜十二时，据报东四牌楼九条胡同住户冯耿光家，有盗匪闯入绑人勒赎情事，当即调派军警前往围捕，乃该匪先将被绑人张汉举用枪击伤，对于军警开枪拒捕，又击伤侦缉探兵一名。因将该匪当场格杀，枭首示众，由其身边搜出信件，始悉该犯名李志刚，合亟布告军民人等，一体周知。此布。中华民国十六年九月十五日。
>
> 司令　王　琦
> 旅长　孙旭昌
> 总监　陈兴亚

政府布告并未叙述具体原因，所谓凶手名字，也只是凭几封信件；所谓为孟小冬而复仇，亦仅说辞而已。但看全过程中，且不说如何周折，仅凶手沉着老练，言谈举止都不似莽撞之人，足见此事并不简单。作为当事人的冯耿光、梅兰芳，包括孟小冬，对此守口如瓶，终生未再言及。时过已近百年，而今更是无从再去了解其背后的真相。

附录：薛观澜书冯宅刺客案

无量大人胡同梅家来了位不速之客

民国十四年我随徐树铮周游列国，回到北京之后，就住在东城的无量大人胡同，我住在胡同口，梅兰芳则住在无量大人胡同的中段，与舍间相距不远。

此时北京的政局甚为混沌，在冯玉祥倒戈胜利之后，吴佩孚垮台，由段祺瑞重起执政，冯玉祥的军队驻在南苑，冯的部下鹿钟麟则任京畿卫戍司令。但北京地面又在奉军势力范围之内，而且张作霖和杨宇霆都恨透冯玉祥，故奉军与西北军之间随时可起冲突，形势紧张之极。不过北方的老百姓久有"逆来顺受"的习惯，虽然时局动荡，而北京的市面照样繁盛，京剧尤其欣欣向荣，这是梅兰芳、余叔岩、杨小楼三人鼎峙的时代。

袁克良与孙一清来访

梅兰芳于第二次赴日演唱，大受欢迎，回京之后，更红得发紫。他在民国十五年编演新剧《凤还巢》，是他的得意之作。讵料彼时奉军当局认为他是故意挖苦奉方（原注：大概"凤""奉"同音之故），遂使梅兰芳大受其累。此时余叔岩、杨小楼二人则在北京开明大戏院合作演出，号称"双庆社"，这是余叔岩的黄金时代，每逢年终窝窝头会义务戏，由俞振庭排定戏码，常以余叔岩的戏如《摘缨会》之类排在最后一出。杨小楼虽已老去，还是好到极点，正是"虎老雄心在"。

孟小冬系于民国十四年进京，初拜陈秀华为师，她在"三庆园"唱夜戏，异军突起，诚为京中坤伶放一异彩。（中略）

记得是民国十五年，有一天，袁克良（袁世凯总统的三公子）和他的如夫人孙一清来到无量大人胡同访问我夫妇，克良字君房，与寒云同母，君房且为前清学部大臣张百熙之嘉婿，彼之如夫人孙一清原是名坤伶，（中略）袁君房欲娶孙一清，遂与班主俞振庭大起冲突，结果俞振庭竟被法院判囚二年，袁孙终谐好事，君房性偏急，好任侠，当时凡是总统府的警卫人员，暗中都奉君房为首领。

梅兰芳家出了乱子

是日君房来到无量大人胡同，和我一见面，就很紧张地对我说："这儿胡同口已经布满军警，我刚才遇见了'军警督查处'派来的人，他们说梅兰芳的家里出了事，我们一同出去看过明白再说。"于是，我和君房，速即走出大门口一看，只见梅家瓦檐上站着几个配枪的军士，看来形势极其严重，胡同两头更布满军警与卡车，如临大敌的一般。因此君房的神经格外紧张起来，他在街头大声喊道："畹华是我们熟识的人,他有性命危险,等我赶快去拿一管枪,把他救出来。"我们知道君房为人是说做就做,并非徒托空言,大家便赶忙上前阻拦,君房才慢慢镇静下来。不久我们就听得枪声有如连珠,此事涌出高潮了。

原来,这天梅家来了个不速之客,突兀之事,无过于此。现在我且先把梅家的房屋描写一下:按我们所住的东城一带,乃是北京最高的住宅区,因为邻近皇宫的缘故,所以各处住家的房子都是很矮的,梅兰芳所居乃是一个"四合院",以"缀玉轩"为名,这个名字是前清遗老樊增祥所题的。在四十年前,"缀玉轩"常是诗人、画家、金石家、戏剧界及新闻从业员集合之所,谈议论文,臧否人物,上下古今,无所不及。兰芳认为从此漫谈中可以增加知识,所以他的家中坐上客常满,"四合院"的正中一面是一大间,兰芳用作吊嗓、排戏、读书、绘画的地方。大家都叫它为书房。有些熟不拘礼的朋友和戏剧界的同人来了,就在这一大间书房里谈天说地。

梅家天井里,种的是牵牛花,是由兰芳所亲自培植。他从小就爱种花,每年秋天养菊花,冬天养梅椿盆景,春天种海棠和牡丹,夏天养的是牵牛花。一年四季,乐此不疲,而他最感兴趣的便是牵牛花了。他对牵牛花的种法,确有特别深切的研究,这是齐如山先生教导他的。齐先生对他说:"这不单是能够怡情养性,而且对于身体也有好处。"后来,梅兰芳有许多朋友如李释戡、许伯明、程砚秋、姜妙香、王琴侬等都跟着他学种植牵牛花,大伙儿一起往深里研究,这是《梅兰芳传记》里值得一提的事项。

不速之客持枪来算账

且说这个"四合院"走进右首有一间是会客室，与中间的书房是走得通的，北方的房屋、建筑都很简陋，这一会客室的窗子，虽是用纸糊的，但站在外面并不见会客室里面。现在且说这一位"不速之客"吧：他穿起浅灰色的西装，文质彬彬，面色惨白，年约二十岁，一看就是个学生的模样。后来我才知道，他的名字叫"王维琛"，当时是京兆尹王达的儿子，那时他在北京朝阳大学肄业，京兆尹是不小的官儿，等于后来的"南京市长"，朝阳大学也是著名的学府，它的毕业生有很多是在司法界服务的。

这位大学生王维琛来到无量大人胡同梅家的时候，梅兰芳正在午睡。这正是兰芳的幸运。王少年身穿西装，面貌清秀，梅家司阍者见是生客，就引他到右面会客室坐下。代替梅兰芳出来招待客人的，乃是梅家的熟客张汉举，此人矮胖，有"尘气"，身穿蓝袍黑马褂，他在新闻界服务，诨名是"夜壶张三"，盖他善于辞令，口若悬河，有长袖善舞，善于交际，所以得有机会，为人排难解纷，这是张汉举求之不得的。这时他正想和这位不速之客先寒暄几句，不料这个鲁莽的少年早已沉不住气，他竟毫不客气地拔出手枪，抵住张汉举而言道："我不认得你，你叫梅兰芳快些出来见我，他夺了我的未婚妻，我是来跟他算账的，与你不相干。"

"三角恋爱"纠纷中的两个枉死鬼

前章写到北京无量大人胡同梅兰芳家里突来一位不速之客,他的名字叫"王维琛",是京兆尹王达的儿子。那时他约二十岁光景,在北京朝阳大学肄业,当他闯入梅家时,司阍者见他面貌清秀,又穿的是西装,不虞有他,便引他到四合院右首会客室里坐下。

这时梅兰芳正在午睡,替他出来招待客人的,乃是梅家的熟客张汉举,此公既矮且胖,口才便给,是一个好奇心重和爱管闲事的人,他的诨名叫"夜壶张三",这个奇怪的诨号是从当时八大胡同妓班里传出来的。

少爷居然狮子大开口

张汉举来到会客室,他正想和这位不速之客互通姓名,不料这个鲁莽的少年神色慌张地忽然掏出一支手枪来,并且咬牙切齿地对张汉举言道:"我不认得你,你叫梅兰芳快些出来见我,他夺了我的未婚妻(指孟小冬女士),我是来跟他算账的,与你不相干!"言下唏嘘不置。

这位王少爷以为拿出手枪来可以威胁张汉举,却想不到张汉举毫无畏惧之色,他只耸耸肩膊,咧开嘴巴微笑而言道:"朋友!你把手枪先收起来罢,杀人是要偿命的,我看你是个公子哥儿,有什么事尽好商量。"

王少爷真是位不折不扣的纨绔子弟,他的手枪既吓不到老于世故的张汉举,一时也就显得有些不知所措。他这次单人匹马携着武器闯入梅家,当然是准备和夺他爱人的梅兰芳拼个你死我活的念头,或者他是想摆出一副要拼要杀的姿态,能吓唬得梅兰芳知难而退,他未必一定有杀人的念头,手枪对于他原是一项陌生的物件。此时他见张汉举向他滔滔不绝,毫无畏惧,他反而只好圆瞪着两眼,滥发狠劲,而且僵持了多时,又不见梅兰芳的影子,更急得这位公子哥儿没了主意,更讲狠又狠不起来,若就此罢休,又无法下台阶。他思忖了片刻,居然将问题转到钱的上面,冒冒失失地向张汉举说:"梅兰芳既敢横刀夺爱,我可不能便宜了他,我要梅兰芳拿出十万块钱来,由我捐给慈善机关,才能消得这口怨气,瞧着罢朋友!你有机会知道我王维琛是个怎样言出必行的人,我有方法收拾梅兰芳的。"

惊鸿一瞥梅兰芳险极

张汉举听了此话,暗中透了一口凉气,他见有隙可乘,就与这位少不更事的大少爷认真讲价,费了不少唇舌,结果双方讨价还价,终以当时"交通银行钞票"五万元谈妥这笔交易。这时候的五万块钱是一个极大的数目,如果当真要如数交款,梅兰芳一时拿不出来的,在张汉举而言,他不过为了要先打发走这位大少爷再说,并非真的代表梅兰芳应承偌大的数目,说给就给。(笔者按:以当时梅兰芳的活动力量而言,要想银行挪借几万元,是可以办得到的,犹忆梅兰芳率领剧团赴美国献艺时,就曾向银行借了五万元然后成行;因为归还此数,兰芳曾经白唱了两年,始了清债项,足见这位大少爷为了失去爱人,一开口便是十万,岂非笑话!)在此后的几秒钟里,这一幕类似电影的镜头,更达到最高潮,因为梅兰芳忽从会客室的侧门出现了,他睡眼蒙眬,笑靥迎客,态度好极。这一下,可把张汉举急坏了,兰芳午睡刚醒,他根本不知客厅里出了什么事,糊里糊涂地便闯了出来,而王维琛突然看见梅兰芳一时也不知如何措手足,此因当时朝阳大学的学生,属于捧梅团体者甚多,友乎敌乎,实难言之,此时王维琛瞅着兰芳,尚未开口。张汉举的心里虽然大起恐慌,但他仍摆出一副若无其事的神情,嗫嗫嚅嚅而言道:"畹华!这位先生要借五万块钱……"兰芳是何等机灵的人,他一看风色,已知不妙,不待张汉举说完,就一本正经地说出七个字来:"我立刻打电话去。"话犹未了,兰芳已经转身从侧门溜掉了,宛似惊鸿一瞥,正是险过燃眉毛。在这一刹那,王维琛待要发作,但是已经来不及了,他的双眼狞视着张汉举,只能徒发恨声,低骂着梅兰芳而已。笔者写到此处,却有一个感想,因为我直到如今,还是不明白那位王少爷究竟做何感想?还是悔恨自己的迟钝呢,还是真的贪图那五万块钱呢?那五万块钱即使真能到手之后,是否真的会捐掉它呢?

三角恋爱中的两个冤魂

就在此时,北京军警当局得了梅家的消息,认为这是一件盗窃重案,派出大批军警陆续出发到无量大人胡同,浩浩荡荡,如临大敌。他们先在胡同口放了木马,临时断绝了交通,参加擒凶的各单位,计有"京畿卫戍总司令部""首都警察厅""军警督查处""宪兵司令部"等,其中主要单位乃是"军警督查处",这些军警人员因为探知张汉举在梅家会客室被盗挟持,所以不敢公然动手,他们在梅家的大门外正在考虑使什么方法来诱暴徒入彀(有人想以十元钞票放在上面,再以同样大小的白纸放在下面,一束一束地扎好,表示是大叠钞票,然后相机行事)。这时候我和内兄袁克良一同站在无量大人胡同我家的门口,因为克良和"军警督查处"的人员向有联络,所以我能得到一些准确的内幕新闻,迥非道听途说可比。但在这时候还没有人知道暴徒的姓名,业务人知道所谓暴徒竟然是京兆尹的公子王维琛,而且是因为三角恋爱前来拼命的。至于梅兰芳,这时已经离开无量大人胡同,起先他还以为暴徒是欲勒索五万元而来的。

无何,王维琛在会客室里等了半晌,毫无消息,他等得有些不耐烦了,心里又有点忐忑不安。就迈步到会客室门口,无意中抬头一看,忽见有几个配枪的人蹲伏在梅家屋顶上面。他的脸色突变,开始冒汗,他知道自己已经深入陷阱,并且中了十面埋伏。这时候王维琛的少爷脾气大发,心中怒不可遏,他突然像疯狂了一般,不分青红皂白,就把枪射击张汉举,张汉举惨叫一声,立即跌下去躺在地板上了。可怜他死得最冤枉,因为这一段三角恋爱之事,与张汉举毫不相干。

这时候,包围住宅的军警人员,听得清楚,他们听见"砰砰"

两响之后,知已酿成巨祸,就一齐冲上,以乱枪轰击暴徒,暴徒并未还击,他像喝醉了一般,踉跄了几步跌下,不再动弹了。可怜那少不更事的王维琛,为情牺牲,死得不值!

18. 冯耿光、张嘉璈之嫌隙

冯耿光、张嘉璈等中国银行的负责人对于时局的判断是准确的,国民党执掌的国民政府,在政治与军事上很快占据绝对优势。1928年6月攻占京津之后,基本形成统一政权,实现了一次"小型易代"(张中行语)。1928年10月10日,国民政府宣布改组,以蒋介石为主席,定都南京,改北京为北平特别市,上海为上海特别市。

上海特别市刚组建前后,黄郛一度出任市长,特邀吴震修出任市政府秘书长。可是,很快黄郛被蒋介石调离,另委之以对日外交的紧急事务,吴震修受命代理市长。吴却未因此机缘而是重为冯妇,不久就挂冠而去,返回中行任职。

张国强《"梅党"智多星吴震修》引吴震修发表于1933年7月1日《中行生活》的文章《本行特有之精神》说:

即以鄙人而论,从前曾在军政、外交各界服务,并无定处,但是到了我行,便有永久服务的志愿,中间虽有友人及其他银行找到我,但我绝不为动,固由于行中待我甚厚,而生活方面确较他界安定,使我得专心于此。故我觉我行同人生活既能安定,精神方面亦自因之安定。

国民党第一次改组中行

冯耿光与吴震修都没有想到的是，他们以为会相对安定的中国银行，正是在他们所积极支持的新政权国民党当局统治时期，反而迎来了一个极不平静的时代。

据张嘉璈讲，1928年8月，国民政府财政部部长宋子文曾经与张探讨，"承询应否设立中央银行，抑就中国银行改组"。姚崧龄编著《张公权先生年谱初稿》记录：

宋氏曾以此问题商之先生（即张嘉璈）。先生经详慎考虑之后，认为"中国银行"四字，已深入民众脑筋之中，骤予改称"中央银行"，必致引起人民疑虑。至政府股份如规定超过商股之上，不啻打消十余年奋斗所求银行独立之目标。且银行人事势必随财政首长之进退为转移，绝难望能保持长久一贯之政策。是新的中央银行制度未获建立，而固有的"中国银行"基础，将被摧毁无余，因婉予拒绝，而宋氏亦颇能理解。

宋子文，生于1894年12月4日，即清光绪二十年十一月八日，与梅兰芳同岁，生日还比梅兰芳略小。宋氏早年就读于上海圣约翰大学，1912年10月赴哈佛大学学习经济，1915年毕业后又在哥伦比亚大学进修，入花旗银行实习，非常熟悉美国的金融理念和金融制度。其回国后，1923年经宋庆龄推荐给孙中山，担任孙氏大元帅大本营秘书，旋即被孙任命为正在筹备的国民党中央银行副行长、行长，以后又出任国民政府财政部部长。他的理念是，"统一财政"是"图治之本"，"破坏告终，建设开始。建设首重财政，财政宜统一"（1928年7月2日《申报》）。

宋子文改组中国银行受阻，乃于1928年10月由国民政府通过《中央银行条例》，以中央银行作为全国最高金融机关，总部设于上海，资本定额2000万元，如招收商股，限定商股不得超过49%。

11月1日，以宋子文为总裁的中央银行开幕。《中华民国史》引寿乐英《宋子文与中央银行的建立》叙述：

> 宋母宋老太太满面春风，一手扶着大女儿宋霭龄，一手挽着小女儿宋美龄，后面紧跟着儿媳妇张乐怡（宋子文夫人），刚参观过大女婿实业部长孔祥熙在上海南市举办的国货展览会，又前来参观小女婿蒋介石授印、大儿子宋子文任总裁的中央银行开幕典礼礼品展览。

这幅画面生动地显示出蒋、宋、孔这新兴起的三大显赫家族的强大势力与紧密关联，昭示着一个新的时代的开启。

国民政府中央银行的设立，当然地导致中国银行、交通银行地位的下降。鉴于中、交两行实力仍在中央银行之上，国民政府发布《中国银行条例》与《交通银行条例》，以中行为特许国际汇兑银行，以交通银行为特许发展全国实业银行。规定中行股本总额2500万元，政府认股500万元；交行股本总额1000万元，政府认股200

万元。

与此同时，国民政府对两行人事也进行直接干预。

1928年11月17日，中国银行在上海银行公会举行第十一届股东总会暨临时股东总会，到会股东604个，代表股权数93294股。会议产生的新一届董事会，政府指派叶瑜、李清泉、陈嘉庚为官股董事，商股董事为张嘉璈、冯耿光、李铭、徐寄庼、孔祥熙、周作民、周亮、宋汉章、贝祖诒、卞寿孙、吴麟书、陈光甫。另有监事若干人。冯耿光以第十一届股东总会主席名义，获得4319权，当选为商股董事。19日，董事会选举张嘉璈、冯耿光、陈光甫、李铭、宋汉章为常务董事，常务董事共同推举张嘉璈为总经理，财政部指派李铭为董事长。

冯耿光对于此次中行改组是非常不满的。中行在王冯张"三巨头"时代，一直谋求与政府拉大距离，扩张商股势力。迄至1923年底，中行官股仅剩5万元，事实上等于是完全的商股。中行改组前夕，货币发行额达到2.7亿元，存款额4亿元，实力达到与海关、邮政局并驾齐驱，"成为中国组织最健全之三大机关，实亦中国资本最巨与最成功之民营股份公司"（张嘉璈语）。可是，国民政府颁布的新条例及新产生的董监事会，政府大幅度加强了对中行的控制，官股死灰复燃，使得"三巨头"多年努力尽付流水。冯耿光认为，此即国民党"攫取中国银行"之开始。《我在中国银行的一些回忆》里，他说：

1928年中行被迫改组，增加官股，是国民党攫取中行的开始。这年中行总处从北京搬到上海,我也下决心把北京的房子卖掉,移家南下。同年11月17日中行在上海银行公会开股东常会,由我主持。原来议程中列有改选第四届监察人和第三届董事两案,却因为国民政府已于10月26日公布《中国银行条例》,不得不临时撤销,故于常会后接开股东临时会,同意接受国民政府的改组方案。张嘉璈实际上是参与方案的拟订的。

根据这一方案,中行改组为"特许的"国际汇兑银行,把国家银行的职能拱手让给中央银行。中行的官股除原有5万元外,增加495万元,以公债拨充,合为500万元,计占股份总数五分之一,由财政部加派官股董事三人、监事一人。原任商股董事监事,虽未满期,全部改选。王克敏因帮助北洋政府借款,已于是年4月间被通缉。董监事人选中与北洋政府关系较深者,均掉换为与国民党接近的上海工商界人士和华侨富商。总处组织也由总裁、副总裁制改为董事长、总经理制,由李馥苏任董事长,张嘉璈任总经理。我本不愿意担任总裁,就此摆脱这一职务,专任常务董事,不再到行办事。这是中行历史上一个重大的变迁,中行在北洋政府时期成为经理国库的国家银行地位和局面也就宣告结束。

冯耿光的这一判断大抵不错。不过,因为此时私人资本仍占上风,处于蓬勃发展阶段,而国民政府亦新组建,实力不足,所以国民党尚无足够力量彻底吞并中行。

张嘉璈出任中行总经理

冯耿光认为,中行改组,重新恢复官股势力,系张嘉璈与宋子文里应外合的结果。

张嘉璈在改组之初,对于国民党还存有幻想,一心要模仿日本横滨正金银行的办法,将中行办成有国际地位的汇兑银行。

无可否认的是,张嘉璈在此次改组中,也确实是国民政府以外的最大受益者。中行"三巨头"格局由此打破,张氏以总经理名义实际掌控中行。张嘉璈自述云:

在改选董事及监察人之前,曾经考虑董监事会构成分子之分配,应根据四项标准。当以此意商之财政当局,不特得其同意,且允如商股董事监察人不敷分配,可由官股指派。所谓四项标准者:(一)国内南北银行及海外华侨银行界著有声誉,且具近代化眼光者,应使加入为董事,俾中国银行成为团结商业银行之重心。(二)工商业界重要分子。(三)中国银行职员可备总经理之选者。(四)重要商股股东。依据标准(一),经选出浙江实业银行董事长李铭,上海商业储蓄银行总经理陈辉德(光甫),浙江兴业银行常务董事徐陈冕(寄庼),金城银行总经理周作民,中央银行理事叶瑜,交通银行董事卢学溥,菲利滨（作者按：菲律宾）中行银行总理李清泉、协理薛敏老。依据标准（二），经选出上海纱布交易所大股东吴麟书，颜料业领袖周亮，证券交易所大股东张焕文、顾鼎贞，华侨橡胶业领袖陈嘉庚。依据标准（三），经选出前任上海分行经理宋汉章、现任上海分行经理贝祖诒、现任天津分行经理卞寿孙。依据标准（四），经选出前任中国银行总裁冯耿光、现任实业部部长孔祥熙。董监事人选如此构成，不特目前为有目的之分配，且借此一范畴，作为日后选举之准绳，俾可博得中外之信用，提高银行之地位。

张嘉璈这段自述，比较清楚地表明，董监事会人选系为其所操纵。冯耿光仅是作为第四标准的"重要商股股东"出现在名单里。

张嘉璈还着手对中行内部人事进行调整。一是总管理处增设稽核四人，秉承总经理命令，稽核全行业务。二是总管理处设业务、会计、总务、调查四部，业务部由上海分行经理兼管，其余三部由稽核兼管。三是原有国库、发行两大部门取消。四是将全国各分支行划为五大区域。中行总管理处于1928年11月初已自北京迁至上海，与上海分行一起在仁记路22号联合办公。

张嘉璈通过对董监事及内部机构的调整，将总管理处牢牢掌握在自己手中，总揽银行大权，建立起总经理负责制。

冯耿光被迫无奈随同总管理处搬迁到上海，购置愚园路静园路23号作为居所。虽然新通过的《董事会规程》里写明，常务董事须到行办事，"如因事不能到行时，须事前函知总管理处"，但是，冯氏实则已被排挤出中行领导层，处境尤其尴尬，冯张之间，乃成嫌隙。冯氏自云，自此专任常务董事，"不再到行办事"，个中不无以沉默作为抗议的意思。

据这一时期在盐业银行供职的张伯驹披露，张嘉璈不仅排挤冯耿光，还透过其他方式打击冯氏势力。张伯驹《红毹纪梦诗注》记：

> 李石曾以退回庚子赔款成立中华戏曲音乐院，内设南京分院、北平分院。南京分院属程艳（砚）秋，北平分院属梅兰芳。南京分院并不在南京，仍在北平，院内并附设戏曲音乐学校。北平分院则只成立一委员会，梅兰芳、冯耿光、齐如山、余（作者按：叔岩）及王绍贤为委员，既无附设学校，亦无研究机构。李又以庚款支持程赴法国出演，一时程大有凌驾乃师梅兰芳之上之势。此时由冯、齐、王及余倡议，梅、余（原注：叔岩）合作，成立国剧学会，此为师生斗法之事。至外传张冠为张宗昌，非是，乃中国银行总裁张嘉璈也。中国银行有冯耿光、张嘉璈两派。冯捧梅，张捧程。后李石曾自对人言云，支持程艳（砚）秋乃受张公权（原注：嘉璈字）之托也。此内幕非外人所能知者。

按照张伯驹的说法，因冯耿光与梅兰芳的紧密关系为众人所熟知，张嘉璈暗中嘱托李石曾，用捧程砚秋的方法来压制梅兰芳，以程氏为中华戏曲音乐院副院长兼南京分院院长，使其社会地位凌驾于梅之上，而打击梅兰芳亦即打击冯耿光。

据程砚秋《入党自传》说：

十一岁起开始演唱，边学边唱边挨打骂。十三岁倒嗓，声带喑哑。在倒嗓时，荣（程的师傅荣蝶仙）与上海戏园订立合同，600元一个月。在以前演戏时，遇一位广东人罗瘿公先生，他每日看我的演出，听说我就要到上海表演非常着急，即找王瑶卿先生商议此事，言若在倒嗓时期去上海演唱就将前途毁了。没有几天，我就糊糊涂涂离开了荣家，回家与母亲又住在一起了。后来才知道罗老师曾为此事向中国银行副总经理张嘉璈处借了700元给荣蝶仙作为出师赔偿费用，以后演出有了收入才慢慢还清借款。

据程砚秋的叙述，张嘉璈与程砚秋果然是有些渊源的。与梅兰芳相比，程砚秋算是后起之秀，而且在离开荣蝶仙之后，曾经拜梅兰芳为师。但是，程砚秋在1922年自创新腔，风靡一时；1927年6月至7月，在《顺天时报》"征集五大名伶新剧夺魁投票"时，程砚秋的《红拂传》得票尚在梅兰芳《太真外传》之上。1931年秋天，程氏推出新剧《荒山泪》与《春闺梦》，势头强劲，声誉极隆。客观上说，程砚秋确实是梅兰芳在艺术上的一位竞争对手。

不过，张伯驹所谓李石曾、张嘉璈背后支持程砚秋之说，不无武断，缺乏足够证据，无法断其真伪。然而，梅兰芳与冯耿光在1931年12月21日于已经改称为"北平"的北京，设立"国剧学

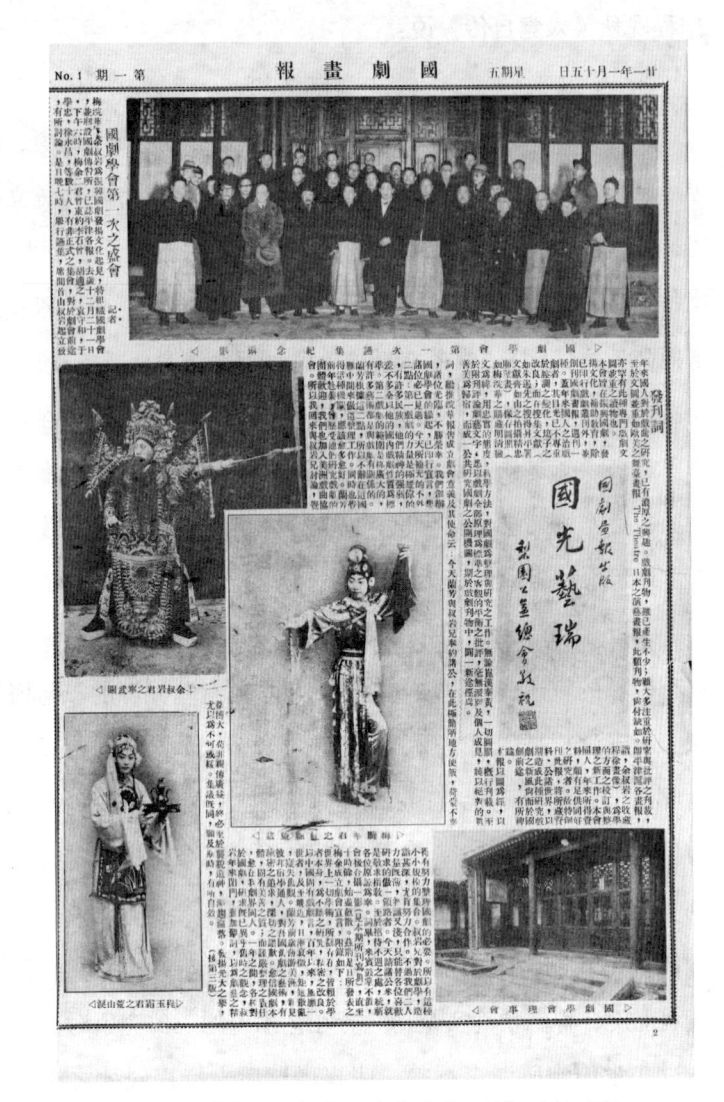

"国剧学会"编辑出版的《国剧画报》的创刊号

会"，这一做法明显是在对抗中华戏曲音乐院。张伯驹《北平国剧学会成立之缘起》说：

> 梅（兰芳）氏之友好多为不平，乃挽余约梅兰芳、余叔岩合作，发起组织北平国剧学会，募得各方捐款五万元做基金，于1931年11月（伯驹所记时间有误）在虎坊桥会址（原注：现为晋阳饭庄）成立。选出李石曾、冯耿光、周作民、王绍贤、梅兰芳、余叔岩、齐如山、张伯驹、陈亦侯、王孟钟、陈鹤荪、白寿之（芝）、吴震修、吴延清、段子均、陈半丁、傅芸子为理事，王绍贤任主任。理事陈亦侯、陈鹤荪任总务组主任，梅兰芳、余叔岩任教导组主任，齐如山、傅芸子任编辑组主任，张伯驹、王孟钟任审查组主任。教导组设传习所，训练学员，徐兰沅任主任。

北平国剧学会的人员构成可分两部分：一是以梅兰芳、杨小楼、余叔岩等"三大贤"为主的京剧艺术家；一是以冯耿光、吴震修及盐业、金城、大陆、中南等"北四行"为主的银行家，后者不无冯耿光展示自己在金融界人脉的意味。

19. 经济危机与梅兰芳访美

张嘉璈取得中行权力之后，希冀从国际汇兑银行入手，对中国银行加以改造，因此在1929年5月出国考察欧美及日本金融制度与银行管理，直至1930年3月才回国。《中国银行上海分行史（1912—1949）》收入《中国银行上海分行大事记》，其中有：

> 中行总经理张嘉璈出访欧美和日本，考察各国银行概况，由常务董事冯耿光为代理总经理。

此说未见冯耿光回忆与《张公权先生年谱初稿》等资料提及，存疑待考。

正在张嘉璈出国考察期间，遭遇"三十年代大危机"的爆发。1929年10月29日，美国纽约证券交易所股市崩溃，到11月中旬，市值30亿美元股票蒸发，由此引起迄今为止规模最大、影响最为深刻的世界性经济危机。这场经济危机自1929年末持续至1933年，其间欧美各国货币贬值、银行倒闭、工商业破产、失业人数激增、农产品价格暴跌，而且在中美两国间还发生了首次贸易摩擦。"大危机"加重了各国的社会危机，加剧了世界局势的紧张，成为第二次世界大战的一个重要原因。

鲁道夫·瓦伦蒂诺与梅兰芳访美

"大危机"是否影响到张嘉璈的访问暂且不谈，较张嘉璈受冲击更大的是梅兰芳，梅刚好赶在这时率团访美。齐如山《梅兰芳游美记》里说：

这次游美的动机，是起于徐总统世昌与美国公使芮恩施（Paul Reinsch）饯别时，芮公使在席上演说，中有几句："若欲中美国民感情益加亲善，最好是请梅兰芳往美国去一次，并且表演他的艺术，让美国人看看，必得良好的结果。"当时在座诸位大人先生们听了这话，大多数异常的惊讶，以为他有意开玩笑。芮公使又说："这话并非无稽之谈，我深信用毫无国际思想的艺术来沟通两国的友谊，是最容易的；并且最近有实例可证：从前美意两国人民有不十分融洽的地方，后来意国有一大艺术家到美国演剧，竟博得全美人士的同情，因此两国国民的感情亲善了许多。所以我感觉到以艺术来融合感情是最好的一个方法。何况中美国民的感情本来就好，再用艺术来常常沟通，必更加亲善无疑。"

这一套话，在当时的诸公听着，不过以为或者有点可能性，并没人来提倡实现；惟独叶誉虎（叶恭绰）先生颇以为然，特来告诉我。我一听，便以为芮公使这话极对，深信若能这样做，不但可以融合两国的感情，并且可以沟通两国的文化。我这话在表面看来，似乎太武断，然而却也有个缘故：因为我深信中国剧可博得美人的欢迎，并且可在世界上占一席地位；同时又深信梅君的艺术也可得到欧美人士相当的赞许。既然有这两点可以相信，那么他若到美国去表演，当然能够成功，既能成功，对梅君，对中国剧，对两国国民的感情，三者必都有极大益处。

齐如山的这段话如果真实的话，时间上似略有差误，应是发生在1920年至1922年。值得注意的是，芮恩施所提到的意大利艺术家，所指当是鲁道夫·瓦伦蒂诺（Rudolph Valentino）。有着倾国倾城姿容的瓦伦蒂诺，出生于1895年，是意大利和法国的混血儿，少年时从意大利来到美国，做过洗碗工、园丁，当过舞男，后来被好莱坞编剧基恩·马希斯（June Mathis）和导演雷克斯·英格拉（Rex Ingram）发现，起用他主演电影《启示录四骑士》，顿时风靡全国。在瓦伦蒂诺出现之前，好莱坞流行的是所谓硬汉风格，瓦伦蒂诺的蹿红改变了美国观众的审美，花样美男成为最受欢迎的大众情人。很可惜的是，瓦伦蒂诺于1926年8月23日患急病去世，有近10万人为他送葬，葬礼令半个纽约的交通为之瘫痪，可见瓦伦蒂诺的人气之旺。芮恩施之所以举瓦伦蒂诺的事例，是因为如果没有瓦伦蒂诺的出现，美国观众恐怕较难接受梅兰芳的美男子的中性形象。但此时美国观众已为瓦伦蒂诺所改变，接受梅兰芳也就成为可能，甚至掀起同样的热潮。不过，芮恩施的这番话，包括齐如山在内的中国人，当时是不能理解的。

遗憾的是，梅兰芳没有赶上瓦伦蒂诺在世的时候访美，否则，这两位艺术家的会面，是极有价值的。

访美经费引发的冯齐之争

梅兰芳迟迟不能访美，主要原因在于经费。对于梅兰芳访美最为积极的齐如山介绍：

有一天，偶然与燕京大学校长司徒雷登博士谈起这事。司徒博士也极端赞成，并且问："大约需多少钱财够呢？"我说："大约在十万元左右就够了。"他说："这件事情，是沟通中美两国文化的举动，按本校章程，或者可以帮忙，助成此举。"我得到这个消息，非常高兴，以为游美一定可以实现了。谁知道后来因种种关系，同人中有不赞成的，遂将此事中止了。过了几时，又经同人们商酌，由司徒博士代借5万元，同人等担任5万元，一切都已说妥，但又因种种关系，没能成功。想不到这件事情，竟有着许多的波折！

事到这时，似乎是无法可施了。一天，梅君黯然地对我说："出国这事，恐怕不容易办成了！"我立刻说："您只管在戏剧上用功！不要因此扰乱心思。全凭您的艺术作为出国的基础，若能基础稳固，别的事都不成问题。您且平心静气地去演戏，把这事让我去跑！我想只要多下功夫，总有门路可寻的！"梅君也颇以为然，况且事到其间，也只有这个办法。

我这方面仍旧进行着。在这几年之中，也有几个外国人来接洽，可出款的，但是他们太注重营业，恐怕与梅君游历考察的宗旨有妨碍，所以也都没有说妥。

转瞬间，便到民国十八年（1929年）的春天了。恰巧这个时候，李石曾先生又到了北平。家兄竺山，一天与李先生谈起这事，说："梅兰芳要出国了！您可以帮帮忙么？"李先生说："这有两种说法，若是梅君以营业的性质出去，为赚几个钱，那就无需帮忙——也无从帮起；若是以沟通文化的公益的性质出去，则不但帮忙，并且应该尽力地帮忙。"次日，李先生就来与我讨论这事，我仍把出去的宗旨，说了一遍。李君很赞成，于是斟酌了半天，议定请银行界诸公，帮助筹款。以后大家公推李石曾、周作民、司徒雷登、钱新之、冯幼伟、王绍贤、吴震修诸公为董事，又有黄秋岳、傅泾波诸公帮助，先将戏剧学校开办，再由校中请梅君出国，代为募捐。

当初我与梅君，本想先借款出去，挣钱回来，再开办学校，然李石曾先生以为先办学校，比较容易入手些。于是商定：由李石曾、周作民、王绍贤、傅泾波诸公连我，共同在北平筹5万元，其余的5万元，由钱新之、冯幼伟、吴震修诸公，在上海筹备。至此，款项一层，总算有了办法。

齐如山虽然把事情讲得很清楚，而且把李石曾推出来，以为李一出面即大功告成。但是，实际情况却远不是这样简单。梅兰芳的学生兼秘书李斐叔在《梅兰芳游美日记》里感慨地说到冯耿光为梅氏访美所做的贡献：

单为这次游美的一切准备，他费掉了多少的心血，写来的信札同电报不下几百封之多，连篇累牍，哪一个字不是从脑筋滴出来的呢？（原注：他自己也承认过）游美现在得实现了——他老先生的黑头发上也降了一层的白霜。

现存的冯耿光与梅兰芳部分通信，也可以证明李斐叔所言不差。先是冯耿光在上海找到中国驻美公使施肇基，施肇基对冯表示，"对于浣华（梅兰芳，下同）赴美之事，始终怀疑，认为太过冒险"。

施肇基事前曾与司徒雷登、梅兰芳分别交换过意见，施肇基告诉冯说，他当面劝说梅兰芳，可是，"在旁边坐的浣华朋友某君即说道现在所有的事都预备停当，十月即要启程，不便更改了。我听了这句话，我遂不好开口再说，但是急到了不得"。"据梅之代表说，已经预备得非常周托，确有把握。"这就是说，梅兰芳的一方，完全听不进作为"知美派"权威人物施肇基的意见。

施肇基与梅兰芳会面之后，又到天津与司徒雷登见面，司徒雷登答复施说："您说得一点不错，我亦曾经想到这里，亦替他（梅兰芳）着急。但是听见他的朋友说都预备停妥，梅君亦决意要去，所以我不便说穿。您替我想想，应该同他说明白不应该。请您替我拿个主意。"施把司徒的话也转告给冯耿光。

冯耿光听后立即致函齐如山、黄秋岳及梅兰芳，详述施肇基的中肯意见。冯耿光要求梅兰芳说：

施公是有地位、有名誉的人，他这篇谈话是负责的。（中略）还有一层浣（梅兰芳）要明白的，就是植之（施肇基）说了怎多的负责任而又关切的话，我们当然应该完全相信接受的。因为中国人在美国以资格、地位而论，谁都比不上植之，这是大家都承认的。（中略）他既然说过这办法不对，我们就应该赶紧改变。

冯耿光为了说服梅兰芳,又亲自为梅算账,说:

离国前一切费用原估5万元,今加上朱桂芳5000元(原注:包银、舟车、旅费、置装费均在内),印书3800元,浣置装约4000元,零碎再加数千元,则至少非7万元不可。浣出国五六个月,又非留下家用七八千元不可。统计浣此时应拿出8万金方能成行(原注:此数说给如山听听)。船费原预算有三、四等,今只有一、二等,非加上数千不可。

冯耿光大约意识到,施肇基所说的"浣华朋友""梅之代表",不是齐如山便是黄秋岳,所以直接把信写给齐黄二人,并且希望二人认真考虑可能为梅带来的经济负担。然而,梅兰芳的意见似乎很是坚决,回复冯坚持访美。在距离赴美日期还有四十余日时,冯耿光再次致函梅兰芳,首先说到美方的情况:

今日特找(吴)震修来谈,并将哈君及其经理(作者按:美方接待机构)来信细细阅过,念给我听,觉得有几点不妥。震修怕(齐)如山不懂英文,打算翻译出来,寄给我看,请他再研究研究。

冯耿光信中讲中美双方事实上均未准备充分外,再一次说到经费问题。冯写道:

钱，非有人担任不可，你最多只能管印书，自己做衣服、行装及留支家用。如照震修所说，中美双方各拿5万，合成10万，你就应该拿1/4，我亦勉强可拿出1/4，其余请（齐）如山、（姚）玉芙想法子，但是须将印书及你的置装算在内才对（原注：我可无力来管）。（中略）最少非有10万以上不可，免得到美后，万一无着落，那时候真真不了，若是靠一两句空话，我是不敢相信的，真不是闹着玩的！（原注：泾波说借钱不过怎么一回事，这句话我领教过，不敢再信了。）

冯耿光对于梅兰芳赴美所需10万元巨款，不能不格外慎重，不敢轻信他人。冯氏此际在中国银行已经失去势力，无法调动银行资源，面对梅氏赴美，极觉棘手。冯耿光无可奈何地向梅兰芳解释说：

至于你叫我想法子拿出钱来，我老实告诉你，我现金比你还少，房屋、股票虽略有几文，但是九条一处，两边合算，已在5万外，不值钱如同废纸之股票，锁在铁柜，不能用算。此外又落价，舍不得卖出，叫我如何有现钱呢？我现在同你说一句老实话，如果有人能出5万，或4万以上之价钱，买我九条房屋，我就拿出3万块来帮你忙，或者有人肯照时价，承受我家里的房屋田地产业，我亦可拿出三四万，但是我想不容易找这个主。

这就是说，梅兰芳访美所需费用，约相当于购买两所冯耿光在京豪宅的价格。冯在信里还披露一个细节，即梅氏身边的人，如齐如山、姚玉芙，曾有过集资合股的提议：

> 此外如（齐）如山、（姚）玉芙肯合股做起来，我的股份声明只要日息八厘，将来赚钱不分红利，但是非有我相信的人，确可在半年内还我不可，并须给我一凭据。你须知我确无现钱，只能办到如此。齐先生不知我，以为我不肯拿出钱，不帮你忙，真真冤煞我了。须知今日之房屋，北平、广东均大大落价，田地更不消说，何能算钱呢？

冯耿光特别针对着齐如山说了一番话：

> 以上说了一大篇话，我想你必能明白，最好将你心事及怀疑之点，当面同齐先生说说。齐先生的脸色虽然不好看，但是这是何等大事，焉能来往几千里，托人间接地讲话呢？不如当面趁未定局以前，说个明白。我想齐先生断无不原谅你的。别含含糊糊，到时候终归是你同他的事，他人都在远地，不能帮你忙的。

从这段话里，可知在冯耿光与齐如山之间，存在着很大分歧。梅兰芳可以直接向冯要求经济上的帮助，但与齐却碍于面子而不能把话说透。冯耿光则以为，有些事情是必须与齐如山说明白的。

在缀玉轩赏雪的齐如山、冯耿光和梅兰芳

信的最后,冯耿光加写了一段对梅的叮嘱:

> 总之终结一句话,如照现在的想法,要你签字借钱,或自己拿出来先用,万一不能还你,这时候你是要破产的。我不敢替你做主。你年已卅六,能登台的日子不多,可不是闹着玩的。这件事还是请你自己定夺才好。若求司徒或美国有名人如花旗经理等,肯出一字据,到时必还你,或者可以照办。

冯耿光在中行力不从心,无法再大包大揽;面对有可能倾家荡产的风险,冯只好把问题交由梅兰芳自己决定。

梅兰芳独立做出访美决定

事情接下去的发展,梅兰芳没有听从冯氏劝告,毅然决然坚持赴美演出,冯耿光亦未气恼,而是一如既往地给予支持,除自己掏腰包外,又出面托请金城银行总经理周作民等人,积极为梅氏筹款。梅兰芳也为筹款赴美做出较大努力,直到启程前几天,还在坚持演出。李斐叔在《梅兰芳游美日记》中说:

> 今天同明天的演戏,是替戏剧学院筹募基金的,换一句话说,也就是自己筹募游美经费的。因为金价既涨,我们不能不增加预算,向各方筹募,虽亦偶有应者,终觉迟缓,所以"求人就不如求己"。

这时,又有更严重的事情发生了。美国纽约证券交易所股市崩溃引发"三十年代大危机",梅兰芳竟成为首当其冲的中国受害者。许姬传在《齐如山传略》里记述说:

> 1929年冬,傅泾波从美国给上海的齐如山来电云:"此间发生经济危机,请缓来。"几天后齐如山又接第二电:"如来要多带钱。"
>
> 1929年12月中旬,梅剧团上船的前两天,齐如山把两封电报拿给冯幼伟看,冯阅毕交梅兰芳看,并说:"此事行止你

自己拿主意，到了美国如果不上座儿，你就破产了。"同时对齐如山说："现在加拿大皇后号船票已买好，两三天要上船，两封电报你为何不早拿出来？"

齐说："早拿出来，我怕动摇军心。"

梅兰芳拿着电报，想了几分钟说："欢送会已开过，船票已买好，报纸已报道动身日期，如果改变计划，将成为笑柄，此行的确是冒险，但我如期上船，走！"据姚玉芙对我说："我从未看见梅有如此果断的态度。"

傅泾波是司徒雷登的学生兼秘书，受命居中联络，协助梅兰芳访美。齐如山隐匿重要电报不报，在最后关头才拿出来，显见是逼迫梅冯别无选择。许姬传引姚玉芙话说，"齐如山的心理，如果在美国赔了钱，冯六爷一定会筹款把我们接回来"。齐如山哪里理解，此际冯耿光同样也是束手无策。

时过近百年后，现在可以了解到的事实是，访美最终是出于梅兰芳的决策。1930年1月18日，梅兰芳一行自上海启程赴美，四千余人在海关码头为梅送行。李斐叔《梅兰芳游美日记》记：

上船后，乘电梯走到客厅，同那到船上来送行的友好，如冯幼伟、陈霭士、徐申如、徐志摩、钱新之、蒋抑卮、吴震修、吴仲言、赵叔雍、舒石父、胡北平、汪伯奇、萧紫庭、刘云舫、张本□、郤昆山、黄全生诸先生，周旋言别。

三点多钟，铜钲的声音，敲得使人惊慌，这是船上警告客人的信号，如同说："喂！客人！船要起碇了！你们快些斩断你们的情丝罢！"大家听得这残忍的信号，只好怅怅地与梅先生握手为别，匆匆下船。

众人走完之后，梅先生才想到他的夫人，赶忙走近去，安慰了几句，夫人的泪痕满面，现出了无限的离别情绪，看见先生来了，才勉强装作笑容，道了一声珍重，梅先生顿时出现那黯然销魂之色，伉俪情深，自有难堪之处，连那左右的人，看了这种情况，也都心酸起来，佛家把这生离二字，列在人生苦境之一，真是一些不错啊。在此无可奈何之时，偏偏那无情的铜钲，敲得分外响亮，敲断了征人的愁肠！先生只得与夫人一吻而别。

梅兰芳的原配王明华已于此前病逝，这里的夫人即指福芝芳。梅兰芳在美访问了纽约、西雅图、芝加哥、华盛顿、旧金山、洛杉矶等多个城市，梅兰芳的演出受到热烈欢迎。关于其访问详情，齐如山《梅兰芳游美记》、李斐叔《梅兰芳游美日记》与梅绍武相关著述等诸多资料均有详细记录，不再赘述。应该说明的是，梅兰芳访美固然成功，却远远达不到当年瓦伦蒂诺走红的程度，兼之受经济危机的影响，梅氏此行的经济损失不小，有说赔款5万者，亦有说8万者。其间还有齐如山推荐的会计黄子美从中渔利。齐如山在回忆录里说：

没有想到，又有一位姓黄的同去，把此事搅了稀里哗啦，

梅兰芳访美时，纽约街头的演出海报

他的道德不必谈，在美国出乎法律的事情，就不知有多少，他是发了点小财，可是这样一来，司徒雷登先生再不肯帮助捐款了。

齐如山承认，梅兰芳并没有拿到美方的资助款。访美归来，梅兰芳背上了不小的经济负担，连带着冯耿光的赔累亦必不少。

值得玩味的是，梅兰芳一行回国之后，中国银行北京支行档案里留下了这样的一份记录，1930年9月1日《大和恒麦粉公司齐如山致平支行函》，其函称：

> 北平中国银行经理先生惠临，前者大和恒麦粉公司往来透支款额1万元，敝人担保，承蒙贵行允许在案，兹将届期，该公司仍拟继续办理并拟再加上1万元，共额2万元。该公司本极殷实，办事亦极谨慎，万无一失，务祈贵行准予办理为盼。如有差错，三年之内均归敝人担保偿还无误。

大和恒麦粉公司是齐如山兄弟三人所开设的公司。这就是说，在梅兰芳访美前后，齐如山曾经从中国银行透支过2万元，这属于另一桩公案，不必具体细说，但至少足以证明，齐如山在梅兰芳访美事件中是没有赔钱的。

附录：冯耿光致齐如山、梅兰芳等人函件

（一）

如山、秋岳兄鉴：

今日晤施植之谈使馆经费事，渠道在平与浣及司徒。晤谈经过甚详，录其谈话如下：

我（原注：施自称。下同。）对于浣华赴美的事，始终怀疑，认为太过冒险（起初根本极成，但是非有妥善方法不可）。到天津后，始知司徒已经到上海，我即刻打电报约他，赶紧回天津说话。我到北平即找浣华。我满意打算劝他，先带三四个人到美国各大学（我系路上想了多少时夜想出来的），将中国戏的做法、服装、组织、身段、音乐详详细细演说给他们听，请他们评判。如果他们认为满足，可以在美国表演的，即将所需经费开给他们，等他们答应担任，然后再回国，带同各艺员前去。这样做下去，较有把握。哪里知道，才说了几句，在旁边坐的浣华朋友某君即说道：现在所有的事都预备停当，十月即要启程，不便更改了。我听了这句话，我遂不好开口再说。但是着急到了不得。第二日就去找马克谟，问他的意思。他说："梅君往美国，我是首先提议的，我而且极愿意帮他的忙。但是后来回国细细的研究，才觉得非常冒险，真无把握，所以我就不敢再往下说了。最好你劝劝他，如果想宣传他的艺术，还是到法国，或者有人懂得。美国是不懂得的。"

我听见这一大篇的话,更加着急,赶紧跑回天津见司徒。我说:"梅君十月就要往美国,听说都是托您布置,到底有无把握?"他说:"我因为想将东方艺术传播于美国,所以极愿帮梅的忙,替他介绍哈君代他规划。但是我是外行,对于这件事,丝毫无把握,只能碰运气。"据梅之代表说,已经预备得非常周妥,确有把握,所以我就不好同他说明。我听见这句话,我就发急说道:"梅君的名气,虽然在美国除了与东方有关系的人同来过中国的才知道,但是在中国和日本,他的声名确不小,我所见日本的上流人都是非常赞美他,他的人品亦非常高尚,大家都应该维护他的。第一,到了美国,万一无人来听,或是报纸上说两句批评不好的话,他的名誉损失固然要紧,我们中国人更丢不起这个人。所以如果真正要去,除非确确实实有把握才可以去的。第二,他这一回去,我替他算,最少亦要十万中国钱以上,因为东方第一名伶,面子场面都要十足,十万数目恐怕还不够。美国近年的情形,你不常在美国,不甚清楚,我是非常嘹亮(了解)的。英国、德国、法国、意大利极有大名的Opera(剧场),往往无人来看,靠着几个女太太,替他们卖卖票,捧捧场,对付对付。因为美国人近来不大喜欢看这种戏,有钱都去看电影,所以如此。说到捐款,近来亦不如从前容易了。这种事全靠运气,碰机会,极难的事,我是很知道的。我说的话,你看怎么样?"司徒答我:"说得一点不错,我亦曾经想到这里,亦替他着急。但是听见他的朋友说都预备停妥,梅君亦决意要去,所以我不便说穿。您替我想想,应该同他说明白不应该。请您替我拿个主意。"我就说:"我不好替您拿主意,但是我想还是说明才对得住他。"说完了话，我本来再想约浣华来谈，并且将这篇话同司徒君的意思告诉他。后来想想他们说过都预备好，不久就要起身，所以我不愿再去碰钉子了。但是我想照这样去法，成功之希望极少，现在的名誉（不容易得来的）固然要顾虑，何苦要冒这个险呢？十万块钱在中国可以做多少事（靠唱戏我是敢说无论如何不能买回来），又何必非丢他落水不可呢？美国近年戏园生意不好，美国人性情躁急，言语又不通，中西戏剧根本完全不同，又怎样能叫他们沉得住气看呢？我因为您亦主张他去的（我本来不愿意再说，实在因为关系太大，大家面子要紧，忍不住，不能不说了）。所以今天不能不详详细细同您说，请您告诉他，叫他细细想想。

以上的话都是施君说的。我又问他："您看司徒君能够帮忙到什么程度？同他的态度怎么样？"他答我："司徒已经说过，他已经介绍开戏院的哈君替他布置。他还说先到三四百人的戏院唱着看，碰运气。如果唱好就挪到别的戏院，一步一步试试看，唱不好就回来。我听他谈了半天，看他的神气亦是很着急的。"他说："毫无把握，是老实的话，最好请浣华当面再细细同他谈谈，他必定肯老实地告诉他的。依我的意思，亦是极愿意浣华到美国出风头，替我们中国人露脸的，但是觉得如此毫无布置，贸然前去是非常危险。所依赖的司徒君又是如此说法，果真糊里糊涂贸然前去，必定失败多而成功少。这是敢断言的。最好还是照我的办法，同我一块出去，带些戏剧材料，往各大学先行讲演，得他们业成后，由他们凑足经费，全班再去，是再妥没有了。"

施君对于此事极热心,与司徒亦确有交情(泾波告诉我的),将来到美国,亦须靠他介绍(泾波在上海说过,到美国向名人学者介绍,非施不可)。现在他既如此说法,务请嘱浣即日往晤司徒,将施与弟谈话细细告彼,并将浣之态度正式表示,请彼开诚答复,不可再事含糊,致失信用。两兄意见如何。谈话后情形何若,傥新见示。特请

久安

弟耿上
廿七夕

浣华同阅,阅毕,由浣将此缄保存。

施公是有地位、有名誉的人,他这篇谈话是负责任的,应该尽情同司徒君说明。施君对浣华极热心,力劝浣须保存现在之名誉,万不可作无意识之牺牲。这句话我是深表同情的。

此缄请先交浣阅,然后公同阅看,信中有两点最要紧的,浣须明白。一、植之询司徒有无把握,司徒答称:我已为梅介绍于开剧园之某君(哈君姓名,施已不及记忆),我是外行,只能一切托其布置。这是毫无把握的。这一句话明明说的是只要介绍过,他的责任便完了,不可不注意的。二、施君当面说司徒君,您近年不常在美,不嘹亮(了解)美国近日情形。司徒亦首肯,这亦应该注意的。施君并言始初听见说浣要前去,并且预备得极周妥,有人在美帮忙布置,非常高兴。但是在路上闲着无事,细细地想,实在可怕。因为这是国家关系,不是闹着玩的,就打定主意,想好极稳当

办法，同浣华去研究。谁想话未讲完，就碰一个大钉子，我就不好意思再讲了。今日实在忍不住，不能不细细告诉您，请您转告浣罢。可知他的话是负责任的。浣看见这封信后，应该同如山说明，拿住这封信去见司徒，说明不愿意再叫他为难的话。这回决定不去了，下次去游历等我另开炉灶，从新预备起来，到时再请他帮忙，并请他向哈君道谢。我想司徒必然欢喜原谅的。还有一层浣要明白的，就是植之说了怎多的负责任而又关切的话，我们当然应该完全相信接受的。因为中国人在美国以资格、地位而论，谁都比不上植之，这是大家都承认的。况且泾波说过，到美向名流学者介绍非他不可。他既然说过办法不对，我们就应该赶紧改变。我想这句话司徒、泾波、如山都不能责我错的。

离国前一切费用原估五万元，今加上朱桂芳五千元［包银、舟车、旅费、治（置）装费均在内］，印书三千八百元，浣治（置）装约四千元，零碎再加数千元，则至少非七万元不可。浣出国五六个月，又非留下家用七八千元不可。统计浣此时应拿出八万金方能成行（此数说给如山听听）。船费原预算有三、四等，今只有一、二等，非加上数千不可。

（二）

鹤弟：

你廿一的信收到了，赴美的事我有大篇意见写给黄齐。另外给你的有一封信，托秋岳转交，不知已收到没有。我想大不妥当，别

211

高兴了。斐叔前日来，打算回到南通三四日，即行来平。临行要了一百块钱做安家费，我已经给他了。汪先生好久不见面，等斐叔回上海，就请他画，日子有的是，不要忙。你的相片老了许多了。

昨天午后，得秋岳同你卅一日的信。你说的话大概都不错，知道是用过一番心血来的，真有进步了。凡事能如此便好，可惜未必见得事事如此呢。今日特找震修来谈，并将哈君及其经理来信细细阅过，念给我听，觉得有几点不妥。震修怕如山不懂英文，打算翻译出来，寄给我看，请他再研究研究。我今日先把他们两位的信要点搞出来告诉你。

一、现在哈君尚在研究如何办法，并未算定局。

二、你到他的戏园，头两个礼拜只能每礼拜唱两个白天，晚上仍唱他的戏，以免他因此受损。若果唱好，然后再定，把他的戏园让给你，或请你到大戏园去唱。

三、到美住三星期，然后登台，先将戏由彼考验，或增或减。

四、经理来缄（笺），言提起从前寄来之合同如同意，可斟酌签字。

第一条，哈君方面既未认此事为即可办，现尚在研究时期中，哈君来电，亦说须候他的信方能定实，可知彼方并未认此事为确定，则我方亦应有考量余地。

第二条，以世界名伶到美，又有三个大学校长介绍于社会，亦只能在白天演唱，面子上太不好看。且美国上等人都有职业，白天都有事，又焉能因你牺牲其办事时刻，专来听你呢？

第三条，到美住三星期，然后登台，又试验两个星期。在此两星期内，又只能唱两天白天戏，岂不是上岸后住足五个星期，才唱两天白天吗？请你算算看，光计旅费要多少？

第四条，我记得哈剧园不过四五百人，去年曾经估计，算他满座，能分得的钱恐怕仅够一日旅费罢。

信内还有一句话，请你一面做你的事，一面候他的信，半个月得电即动身。这件事能照办么？请护照，验身体，训练人员，排演新戏，多么麻烦。万一他方主张十二月后再去，岂非花钱费事么？

据震修回来说，似乎戏尚未排好，人员亦未训练。司徒限期尚有四十日，哈君则电到半月即行。万一哈君九月一日来电又如何来得及呢？带一班不熟手的人，唱不谙习的戏。此外一切饮食、行动、穿衣、大小便都不懂的人，到物质文明最高之国家，岂不怕丢丑么？我敢决定这一班坐二等船位的客人，到时不知道闹多少笑呢。

徐九爷说，美国人返伶人的钱，三五十万不算什么，这句话我不敢十分相信，就是偶然有这件事，亦不是寻常的。何况文字语言都不一样，又不能直接谈话，研究东方艺术，又岂肯轻轻把钱送给你，而况司徒曾经说过，送礼不可送值钱的物件，因为人家收你的不好还礼。请你细想他的话，便明白不容易了。但是捐款确不难，不过照哈君办法，在美最少须住三四个月，唱戏日子断不能多。收入极有限，而估计包银治（置）装、来回舟车旅费非廿万以上不可。此次捐款，如果捐得四十万（泾波告诉我燕京第一次捐款，亦不过此数），余还你款及一切开支，仅剩十几万。面子既不好看，恐怕还受人攻击嘲笑呢。

你问我的话，我答复你几句：

一、钱,非有人担任不可,你最多只能管印书,自己做衣服、行装及留支家用。如照震修所说,中美两方各拿五万,合成十万,你就应该拿四分之一,我亦勉强可拿出四分之一,其余请如山、玉芙想法子,但是须将印书及你的治(置)装算在内才对。(我可无力来管。)

二、最少非有十万以上不可,免得到美后,万一无着落,那时候真真不了,若是靠一两句空话,我是不敢相信的,真不是闹着玩的!(泾波说借钱不过怎么一回事,这句话我领教过,不敢再信了。)

三、戏园收入及由捐款拨还之款,应除开支外,应提出分配,你最少占全份之六。捐款系指明捐学校的,便应该拨给学校。有人指明送你的,应该归你私有,由你主意酌给别人。除你外,无人能做主。

话匣电影,配角场面,应先议定一价目,某占全收入之几,等等,其余帮忙的朋友,可由你任意分赠。

至于你叫我想法子拿出钱来,我老实告诉你,我现金比你还少,房屋、股票虽略有几文,但是九条一处,两边合算,已在五万外,不值钱如同废纸之股票,锁在铁柜,不能用算。此外又落价,舍不得卖出,叫我如何有现钱呢?我到上海完全想做几笔买卖,来养老津贴,不知道仅够花销,如何有多的呢。我现在同你说一句老实话,如果有人能出五万,或四万以上之价钱,买我九条房屋,我就拿出三万块来帮你忙,或者有人肯照时价,承受我家里的房屋田地产业,我亦可拿出三四万,但是我想不容易找这个主。此外如如山、玉芙肯合股做起来,我的股份声明只要日息八厘,将来赚钱不分红利，但是非有我相信的人，确可在半年内还我不可，并须给我一凭据。你须知我确无现钱，只能办到如此。齐先生不知我，以为我不肯拿出钱，不帮你忙，真真冤煞我了。须知今日之房屋，北平、广东均大大落价，田地更不消说，何能算钱呢？

以上说了一大篇话，我想你必能明白，最好将你心事及怀疑之点，当面同齐先生说说。齐先生的脸色虽然不好看，但是这是何等大事，焉能来往几千里，托人间接地讲话呢？不如当面趁未定局以前，说个明白。我想齐先生断无不原谅你的。别含含糊糊，到时候终归是你同他的事，他人都在远地，不能帮你忙的。

畏公

八月五日午后

总之终结一句话，如照现在的想法，要你签字借钱，或自己拿出来先用，万一不能还你，这时候你是要破产的。我不敢替你做主。你年已卅六，能登台的日子不多，可不是闹着玩的。这件事还是请你自己定夺才好。若求司徒或美国有名人如花旗经理等，肯出一字据，到时必还你，或者可以照办。

（三）

浣华：

你给我的信，昨天收到了，我现在逐条答复你。

你拿定主意，非十万凑齐，存在银行里，由学院以书面证明，并有正式聘函到后,方行动身,以免半途款缺闹笑话。这个主意很对,你就应该将这个意思向石、如两公说个明白。

你怕这个十万垫款或是借款,将来要你负责。这个我想你准可放心,我向来主张你不能负金钱责任,是齐先生早已听见,而且非常赞成的。齐先生对于你出洋的事,真可算得热心、毅力不过的。我是很佩服他的。向来对于你的事,亦想得极周到的,所以我前几天写信给作民,信里头非常赞美他,就是这个缘故。你没有多大积蓄,不能冒这个大险,他是很知道的。如果垫款的人叫你来负责任,我想他绝不肯答应的。如果防有此事不放心,准可请齐、黄两位同你去见石作,先行说个明白,自然可放心了。

你出洋之前不要酬劳,等到回国后,演戏及捐款数目,溢出总开支之外,由学院酌送酬金。你这个主意非常之好。你的身份应该如此的。至于你将来到了美国后,凡私人赠金及电影、话匣等收入,自然全数归你,与学院及他人无干,到时如果你愿意赠送帮忙朋友,应凭你自己意思。这句话亦可向诸公声明的。你想如此想法非常周到,说清楚后,自然可以放心了。

我现在有一个疑问,就是你信上说,齐先生已定规十二月十九由上海动身往神户,这样算来,最迟十一二日非由平出发不可。从今日起算,仅仅还有四十日,如果再要到大连,算他唱七天,就只有三十天了。我想普通一个人,初次去外国,预备行装以及一切交带(代)接头等事,最少亦非有半个月不可,何况你系代表中国艺术初次往美,实为破天荒之举,应如何慎重布置。据你今次来信,一切事件全未着手准备,想在这三十天内,排戏、选衣料、研究样了（子）、做行头、做新洋服（旧的无一件适用者）、排练音乐〔据我所闻，凡看过你的戏了（的）外国人都说音乐不好，非重排不能引起外（国）人兴趣〕、训练同行角色（起居、饮食、举动）、化装广告、照相，以及种种的准备。你信来说，齐先生都要你去做，我也怎（这）样想，这几种事，多半非你不可。但是你向来习惯，是无论如何不能改的：性情迟慢，而且贪睡，一日间就算是发奋，亦不过有三四个钟头可以做事，又如何能够在此三十天的短时间，办了这样多的事呢。我想帮忙的人虽然有几个，但是算算看，黄大爷是个外行，只能在旁边斟酌斟酌。梁先生有一半的事可以帮帮忙，齐先生有他应办的事，也忙不过来，徐兰元（沅）只能管音乐，我想就算从接信之日起，大家鼓起勇气来，一齐动手，无论如何亦非有两个月工夫不可。因为你这回出去，以艺术为号召，为的是想得一个大名及一笔大捐款。我想对于剧本及排练，非精而且熟不可。一切行头要崭新鲜美，完全用中国货，配角须有精神而熟练。其余平常衣服，亦非漂亮整洁不可，如果马马虎虎，一心以为靠你的大名，就可以诸事不预备齐全，到了美国之后，自然有这个太太送一百万，那个太太送五十万，千万金钱源源馈送上来，我想外国女人就是恭维你，间接共（与）你讲几句话（要人翻译），匆匆看一回戏，就送你百万或五十万，天下有如此便宜容易的吗？如果你看燕京司徒面子，燕京何不留为自己用呢？所以我想，无论如何，当从准备上做功夫，准备得十分完全，方可前往。如若不然，恐怕廿载的英名，付与流水。美国的人士亦必兴"见面不如闻名"之叹，那就后悔无及了。我还有一个意思，你的信里头说，齐

217

先生的预算一共十万（我前两个月写信给你，照我算法非十二三万不可），内分包银两万（我估计除你不算外亦断乎不够），来往盘费两万，你的行头以及杂费打他一万，同行一班人衣饰五千，其余为留美费用。我别的不说，你的行头以及杂费、全班戏服、场面衣服及化装品一切用具，新制音乐、门帘台帐及台前大幔帐（我想哈君已经将尺寸寄来，我听见说就是幔帐一张亦非千五六百元不可），以及你的洋服（最少千二三百元），打他一万，如何能够？这还是小事。最奇怪的就是同行的衣饰，预算五千，这一层我真真不懂。我现在拿二十个人，平均算来，每人仅仅有二百五十元，这是断断不够的。我的意思，比较上等角色及场面非有一二套洋服外套、皮鞋（至少两双，一皮的一漆皮的，不必极好的）及外国皮箱或皮包（普通的便得）不可；其余次等角色用人，亦非有皮鞋、雨衣及皮包不可。此外更须替他预备一二套中国服（他们包银少，断不肯自己做衣服）。平均算计，每人非四五百元不可。就是齐、梁先生及将来聘定帮忙朋友衣服行装（如两种晚餐服、早服、便服两三套，挂衣服、皮箱等），当然更要排场漂亮。据我估计，每人非千五百元不可。因为常常同你出去应酬游玩，过于寒酸，与你体面上极有关系，这种排场断断不可轻视的。如果马马虎虎，拿从前穿旧的行头去对付，各种乐器亦无新鲜样子，戏又不排熟，配角生疏，更无一点精神，在台上自然不能引起观众浓厚兴趣。如果对于同行的人不加训练，不替他做几件整齐衣服，上岸的时候，集一群异言异服的人，由船上跑上岸，我敢说一句话，照这个样子一登了岸，必有一群闲人及小孩子跟来跟去，报纸上必有无数的怪相片及无数趣闻登出来。我恐怕第一个中国学生就难免发传单大骂而特骂,这是断断难免的,这一层我想你细细的研究。

我希望你出洋已经好几年了,但是想来想去,于你个人的荣辱关系固然不少,于国家荣辱的关系更为重大。第一件,我们朋友中就想不出有怎么一个到过美国,而又熟识情形的人能替你筹备,替你在外头出主意,对外应付一切。第二件,又无朋友能够拿出十来万块钱,不管他赚钱亏本,绝不计较,一力帮助你,别的都不管。因为找不出这两种朋友的缘故,所以始终不敢进行。现在李、齐、周、傅诸公,想不到都能出来帮你的大忙,我想最好没有了。所以我亦愿意出力出钱,加入帮忙。但是照你昨天的信写来的预算,以及没有一些预备的短时间内,就打算不管三七二十一匆匆动身,这是我极端反对的。你的脑筋,一心只知望(往)前进,满耳听别人传说的都是好话,平时绝无计划,绝无打算,事到临头,毫无主意,自己又不做主,只管来信叫我拿主意,你想相离数千里,一封信来回最快亦要六七日,所有你们在北平接洽的事,今日一主意,明日一主意,叫我又如何弄得明白呢?十万款项事我且不说,就拿行期来讲,齐先生说过,十一月廿四非去不可,半个月前你又来信说,先请泾波出去布置,等泾波回国再同去。这是司徒同各位主事人会议决定的。万想不到昨天来的信,忽然又定十二月廿二由神户动身,就是行期一件事已经弄得我糊里糊涂。

你因为泾波来回总有两个多月,司徒先生又说过正月动身尚未为晚,所以就打算来上海唱半个月戏,叫我约同吴、赵、胡诸位研究研究,万想不到昨天来信,忽然又说起齐先生打算先去大连,说包银你可得一万之外，还可希望两个五千，如此翻来转去，叫我越闹越不明白。难道如此大事，你真正丝毫不能自己做主吗（就得了大名有何用呢）？难道帮你忙的人，一个个都有权对你下命令吗？齐先生向来极（帮）你忙的，这回的事尤极热心的，我想你如果肯拿出主意，同他时时刻刻有话说话，来详详细细替他研究，必可以依从你的意见，断不会任你由他人摆布的。我今日斩钉截铁同你讲句话，如果行期改后，赶紧预备得十分完整，并将同人的治（置）装预备得妥当，一切照我所说的办到，就不妨去走一趟。如果不然，就应该痛痛快快向李、齐先生声明作罢，不必去外国丢丑。你如果仍然退又不退，进又不进，糊里糊涂过日子，等到人家预备停妥，你一些无准备就拔足前去，那时候身败名裂，何以对自己？何以对国家？你要细细地想，不可再糊涂了。我写过这封信之后，如果你仍然不能决定，你就来信，亦不复你。还有一件事，傅先生一个人出去，就要带一万块，这十万预算中，就不是少了十分之一吗？将来如果同去的朋友拿他来做比例，又如何得了？

我又想起一件事，去年你过大连时候，大连商会会长约定将来到大连必唱几天义务，这一句话你应该记得，要告诉齐先生注意的。大连的寓公几乎无一个不啬刻，叫他花钱，无一个愿意的，就是赌钱，亦常常因少数目而打架的。我就怕泾波要上他们当。馨航滑头，从到大连后更啬刻，不可太乐观罢。

我这两天非常的忙，今日星期，早上有人在我家里吃饭，过午以后就头痛起来。从三点钟一直睡到八点才起来，仍然有些微痛，不敢低头写字。所以一面说，请泰峰一面写。我想最好由你将我的意思同齐先生商量，如果你怕说不清楚，不妨拿着这封信同齐先生说。我本来想直接写信给齐先生说的，不过我怕齐先生不耐烦，搁在旁边冷笑，一字不复，我又何必呢？

微言

十一月三日一钟

20. 冯梅相继移居上海

1930年7月梅兰芳从美国载誉归来，19日，上海各界人士在大华饭店为梅举行盛大欢迎会，具名邀请者包括罗雁峰、胡祖同、徐志摩、许伯明、王孝贲、陈世光、蒋抑卮、赵尊岳、张啸林、张竹平、汪伯奇、李祖夔、李石曾、史量才、潘志铨、张慰如、熊式辉、顾贻毂、刘云舫、冯耿光、张群、袁履登、胡适、陈介、虞洽卿、卢学溥、汪仲韦、李拔可、钱永铭、潘公展、林康侯、文永誉、杜月笙、聂榕卿、叶扶霄、徐新六、黄金荣、陶家瑶、唐寿民、贝祖诒、叶恭绰、陈其采、吴在章、吴震修等政商要人，规模尤为浩大。此举显见是冯耿光、梅兰芳借访美成功造势，比较微妙的是，张嘉璈此时即在上海，却没有参与列名，而张嘉璈的前妹夫徐志摩则出现在名单上。8月24日，胡适在日记里记下这样一笔：

见着吴经熊，他新从哈佛回来，说，美国只知道中国有三个人，蒋介石、宋子文、胡适之是也。我笑说："还有一个，梅兰芳。"

通过访美，梅兰芳所具有的国际影响力，为中国社会各界所认可。这既是属于梅兰芳的成功，也是梅兰芳为冯耿光带来的一次成功，对于稳固冯氏的社会影响颇有襄助。

冯耿光兼任新华信托储蓄银行董事长

有趣的是，张嘉璈结束考察回国后，也开始在银行中倡导起文化，提出要在理、情、力三个方面加强对银行职员的训练，"情的方面，拟提倡音乐、美术、文哲的高级趣味，发展性本善的内性生活"。张氏此语的用意何在，如今实是不得而知。

这年9月，中国银行与交通银行共同拨款设立的新华储蓄银行决议改组，总行从北京迁至上海，更名为新华信托储蓄银行。张嘉璈笔记云：

> 该行具有历史，未便任其歇业清理，影响市面。先决问题为必须物色一品格能力兼优者为总经理，主持行务，则前途始有希望。因思王君志莘，向有为平民服务之志愿，人品学识，足当斯选，特为推荐。经极力向王君劝说后，始允承乏。该行业务，从兹日臻进步，不数年竟成国内主要之储蓄信托银行之一。

新华信托储蓄银行的正式改组是在1931年1月，实权的总经理虽然是由张嘉璈委派的王志莘担任，但冯耿光被推举为董事长，不再是挂名的中行常务董事。冯的亲信曹浤即曹少璋，得以出任新华信托储蓄银行北平分行经理，从中分到一杯羹。这一迹象，似是说明冯耿光与张嘉璈之间的关系有所妥协。抗战爆发后梅兰芳蓄须明志，辍演八年，新华信托储蓄银行发挥了很大作用。许源来在《抗战八年中的梅兰芳》里说：

> 像他（指梅兰芳）这样庞大的开支，靠着朋友的个人力量，根本无法解决。那么，他究竟是怎样来维持生活的呢？这里面大部分是依靠银行透支。通过朋友关系，上海新华银行答应给他立个信用透支户，透支满额，就一次一次地往上增加。梅先生向来不肯白用人家的钱，有一次，为了买米又要开支票了，他摇头对我说："真是笑话！我在银行里没有存款，支票倒一

新华信托储蓄银行董事长冯耿光

张一张地开出去，算个什么名堂？这种钱用得实在叫人难过。"所以梅先生尽可能地少用银行款子，把历年收集并不太多的古玩以及可以变卖的东西，都拿出来换钱。

许源来所谓"通过朋友关系"，其实也就是指冯耿光的关系。梅兰芳在困境中，新华信托储蓄银行为梅提供帮助。

话仍说回到梅兰芳访美归来，自上海返回北平后，就遇到伯母即梅雨田夫人之丧，一面料理家事，一面加紧演出弥补赴美演出亏空。偏在此时，他与孟小冬的婚姻也出现危机，所以格外辛苦。

到了次年，诸事方要告一段落，"九一八"事变又爆发了。许姬传《在沈阳首演〈宇宙锋〉回忆"九一八"》文中记述梅兰芳的回忆说：

梅先生说："我今天在沈阳首次上演这个戏（指《宇宙锋》），我感到愉快之中引起一个沉痛的回忆。"回过头来对坐在板床上的姚玉芙说："你总该记得'九一八'事变那天晚上，我正在北京中和园演《宇宙锋》时的深刻印象，你把当时的情况讲一讲。"姚玉芙说："我怎么不记得，那天包厢里的看客有张学良等军政界要人（作者按：张学良晚年回忆，当晚是招待英国使节看戏），听到一半，有人来找他们，就都走了。那天演的也是全本《宇宙锋》，《修本》《金殿》还没有唱，正要演到全剧最精彩的场子，他们走了。前后台的人都纷纷揣测，准是有重要的事，否则不会不听完就走的。第二天看报，大字标题：日本向我进兵矣！才晓得日本关东军突然袭击沈阳北大营的消息。"

梅兰芳回忆：

> 从那时起，我的心上压着一块石头，同时感到北京城上面笼罩着一片阴暗的黑云，我就决心离开北京，移家上海，跟着，卢沟桥七七事变，八一三抗战，我心上压着的石头愈加沉重。

梅兰芳的这段回忆有些差误，从时间上说是稍早了一点。1931年12月21日，他们还在北京热热闹闹地成立了"国剧学会"，可见这时还没有移家上海的计划。顺便说一句，成立"国剧学会"时所用的经费，很有可能就是在赴美演出前募集来的，这时用了这样的形式，给予捐款者一个交代。

梅兰芳是中行的私人大股东

"国剧学会"中的银行家以"北四行"为主，核心人物是盐业银行王绍贤。中国银行自从总管理处迁移上海，北京分行改为特等支行，以杨毓秀为经理，程作楫为襄理，规模大为缩减。1930年中行北平股东有592个，其中单位17个，个人575个；到1931年股东则减至521个，其中单位15个，个人506个。特别是100股以上的大股东大幅度减少，1931年仅余大宛农工银行（350股）、中国实业银行（350股）、红罗厂学校（100股）、中华懋业银行（100股）、同康银号（110股）、金城银行（3054股）、盐业银行（130股）等7家。在"国剧学会"里，也正是这些中行大股东占据强势。

梅兰芳在中行的北平股东里也属于大户。据《中国银行北平股东名单概览表（1930年、1931年）》，个人持有100股以上的大户，1930年有王绍贤、王克敏、金仍珠、金梁、周作民、陈重远、梅兰芳（以梅澜名义）、常朗斋、绍曾、谈丹崖、瞿非园等120人。1931年，个人大户人数降到100人以下，所占股份较1930年下降过半。

梅兰芳举家南迁上海，与中行北平行的这一变化，似应有所关联。总之，"国剧学会"成立不久，梅兰芳即迁居上海。齐如山在《齐如山回忆录》里讲道：

> （国剧学会成立后）兰芳倒是天天到的，不过因他种关系，他要搬上海居住，他这样一来，出款的朋友都扫了兴，于是只好停办了。（中略）国剧学会停办之后，兰芳将往上海之前，他曾来吾家长谈。他说，他走后我们一切要做的事情，他都不能帮助了，意思是很可惜，而且我们两个人合作了整二十年，从此分开，剩我一人，未免太孤独，怕一切工作都要停顿了。言罢很露出难过的神气来。我对他说："这倒不必，若按个人说，多年天天聚首的朋友，一旦分离，当然有些惆怅。若按工作说，我倒不为我可惜，然实在为您可惜。您到上海以后，来往的人

当然多是有钱的或银行家,我敢断言,没有一个人可以帮助您研究艺术,则您的艺术不会再有进化。不过,这话又说回来啦,没有人帮助您研究艺术尚好,倘来帮助,则于您有损无益。我今日郑重其事地告诉您一句话,倘有人怂恿您改良国剧,那您可得慎重,因为大家不懂戏,所以这几年来,凡改良的戏都是毁坏旧戏,因为他们都不懂国剧的原理,永远用话剧的眼光来改旧戏,那不但不是改良,而且不是改,只是毁而已矣。有两句要紧的话,您要记住,万不可用看话剧的眼光衡量国剧。凡话剧中好的地方,在国剧中都要不得,国剧中好的地方,在话剧中都要不得。以后关于你的事情,望你自己注意为要,以上是你一方面的事情。再说到我这边,按表面来看,仿佛你走后,我一定很失帮助,其实是整翻个过,这话你乍听,当然有点奇怪,其实我一说,你就明白了。我这二十多年所做的事情,如编戏、排戏、出国演戏等等,大大的部分都是为你。我自己的工作,只有随时地请教请教大家,仿佛新闻记者采访新闻,我问来的材料,大部分还没有整理,你离开北平后,我便有时间做我自己的工作,而且可以专心自己的工作,所以我说,你走后我的工作毫无伤损。"

这其实就是梅兰芳与齐如山的合作结束的意思了。他们的谈话,其中关于戏剧的内容不论,齐如山忽视了梅兰芳的事业与生活,事实上与银行界的关联是密不可分的。齐如山所云,"您到上海以后,来往的人当然多是有钱的或银行家,我敢断言,没有一个人可以帮助您研究艺术，则您的艺术不会再有进化"，这自然是针对着冯耿光的发言。齐如山忘记了一个事实是，从梅氏毕生经历来看，没有齐如山，梅兰芳仍然会是梅兰芳，而没有冯耿光，梅兰芳则未必能够成为梅兰芳。梅兰芳对于这一点却是明明白白的。

梅兰芳自北京移居上海

冯耿光约是在1928年移居上海的，梅兰芳则推迟到1932年的冬天才移居上海。梅氏抵沪后，先在位于静安寺路（今南京西路）的沧州饭店居住一年，然后在法租界马斯南路121号（今思南路87号）租住程潜的一处房产，为4层花园洋房，把一家人安顿下来。许姬传在《梅兰芳表演体系的形成和影响——缀玉轩诸老和梅兰芳》文中介绍：

> 这所洋房是义品洋行的产业，后来辗转卖给湖南省政府主席程潜。它是民国初年英国式的建筑，底层地下室，二层客厅饭厅，梅氏夫妇住第三层，第四层是梅先生的岳母和葆琛、葆珍（原注：后改名绍武）、葆玥等居住（原注：葆玖是1934年出生在这所房子里的）。（中略）他和夫人福芝芳及子女在沧州饭店住了半年，冯幼伟给他租了这所房子（许姬传按：冯幼伟住在前面第一条弄堂），没有暖气设备，以壁炉取暖，有一个不小的草坪，可以练拳，打把子，梅兰芳觉得建筑和家具设计是比较调和的。

许姬传《梅兰芳遗物纪事》记述上海梅宅内部的陈设：

梅先生在北京书房里挂的是"缀玉轩"的匾额。"九一八"事变后，迁居上海马斯南路，就悬挂金冬心隶书"梅华诗屋"。这幅斋额是当年冯幼伟先生逛琉璃厂，在古肆买来送与梅先生的。梅先生在这间书房里，编演了反抗侵略的《抗金兵》《生死恨》，蓄须杜门，度过了他一生中最艰苦的岁月。

凡是到过上海梅家故居的人，看到展出的"梅华诗屋"都会有人琴之感。靠墙犄角的两列长书架上，依然陈设着瓷器古玩和中西书籍，壁间挂着"梅华诗屋"镜架；还有汤定之画了送给他的墨松大横幅，这幅画是1935年，梅先生访问苏联，漫游欧洲归来后，汤定之画了送给他的。梅先生认为笔力苍劲，气势纵横。

沙发前面一张紫檀炕桌，桌面上竹刻留青阳文通景山水，峰峦层叠，树石茂密，柳下停舟，水榭远眺，绝好一幅江南风景。画意浑厚，刀法圆熟，看上去是明末清初名工巧匠的手笔。三十年前，梅先生从公主府里买来后，摆在书房里，曾为不少爱好雕刻的中外朋友所摩挲欣赏。（中略）

书架旁边，紫檀琴桌上，左右两盆万年青，当中摆着一座梅先生少年时的铜质造像，这是1919年他第一次出国到日本表演时，三越吴服店赠送的。

靠窗摆着一张大书桌。梅先生初搬进马斯南路寓所，书房是曲尺式，我的堂兄许伯明，照凸出一块的尺寸，定做了这张

梅兰芳在梅华诗屋

书桌送给他的。这张桌上和往日一样，摆着笔筒、烟砚台、笔洗、画碟、台灯、玻璃花瓶……使人联想起梅先生临窗挥洒，画出了妙相庄严的佛像、含情凝睇的美女、彩色缤纷的花卉……如今挂在壁上的"达摩面壁画"、青松、红梅等几幅遗墨，是他在抗日战争时期，杜门绘画，寓意遣兴之作，就是在这张书桌上画的。（中略）

梅华诗屋入口处，挂着一幅北方名画家为梅先生祝寿的合作画。上面罗瘿公题出"植支枇杷，茫父蔷薇樱桃，梦白画眉，师曾竹石，白石补蜂"。梅先生曾说这张画是1920年从上海演毕归来，旧历庚申年九月二十四日他生日那天，在缀玉轩里画的。（中略）

壁上还挂着苏绣花卉挂镜和一对粉彩红地金字的瓷对，对句是"年年吉庆，事事如意"。这些都是清代官窑厂、织造、造办处的贡品，挂在武英殿里，也点缀了"本地风光"。

梅兰芳搬到上海居住以后，其与孟小冬的婚姻就此而结束。孟小冬于1933年9月5日在天津《大公报》连登三日《紧要启事》，声称：

旋经人介绍，与梅兰芳结婚。冬（孟小冬）当时年岁幼稚，世故不熟，一切皆听介绍人主持。名定兼祧，尽人皆知。乃兰芳含糊其事，于祧母去世之日，不能实践前言，致名分顿失保障。虽经友人劝导，本人辩论，兰芳概置不理，足见毫无情义可言。

孟小冬将与梅兰芳婚姻破裂之事公之于世，对梅多方指斥。翁思再《余慧清谈孟小冬》文记录，余叔岩之女余慧清曾对翁说到孟：

> 这期间，我还曾多次问起孟小冬的感情生活。余慧清说，每当说起与梅兰芳的分手，孟小冬总是用"离婚"这个词，她对于名分很看重。孟小冬称，梅兰芳的原配夫人王明华与她感情好，在世时，梅的两个妾（原注：她和福芝芳）相安无事，待王明华故世，这种平衡就打破了。在"梅党"内部，一部分帮福，一部分捧孟，冯耿光、齐如山等都在"福派"，渐渐占了上风，似乎梅兰芳对此也没什么办法。孟小冬不堪继续为妾，毅然出走。孟小冬曾亲口对慧文、慧清（余叔岩两位女儿）说：我要么不再嫁，要嫁就嫁一个"跺地乱颤"的。看来她后来通（同）杜月笙这样的权势人物结合，是早有心理准备。

梅的方面，以后对于梅孟婚姻则缄口不言，从此不再言及孟小冬。

在上海，梅兰芳与冯耿光又恢复了以往在北京时的生活习惯，几乎每日都有往来，客人们也是两边走动，两家颇不寂寞。不过，就冯梅一生交往来看，如果说此前梅对冯的意见是言听计从的话，自赴美事件之后，梅氏个人的意志日渐显现。由此可以说，上海生活应视作冯梅交往所开启的一个新的阶段。

附录：中国银行北平股东名单概览表（1930年、1931年）

1930年，中国银行北平股东有592个，其中单位17个，个人575个。100股以上大户129个，其中单位9个，个人120个。100股以上股东名单如下：

中国银行北平股东名单（单位部分）

序号	名称	占股数量（股）
1	大宛农工银行	350
2	中国实业银行	350
3	中华教育文化基金董事会清华基金户	2000
4	红罗厂学校	100
5	中华懋业银行	100
6	同康银号	110
7	金城银行	3054
8	励志学校	600
9	盐业银行	130
合计		6794

中国银行北平股东名单（个人部分）

序号	名称	占股数量（股）
1	毛韵清	100
2	水次惠	290
3	王子邠	242
4	王采丞	100

续表

序号	名称	占股数量（股）
5	王君宜	104
6	王叔鲁	102
7	王奎元	100
8	王源瀚	100
9	王桐轩	126
10	王绍贤	100
11	王俊才	110
12	王家桢	100
13	王培才	120
14	王实秋	300
15	左子捷	150
16	永增合	110
17	朱小订	100
18	朱少滨	105
19	朱绍云	140
20	江岷生	100
21	江宇澄	221
22	江泾源	100
23	江湘浦	100
24	安慎斋	140
25	余黎阳氏	160
26	何瑞麟	171
27	吴贵忱	100
28	吴福堂	100
29	李凤九	100

续表

序号	名称	占股数量（股）
30	李荫鑫	100
31	李敦厚	100
32	李菱舫	100
33	李文云	200
34	李右周	120
35	沈季环	166
36	吕晋珊	110
37	吕志琴	100
38	林行规	110
39	邵志千	100
40	邵禹敷	100
41	金梁	110
42	金仲衡	190
43	金仍珠	350
44	金长寿	102
45	周伯桓	300
46	周维廉	113
47	周作民	100
48	洪桢	130
49	郁华	100
50	郁兴民	100
51	郁碧岑	120
52	杨翔云	100
53	俞明若	110
54	姚翼堂	144

续表

序号	名称	占股数量（股）
55	孙明庭	100
56	秦晋华	100
57	殷祖泽	200
58	唐振记	150
59	徐健实	100
60	徐桢祥	347
61	徐雨亭	110
62	倪瑞华	100
63	耿剑卿	100
64	马拱宸	150
65	梅澜	100
66	章伯初	150
67	常正之	100
68	常朗斋	100
69	陈庆慈	110
70	陈重远	170
71	陈伯南	100
72	陈自修	100
73	陈倩伶	100
74	陈源使	100
75	张贞午	140
76	张淑平	150
77	张康侯	100
78	绍曾	300
79	郭延祐	100

续表

序号	名称	占股数量（股）
80	童今吾	2400
81	彭桂	100
82	童鞠芳	100
83	景本白	300
84	黄彩玉	100
85	黄志文	100
86	黄润芝	100
87	程文卿	160
88	杨少模	102
89	杨瑜统	100
90	雷时若	370
91	董元亮	100
92	董右岑	100
93	董敏斋	100
94	董晶如	100
95	叶可厚	105
96	寿鹏飞	100
97	赵世清	100
98	赵希文	100
99	赵齐叟	100
100	赵仲仁	200
101	谈丹崖	483
102	赵蕴之	100
103	邓守瑕	200
104	邓廷瑞	150

续表

序号	名称	占股数量（股）
105	蒋范五	600
106	潘产甫	100
107	刘松树	625
108	刘庆萼	100
109	刘瑞青	100
110	刘连叔	210
111	刘佩兰	100
112	霍季郇	170
113	鲍星搓	150
114	龙启霖	270
115	龙启昌	270
116	应允卿	100
117	瞿非园	100
118	严侣琴	300
119	颜燮元	300
120	王朴庵	100
合计		20218

21. 国民政府接管中国银行

冯耿光、梅兰芳移居上海后，上海的生活却并不安宁。上海是当时中国最大的工商业都市和全国经济中心，受"三十年代大危机"的影响最为深重，经济极是萧条。其次，中日两国矛盾激化，1932年1月28日，日军突袭国民政府上海驻军，"一·二八"事变爆发，直接威胁上海的安全，并且对首都南京也构成威胁。

这一时期国民党当局掌握财权者是宋子文，宋在1928年1月至1933年10月担任财政部部长，中间还代理过行政院长。宋子文一方面要充当蒋介石打内战的首席军需官，另一方面要应对国际性的"大危机"，左支右绌，焦头烂额。宋子文非常期待联合欧美对抗日本，反复与英国、美国进行磋商，希望能够得到大笔借款，增加国内银行的现金储备，帮助国内银行恢复信心；他还提出中国币制与欧美外币挂钩，将中国货币币值稳定在较低水平，以利于中国商品出口。然而，欧美在中日两国之间并没有明确的倾向，特别是美国，反而与中国产生贸易摩擦。开始时是美国带头压低银价，1931年2月，银价跌至每盎司12.5便士，相当于银价最高峰时的1/5，中国作为以白银为货币的国家，偿还对外债务，对外出口和汇兑都损失颇巨。1933年3月罗斯福就任美国总统后，决定放弃金本位，抬高银价，大量购入白银，促使美国金银储备量飙升，以"实现垄断世界金融之大权，借以执世界盟主之企图"（《银行周报》第840号）。1934年6月，美国《购银法案》宣布施行，银价在强烈刺激下，升至每盎司33.88便士，中国因此而大量白银外流，通货紧缩，物价跌落，严重影响了中国金融的稳定，整个国民经济也陷入崩溃的边缘。

宋子文在这种形势下，从整顿货币入手，加强对国内经济的控制。1933年3月1日，政府颁布"废两改元"法令，要求上海率先实行银元本位制，4月6日开始在全国实施。吴景平著《宋子文评传》说：

废两改元的实施，是中国币制近代化过程中的一个重要步骤。自民国初年以来，国内金融界、工商界便有废两改元之议，但由于国内事实上存在的政治上、经济上的分裂局面，各地成色、重量上参差不等的铸币未能统一，在商品流通领域中，特别是各省之间的交易过程中，仍然须将银元换算成银两。这给社会经济生活带来了极大的不便。宋子文实施废两改元，既使货币计算单位由繁变简，又使不同的银元归于统一的中央造币厂开铸的国币，确实对促进社会商品经济的发展有着重大作用。据统计，从1933年3月至1935年10月，中央造币厂共铸造了1.33亿枚新银元和价值5600万元的银条。统一的银铸币大量进入社会经济生活，杂色银币退出流通领域，这就为中国币制另一项重大改革——法币政策打下了重要的基础。当然，宋子文实施废两改元，其影响和作用并不限于经济领域。这项措施进一步强化了南京国民党当局驾驭各地方派系的力量，强化了中国大资产阶级在政治上的统治地位。

后来，国民政府又于1935年11月4日实施法币政策，规定1元银元兑换1元法币，稳定法币汇价和金融行市，维护对外贸易和国际收支平衡。但这已是宋子文卸任财长以后的事了。

国民党第二次改组中行

1933年10月28日，宋子文因与蒋介石发生激烈冲突而辞去财政部部长,其原因不外乎两点:一是蒋介石批评宋子文的经济政策,无法及时满足他的内战需要;二是宋子文不满意蒋介石屈服日本的妥协政策,据《颜惠庆日记》记,有人曾评价说,"宋主张10年后与日本作战,汪(精卫)主张在50年后,而蒋则要等100年后才同日本作战"。宋子文辞职后,蒋介石以较为听话的孔祥熙接替宋,出任财政部部长;宋则保留了全国经济委员会常务委员职务,该委员会仅有五名常务委员,即蒋介石、汪精卫、孙科、孔祥熙和宋子文,可见宋子文还保有着相当的话语权,继续参与重要经济决策,特别是国民政府的对外经济交流合作,宋子文仍是核心人物。

1935年初,宋子文认为,中国即将爆发极为严重的经济危机,而且时间就在这一年的前半年。"一旦危机发生,银行系统将崩溃,政府将被迫发行不兑现的纸币,政府财政将完全趋于混乱,中央政府的权威将严重受损。在其他国家或别的情况下,即便不幸发生货币崩溃,其后果未必如此惨重;但是在尚未真正实行统一和在日本为控制中国而施加的压力之下,中国政府要么在苛刻的政治与经济条件下接受日本的借款,要么眼看着出现在日本庇护之下的采用不同币制的地方政府"(宋子文致美国驻苏联大使蒲立德电报)。宋子文的这一判断得到新任财政部部长孔祥熙的认同,孔宋共同拟议发行金融公债以挽救国内经济局势,同时加强对银行的控制,对中国银行、交通银行进行改组,实行统制经济。3月中旬,孔祥熙与宋子文同赴汉口会见蒋介石,决定发行金融公债1亿元及改组中、交两行,扩充官股。3月20日,国民党中央政治会议通过发行金融公债提案。

冯耿光没有关心国内经济形势，仅是就中行的情况做出回忆。他在《我在中国银行的一些回忆》里叙述这一事件时说：

> 张嘉璈在改组之初，对于国民党还存有幻想，一心要模仿日本横滨正金银行的办法，将中行办成有国际地位的汇兑银行。他于1930年从欧美各国考察归来，添派英美留学生多人来行，锐意经营业务，一方面增设伦敦等国外经理处，推广国际汇兑；另一方面将各分行迁至通商口岸，利用原有的钞票发行，积极与工商企业联络。虽然1931年长江流域大水灾，"九一八"东北事变和"一·二八"淞沪抗战，对社会经济尤其是金融业是严重的打击，但中行业务仍有进展。到1934年底，全行活期、定期存款总数达5亿余元，各项放款为4亿余元，均较中央银行多一倍许；发行总数为2亿余元，较中央银行多两倍半。上海等地中行的声势，都远远超过中央银行。国民政府为了控制整个金融事业，乃以"巩固金融，救济工商业"为名，于1935年3月再度改组中行，指定宋子文为董事长，调张嘉璈为中央银行副总裁，改任宋汉章为总经理。股本总额增为4000万元，官股原为500万元，再增加1500万元，以国民政府新发行的金融公债抵充，共为2000万元，在总股额中所占比例自1/5增加到1/2。官股董事、监察人和常务董事的人数都有增加，政府的力量更深地渗透到中行来，四大家族就此直接支配了中国银行。

张嘉璈求助吴震修

冯耿光与张嘉璈虽有嫌隙，但是他们都主张中国银行去国有化，实现商股主导。张嘉璈借助国民党势力成为银行的实际控制者，谋划偏安一隅，专心发展国际汇兑专业银行，不想国民政府反手出重拳，直接将张嘉璈扫地出门。冯耿光在《我在中国银行的一些回忆》里说：

国民党当局以迅雷不及掩耳的快速度攫取中行，听说王克敏、胡笔江都是宋子文的幕后策划人，但张嘉璈却事前毫无所闻，完全处于被动地位。据吴震修说，当改组消息发表时，张嘉璈曾以长途电话把他从南京分行叫到上海来商量。他当时情绪很激动，说不出话来，过一会儿才对张说："我与你在中国银行共事多年，从前称呼你副总裁，现在称呼你总经理，不愿意再在别处称呼你副总裁。"吴震修的意思是劝张嘉璈不要就任中央银行新职务，但是最后张还是去了。这样，国民党当局通过两次改组的命令，只用几张公债预约券，便把历史悠久的中行夺去为四大家族所私有，从此中行变为国民党官僚资本的大银行。

吴震修是1933年才接替许体萃，担任中国银行南京分行经理的。吴震修的这一安排，自然是张嘉璈有意在向冯耿光、吴震修一派示好；张嘉璈遭受国民党当局打击的时候，马上想到要拉拢冯耿光、吴震修联手，共同与国民政府相抗争。张嘉璈通过吴震修紧急联络国民政府行政院院长汪精卫说项，汪精卫致电蒋介石：

> 发行公债整理金融案，经中政会通过后，顷知庸之（孔祥熙）兄此举并未征得中、交两行张公权（张嘉璈）等之同意，恐将因此引起风潮。庸之兄即夜车赴沪，能否调解否未可知。弟已托吴震修亦即晚车赴沪，切嘱公权等务须和衷解决，万勿决裂，因闻公权等已准备辞职也。弟于此举事前亦未接头，现事后补救，未知能否有效否。盼尊处亦电致公权，安慰其意为荷。

汪精卫与张嘉璈、吴震修等人不知，夺取中行之事大有来头，幕后指使者并非冯耿光所说的王克敏、胡笔江之流，而是出于蒋介石的亲自部署。汪精卫的电报进一步激怒蒋介石，蒋在致孔祥熙密电中痛斥中行当局说：

> 国家社会皆濒破产，致此之由其结症，乃在金融币制与发行之不能统一，其中关键全在中、交两行固执其历来吸吮国脉民膏之反时代之传统政策，而置国家社会于不顾。若不断然矫正，则革命绝望，而民命亦被中、交二行所断送，此事实较军阀割裂、破坏革命尤为甚也。今日国家险象，无论为政府与社会计，只有使三行（作者按：指中央、中国、交通三行）绝对听命于中央，彻底合作，乃为国家民族惟一之生路。

3月22日，蒋介石又自四川巴县急电孔祥熙，要求必令张嘉璈"完全脱离中国银行关系"。3月28日，国民政府发布命令，张嘉璈调任中央银行副总裁。

张嘉璈听到消息犹不能甘心，与吴震修一起说动黄郛出面，代致密电蒋介石云：

> 璈与中国银行历史悠久，即行摆脱，深恐影响行基，踌躇未决。奈孔（祥熙）部长一再敦促，因思当此经济困难时期，苟利党国，捐糜在所不惜。顾又虑在金融尚未安定以前，设以个人进退，影响行务，间接及于财政金融，益增钧座焦虑。万不得已，或暂行兼任中国银行总经理，一俟渡过难关，再行完全摆脱。

这封密电换来的是，宋子文当面向张嘉璈宣布，此次人事变动正是出于蒋介石之指示，任何人都无力回天。张嘉璈惟有接受安排，仓皇搬离中行。

4月3日，中行在香港路上海市银行同业公会举行第20届通常股东总会，5日发表通函称：

> 当场投票，结果以宋子文、宋汉章、冯耿光、陈辉德（光甫）、孔祥熙、李铭、张嘉璈、徐陈冕（寄庼）、卞寿孙、周作民、贝祖诒、金国宝等十二人当选为商股董事。同时并奉财政部令派叶琢堂、王宝仑、宋子良、钱新之、王晓籁、杜月笙、

荣宗锦、翟祖辉、席德懋等九人为本行官股董事。当于5日上午10时半召集董事成立会，并互选宋子文、孔祥熙、宋汉章、叶琢、钱永铭（新之）、冯耿光、陈辉德（光甫）等七人为常务董事，业经照章呈报财政部备案。兹奉部令指派宋常务董事子文为董事长，并由董事长照章于董事中选聘宋董事汉章为总经理。

经此变革，中国银行完全由政府所掌握。张嘉璈彻底出局，宋汉章虽出任总经理而必须听命于董事长宋子文，冯耿光保留常务董事虚名而被搁置一旁。冯耿光在《我在中国银行的一些回忆》里记述：

宋子文在中行新董事会成立时，曾设宴招待董监事及高级人员。我想这是他们这帮人的庆功宴，与我无干。恰在这时，梅兰芳到苏联去演出，不在上海，他的几个孩子搬到我家里养病，我就借此托词不去参加了。

梅兰芳应苏联对外文化交流协会邀请，1935年2月21日率团自上海启程赴苏公演。这次出访，梅氏未邀齐如山同行，而是特别向政府要求调张彭春作为他访苏的协助者；梅亦未要求冯耿光落实经费，国民政府为之拨出公款。作者按：先是国民政府在1928年已与苏联断绝外交关系，随着日本对华压迫日益深重，国民政府需要寻求更多国际援助，这才在1932年12月与苏联恢复邦交。到了1935年初，蒋介石愈发加快联苏步伐，梅兰芳的访苏，及时地为两国外交关系的发展改善了气氛，因而梅氏访苏得到国民政府的高度重视。

梅兰芳的曾孙梅玮在《纯粹的艺术传播者——谈梅兰芳1935年访问苏联背后的点滴》里介绍：

据1934年6月2日《庸报》记载，苏联大使当时要求任国民党行政院长汪精卫，劝说梅兰芳同意接受邀请。中国大使（颜惠庆）同样也恳求梅兰芳赴苏演出，以提升中苏两国的文化交流合作，增进两国的外交关系。在中国驻苏联大使馆以及中国外交部的建议下，国民政府行政委员会通过了一项决议，并在1935年2月下达了正式的指示，拨出5万元大洋作为梅兰芳访苏的经费。指示中提到了梅兰芳访问苏联对于宣传中国的文化、增进中国的国际交往，尤其是中苏两国的友好外交关系所起到的重要意义。（中略）在1935年1月9日的电报中，中国驻莫斯科领事馆向中国外交部报告，苏联当局很关心中国国内关于反对梅兰芳出访所发出的声音。领事馆向苏方强调反对梅兰芳访苏是中国国内极其个别的现象，中国政府和大众对于苏联邀请梅兰芳演出都是持着感激的态度。领事馆指出，梅兰芳访苏已经不仅是他个人荣辱问题了，他和中国戏曲的名声，以及两国之间的关系紧密地联系在一起。为了不让苏方感到不安，领事馆甚至要求中国外交部商议发表一个政府公开声明，禁止中国国内媒体发表反对和攻击梅兰芳访苏的言论。1935年1月26日，中国外交部告知领事馆，中国政府已经直接下达批文，要求报纸以及其他媒体禁止刊发任何反对梅兰芳访苏

梅兰芳在苏联

的言论。官方政治杂志《时代公论》刊登社论，强调梅兰芳的访苏之行不仅仅是展示演员本身的美感、天赋及技巧，同时也是对中国国家艺术的宣传，对中国国家形象的展示。

梅玮文章有一处需要说明，即发展与苏联的外交关系，是蒋介石政治集团的主张，并没有得到汪精卫集团的认同，甚至是为汪氏等人所反对的。所谓中国国内反对梅兰芳访苏的声音，这是一桩很大的公案，田汉以伯鸿为笔名写作的《中国旧戏与梅兰芳的再批判》《苏联为什么邀梅兰芳去演戏》，以及鲁迅以张沛为笔名写作的《略论梅兰芳及其他》等一系列批评梅兰芳的文章，都是在这一时期发表于以体现汪精卫政治集团主张为主的《中华日报》上的。关于这一现象，目前还未能引起学术界的注意。董健著《田汉传》只是讲到田汉、夏衍、钱杏邨到上海新亚旅店与从天津赶来的张彭春会面的情况。田汉在谈话中批评梅兰芳，"我总觉得，梅先生被中国的旧势力掌握得牢牢的，事实上做了他们绝好的工具"，"本世纪初，俄国确实兴过象征主义，如剧作家安德烈夫等。但现在，象征主义早已成了陈迹。现在大兴的是社会主义的写实主义。他们的戏剧已是面貌一新了。中国京剧，要说象征手法，是有一些；但西方那样的作为一种艺术流派、思潮的象征主义——Symbolism，与京剧完全是两码事，扯不到一起的"。田汉认为梅兰芳既不知苏联戏剧界的实情，也不知中国京剧的特质。田汉、鲁迅等人批评梅兰芳的文章，后来是否遇到政府干涉，其详情尚不得而知。

梅兰芳访苏，一如其访日、访美一样大获成功，苏联驻中国大使鲍格莫洛夫评论说,"在近来游苏的各国戏剧家中,没有人能像梅兰芳博士那样的成功,这非是夸大的话"。梅兰芳不仅会见了斯坦尼斯拉夫斯基、梅耶荷德、布莱希特等戏剧巨匠,据说斯大林还观看了梅氏的演出,但这个说法未经过考证,只能姑存此一说。此后,蒋介石又陆续派出多人与苏联沟通,甚至在1935年底,蒋介石还曾委派国民党核心人物之一的陈立夫秘密访苏,谋求与苏方签订反日军事同盟,后因觉时机不到而中止访问。

因为具有这样的背景,梅氏访苏是当时引人注目的大新闻,宋子文就任中国银行董事长后举办招待会,冯耿光以要为梅兰芳看孩子为借口而推辞不去,这却也是个堂而皇之的理由。

梅兰芳访苏之后又游历欧洲,8月3日才返回上海。14日,上海市市长吴铁城在国际饭店为梅氏举办了欢迎茶会,据《申报》报道,苏联驻华大使及胡蝶、陈其采、杨虎、余铭、余上沅、虞洽卿、王晓籁、杜月笙、张啸林、李登辉、汪伯奇、徐新六、林康侯、冯耿光、陈蔗青、黄炎培、李大超、朱少屏、罗明佑、潘光迥等出席茶会。在梅兰芳一生的重大事件中,访苏应是冯耿光出力最少的,可知冯氏当时之力不从心。

22. 冯梅避乱隐居香港

张嘉璈被赶出中行后,宋子文彻底掌握中行。宋子文其人能力很强,嫉妒心也很强,且贪婪成性,"支配欲甚强"(熊式辉语),并不是一个很好相处的人。宋就任中行董事长不久,就与常务董事冯耿光发生矛盾。冯耿光在《我在中国银行的一些回忆》里说：

> 我在中行常董会时，曾有一次因为一笔外汇放款事，与宋子文发生龃龉。宋这时已在广东银行有大量投资，并由宋子安任董事长，想要中行放一笔美金给该行，为数约美金20万元，以该款买进的美国证券作抵押。我当时认为美金押款未尝不可以做，但抵押品作价须照市价打折扣，不能十足抵押；如市价低落时，还要随时补足差额。宋当时很不满意，但也不便反对。这笔押款，就此没有做成。后来听说宋通过中行纽约经理处还是用存放同业方式，把这笔钱借去。

中国银行纽约经理处系1936年7月1日开幕，冯氏所述美金押款事当发生于此后。冯氏既公然开罪于宋氏，自然招致宋氏记恨，因而尽量不去参与银行事务，以免更多是非。

冯耿光香港遇刺

1937年7月7日卢沟桥事变后，抗战宣告全面爆发，8月13日日军入侵上海。11月，中国银行为避免遭受战争破坏，在香港成立驻港办事处，总管理处主要负责人及各处室转移香港办公；27日，中行董事长宋子文搭乘法国游轮"阿拉米斯"号离开上海赴香港，冯耿光亦随同总管理处迁港，最初居住在半岛饭店，后移住到太平山南面的浅水湾饭店。

到达香港之后,冯耿光与宋子文又发生过一场冲突。冯耿光在《我在中国银行的一些回忆》里说:

> 抗战发生,中行总处移设香港,我和吴震修也先后去港。中行常董会虽没有召开,我却又为了上海中行大楼事得罪了宋子文。就在抗战第二年,宋在美国忽然要把上海外滩中山东一路二十三号中行大厦(原注:现在中国人民银行上海市分行的办公处)全部房地产过户给美国一家保险公司,一切条件,都已大致商妥,但须经过中行常务董事们同意签字,才能成议。宋汉章要我谈谈意见,我说:"现在抗战期间,我行总处不得已搬到香港,但在上海各地还发行有大量钞票,收存有很多存款。如果把上海分行营业用的房屋,转移给外国人,那就要失尽人心,自坏信用了。宋子文要这样办,尽可以用他自己董事长名义做,这事我作常务董事的不能签字。"宋汉章见我的态度非常坚决,也不敢签字。这项中行大楼易主问题,就此搁起来了。孰知宋竟因此对我大为不满。

冯宋关系就此弄僵,冯耿光在中行更是无所事事。冯在1938年1月4日致梅兰芳信中谈到他在香港的生活,大发牢骚说:

> 我在此十分无聊,每日早上到行最多不过一个钟头就走了,再又不去了。一班神经病者,同他们多说话,徒然招起气来,

真犯不着，还是少说的好。（中略）我住在此真真不耐烦，而且极多令我难过的事（原注：问吴先生都知道的），本来想同吴先生一起回上海，后来觉得许多不妥，就决定最迟阴历年一定回去。到上海住一间小房子，关起门来不见人，省省俭俭过穷日子，一二年死了，岂不干净！人生本来无甚意思，何况做今日的人呢？我一切都看破了，所担心的就是死不了，您想对不对？（原注：辛苦挨穷，做人没面子，就是活着亦受不了，何况又要为人欺蔑呢？）

冯耿光写此信时虚岁不足五十七岁，自云"一二年死了，岂不干净"，可见其独居香港，内心苦闷抑郁。坦诚地讲，当此国家危难之际，无论是宋子文还是张嘉璈，都已放弃前嫌投入抗战，而冯氏囿于个人情绪，仍是甘为神州袖手人，一味地冷眼旁观，实欠大局。

梅兰芳与冯耿光大为不同。梅兰芳在这一年也已经虚岁四十五岁了，声名正如日中天，演出不断且极受欢迎，用冯耿光对梅说的话来说，"您的声望，您的本领，无论到何处去，人家都是看您一个人，别的随随便便，人家都不注意的"。经过访美访苏，梅氏表现出一个成熟艺术家的思想和气质，遇事有了自己明确的主见。尽管他两次访日公演都受到日本朝野一致欢迎，赴美途中还再次访问日本，但他对于日本发动侵华战争感到深恶痛绝，抱定不与日本人合作的信念。他在上海及时排演了新戏《抗金兵》，鼓舞中国人的抗战士气，同时计划着追随冯耿光避居香港，既可与老友做伴，又可以远远避开与日本人的接触。

梅兰芳通过书信告知冯耿光，准备率团赴香港演出；同时要冯氏留心一下在港生活费用及孩子上学的相关情况。冯耿光得知梅兰芳的这一计划喜出望外，他非常投入地与梅兰芳讨论关于演出的各种细节，与香港演出商谈判，凡事皆亲力亲为，不辞劳苦，实际上扮演着梅兰芳演出经纪人的角色，他因而有可能是中国京剧史上社会地位最高的演出经纪人。

冯耿光固然因为梅兰芳的缘故而涉足京剧圈子二十余年，但以往只是以其政治经济势力居于主导地位，并不过多参与演出的具体事务；此次香港演出，冯氏要负责台前台后的各种事情，不仅协调演员之间的矛盾，还要看演出商脸色，有时还得不到梅兰芳的理解。冯氏一面向梅兰芳抱怨说："您想我在此替您做事，受累受气，一个钱拿不着，反要贴车钱、电报费，差不多每天写二三千字的信，（中略）我岂不白费心事么？"另一面，冯氏迫不得已耐着性子与人周旋，求得他人的帮助，忍辱负重。冯氏信中叙述：

> 下午到月办事处一齐替他去说，等到五点钟，我先到，足足等了一个多钟头，籁才来，又闲谈了十几分钟，先由籁开口，月就说：等我写信交穆林带去罢。我为此事足足替月谈了三四次，说话非常留心。

月疑指杜月笙，籁疑指王晓籁。为了梅兰芳的演出，冯耿光不惜在杜月笙与王晓籁面前低声下气，小心翼翼，直与此前当面驳斥宋子文之冯氏，判若两人。

1938年4月底，在冯耿光的努力下，梅兰芳终于率团抵港，在利舞台演出二十日，哪料梅氏刚刚开始演出就飞来横祸。许源来在《抗战八年中的梅兰芳》中记述：

> 冯（耿光）先生当时住在浅水湾饭店，利舞台在跑马池，他每晚必来看戏，散了戏，照例要到后台和梅先生闲谈一会儿，才回饭店。有一天夜里，冯先生走了不久，梅先生一边卸装一边和我说话。这时，忽然听到"砰"的一声，化装室的房门被人一脚踢开。梅先生是背着房门坐的，从镜子里看见闯进来一个人，满脸是血，连香港衫上也沾染了两大块，转过身来仔细辨认，才看清楚这个血人就是冯先生。我们都大吃一惊，梅先生赶紧站起来扶着他问："您怎么啦？"冯先生挺着腰杆大声说："让人打了。"我们一面打电话请医生，一面问他出事经过。他说："刚才我离开剧场走不多远，后面突然有人用棍子向我头部狠狠地猛击一下，我受伤躺在地上，路人上来营救，凶手看见人多，就扔下凶器跑了。"说完话医生来了，检查之下，确实头部受了重伤，马上给他敷药包扎。这时凶器也由路人送来，是根圆的铁棍，外面裹着旧报纸。当晚由我们护送冯先生到一位至熟的朋友潘述庵家中暂住。在潘氏夫妇的悉心调护之下，将养半月才恢复了健康。事后经过调查，知道这是名叫芮庆荣（原注：外号"小阿荣"）干的事。芮在上海曾屡次来找梅先生，想包办这次香港演出，没有能达到目的，怀恨在心，

他又疑心冯先生从中作梗，所以下此毒手。据医生说："幸亏这棍子是圆的，要是换个有棱角的铁棍，这一下就可以致命。"

冯耿光因为为梅兰芳担任演出经纪人而受此无妄之灾，这也是冯梅一生交往里的一段特别经历。

梅兰芳移居香港

梅兰芳在香港演出结束后，在演艺事业还处于鼎盛阶段时，断然决定辍演，退出舞台，遣散剧团，只身留居香港，租住干德道8号一座两层楼的公寓；冯耿光伤愈后也租住在梅氏附近，两人就此隐居，相互陪伴，躲避战乱，一住就是四年。令人深感遗憾的是，梅兰芳的弟子兼秘书李斐叔就此失去工作，只好卖文为生，生活拮据，1942年前后，这位英俊而有文采的才子在南京病殁。其实，此时的"梅党"亦已星散，吴震修留居上海，齐如山留居北京，闭门不出。舒石父早在冯耿光移居上海时，就离开中行回到军界，1928年11月8日出任国民政府参军处参军（参军长何成濬），次年7月18日升任参军处总务局局长。许伯明则因老同学陈其采于1930年3月出任江苏省政府委员兼财政厅厅长，许应邀出任江苏银行总经理；陈升任国民政府主计长后，许接任江苏财政厅厅长。许卸任时，再把这一职位交给另一位老同学舒石父，自己于1935年改任中央银行南京分行副经理，1937年调任中央银行昆明分行经理兼信托局长，1940年任总办事处在重庆的江苏银行常务董事兼总经理，著名汉语拼音专家周有光还曾在许伯明手下做过江苏银行的秘书。舒石父卸任江苏省财政厅厅长后也返回银行界，出任中央银行福州分行经理。黄秋岳、李释戡也转到国民政府任职，黄秋岳与子黄晟因间谍罪于1937年8月26日被国民党当局枪决；李释戡与南方"梅党"的代表人物赵尊岳则投靠汪精卫伪政府，并且成为其中的显赫人物。

冯耿光与梅兰芳在香港生活，已无太多人环绕周围。与他们同住香港的许源来在《抗战八年中的梅兰芳》里记录梅兰芳的日常生活，这份记录亦可作为冯耿光之生活来看。许说：

> 自从剧团离开以后，梅先生就没有用胡琴吊过嗓子，对人谈起，总说自己的嗓子已经退化，不可能再演出了，而实际上他念念不忘的是等待着有一天胜利的到来，重登舞台。他又生怕时间一久，嗓子真的会起变化，因此，每隔一两个月，就叫我带了笛子去给他偷偷地吊几段昆曲。他住在公寓房子的二楼，上下左右都有人家，为了不使歌声传出，引起旁人的注意，他事前总是要把门窗紧闭，窗帘拉下，一切都准备好了，这才开始吊嗓子。碰到唱得痛快的一天，他就十分安慰。记得有两次给他吊《刺虎》，唱到"有个女佳人"的"佳"字，工尺相当高，而且腔要拖得很长，他唱不上去，或者上去了不够饱满，他就很感慨地对我说："老话说曲不离口，一点不错，老不唱怕嗓子就要回去了。"言下大有髀肉复生之感。
>
> 当时，梅先生还有时和一些电影界的朋友们接触，见面的时候，他们经常在一起研究古典戏曲搬上银幕的问题，我也参

加讨论过几次。梅先生对朋友们说过这样的话："天总要亮的，到那时候我一定要拍一部古典戏曲的片子。我有这个信心。"
（中略）

梅先生本来是个电影爱好者，他常从银幕上吸取有益的滋养，来丰富他的舞台艺术。在港期间，当地的皇后、娱乐等几家大影院，他是经常去的。外国片固然要看，国产也不放过。我记得那时中国的古装片还在萌芽时期，只要有这类新片到港，他总打电话约我陪他去看，看了回来，还总要谈谈艺术处理方面的问题，指出这里面的服装、动作和背景的配合，哪些地方是调和的，哪些地方就显得生硬。他这种关心和研究，也都是为将来可以拍片时的参考。

冯梅定居香港后，冯夫人与梅夫人会从上海来探望，梅夫人福芝芳每年暑假带着孩子们到香港居住两月，1941年暑假后还把年龄稍大的两个儿子梅葆琛和梅绍武留在香港读书。梅绍武《在香港沦陷的日子里》说：

父亲去港之后，母亲带着我们四个儿女住在上海，每年只在暑假期间去和父亲团聚两个月。（中略）葆琛和我考进了岭南大学附中初三，到九龙郊外的青山去住校。我们周末回家，父亲常带我们去看场电影。那一阵子他最欣赏的影片是卓别林的《大独裁者》，曾一连看过七次，还启发性地给我们讲解其中某些情节的讽喻涵义。

冯耿光有时也会帮助梅兰芳照看孩子，梅的孩子们称呼他为"冯老伯"。

1941年8月，张嘉璈从重庆到香港治病，还与冯耿光会过面。张氏25日记：

> 上海老友虞和德（洽卿）、林康侯，以及中国银行旧同事宋汉章、冯耿光先后来访。

到了这个时候，冯张之间的矛盾应已淡化，可是，张在日记里只称冯宋为"旧同事"，而没有归入前边的"老友"里，却不知张系出于有意还是无意。

23. 吴震修的失败和家庭惨剧

日本对华侵略其实由来已久，但是，蒋介石的国民政府采取"一面抵抗，一面交涉"的对日政策，因而为日军步步紧逼，屡订城下之盟。此前，蒋介石委派他的盟兄弟黄郛担任其在华北对日交涉的代理人，名义是行政院驻北平政务整理委员会委员长，与日方开展谈判，其结果即1935年5月签订的《塘沽协定》，对日做出大幅度妥协。1936年12月，黄郛病逝，蒋介石也失去了一位重要的对日交涉的帮手。

抗日战争全面爆发后，国民党军节节败退，1937年12月13日国都南京失陷，国民政府西迁陪都重庆，紧接着武汉、广州、南昌等重要城市以次第沦陷，中国面临着覆亡的危险。这时，蒋介石事实上仍未完全放弃对日"交涉"的幻想，时任外交部亚洲司司长的高宗武遂站到了"和谈"的最前端。

高宗武与吴震修私交甚深。据日本西义显在《日华"和平工作"秘史》中介绍，吴震修也参加了秘密的"和平工作"。

西义显是日军对华长城战役的指挥官西义一的弟弟，时任日军中将师团长。西义显则以日本南满洲铁道株式会社（简称"满铁"）驻南京办事处主任名义在华活动。在"和平工作"过程中，西义显充当日方联络人，据他说，年轻而骄傲的高宗武曾说，"我即使有时不听蒋委员长的话，但对吴老师的话绝对听从"。而据高宗武讲，西义显实则是日方特务，负责收集情报。

西义显在《日华"和平工作"秘史》里叙述：

> 1937年7月31日，即蒋（介石）、汪（精卫）、高（宗武）三人举行会谈的那天午后，我被急邀到吴震修公馆。被领进书斋后，看到主人吴震修和高宗武已在静静地等候着了。他们随即就告诉了我有关蒋、汪、高三人会谈的内容，委托我去请求松冈洋右总裁（"满铁"）协助，以说服近卫（文麿）首相通过日本最高政治势力调动一切力量，在最大限度内防止东亚灭亡的危机。

西义显在争取到松冈总裁的支持后飞返东京联络，其间听到日军攻占南京的消息，而且还从日本外务省东亚课首席事务官松村基树处听到，日方准备请吴震修在王克敏主持的"中华民国临时政府"伪政权中出任"财政部长"。西义显连忙从日本飞赴上海会见吴震修。

西义显回忆到他在上海与吴震修会面情况时说：

> （1938年）1月3日，我到达上海，但难以找到吴震修的住处。因为吴震修为避开日本方面的劝诱，故意躲起来了。过了几天，中国方面的几位朋友透出消息，说吴震修绝对不会见日本人。但吴震修想回避政治并不那么容易，我还是与吴震修取得了联系。1月9日早晨，一位中国银行的职员到黄浦滩（原注：上海外滩）和南京路拐角上的汇中饭店来接我。我坐上"满铁"的汽车，被领到极司菲尔路附近的愚园路R氏住处。
>
> 我与吴震修的知遇，本来是在南京。而知道南京有吴震修这个人，却是我在上海的时候，从这家主人R氏的介绍中得知的。现在，又在这家会见吴震修，我产生了一些命运性预感，好像吴震修与我会见，特地借用了这个屋子。屋子里一个人也没有，连传达的仆人也没有，方才接我的人也不知什么时候走开了。在一个大而空的房间里，只有吴震修一个人在等着我。

西义显以《与吴震修的最后会见》为题，记录了这次会见的经过：

> 我一眼就看出吴震修心情异常。本来他精力充沛，虽然受

的是西洋教育，但有着东方的精神风貌，面色红润，待人和颜悦色。从他那朝气蓬勃的举止上，怎么也看不出已是年近六旬高龄的人。可是那天的吴震修，却变成了一个毫无生气、面色灰白的老人，而且神情中明显地带有凄惨痛苦的痕迹。

他脸上浮现出凄凉的微笑，和我进行久别重逢的握手后，说："西先生，已经不行了。中日关系已经完了。我绝对不想会见日本人。日本只有自己来处理自己所做的事，别无其他办法。"

多么冷淡的话啊！这位一心想加强中日合作，以至到最后还是那样积极热情地努力恢复与调整中日关系的吴震修，现在都完全像另外一个人似的了。

我被吴震修错综复杂的心情和表现深深地刺痛。为了拒绝与日本人会面，他一方面将其住址严格保密；另一方面，又像对待使者一样地迎接我。他有着多么大的痛苦啊！尽管如此，他仍然对我表示出诚恳的善意。

但是，吴震修终究是完全变了。不管我说什么，哪怕我是谈及分别以来的事情及政治情况，他都不愿意说，不愿意听，不想接触，竟然变成了好像要皈依佛门、断绝和日本的一切关系的另一个吴震修。尽管作为例外和我西义显会见，也绝不谈政治了。

关于西义显与吴震修的会见，其真实度是很高的。高宗武在其《高宗武回忆录》里并没有记入吴震修，高氏的回忆录是用英文写作，1944年8月31日完稿于美国，当时的目的是要在美国出版，所以不好头绪过多，而且亦不无保护当事人的意思。西义显的回忆录写作于战后，可以说出的内容自然就多了许多。

西义显为吴震修留下的这幅"画像"，说明吴震修对于所谓"和平工作"彻底绝望，并且不再希望与日本人有任何形式的联系，吴氏的言行也引起西义显的尊敬。西义显还记录说：

> 吴震修和我面对面坐着，他不讲政治，讲了宗教。但是在默默之中，在劝告对日本民族进行宗教性改革和救援的事情上，竟讲了重大的政治。
>
> 他向我警告：日本民族的水准若竟是这样程度，不久将会落得十分悲惨的结局。
>
> 对于吴震修，我曾误信自己还有能力进行安慰，而现在却找不出适当的言辞来表达这种感情。作为如此可耻的日本民族的一员，对他的这种警告，我不知如何感谢才好，只是深深地祈愿他身体健康，而后便与他告辞了。

这次会面后，据西义显介绍，在1938年3月，他们在香港的浅水湾饭店，也就是冯耿光在港所住的饭店，还曾有过一次秘密的会谈。中方出席会议者是国民政府外交部亚洲司司长高宗武、亚洲司第一科科长董道宁，以及以中国银行南京分行行长名义参加的吴震修。吴氏化名"虞老人"。日方出席者是"满铁"南京事务所负责人西义显及其助手伊藤芳男、同盟通信社上海支局局长松本重治。

这次会谈，应是得到蒋介石的默许。但在这一年的6月，高宗武欲建奇功，秘密访日，引起蒋介石的震怒。至于吴震修，则只是在香港的会议中出现过，以后却未再参与其间。

吴震修参与所谓"和平工作"的时候，其实他正承受着国家和家庭的双重苦难。他的家庭也发生了重大变故。张国强在《"梅党"智多星吴震修》文里叙述：

> 1937年抗战全面爆发后，吴震修因有留学日本的经历，精通日语，素有"日本通"之称，在江浙财阀亲日派中为灵魂人物。"八一三"事变后，日军炮火进逼南京，南京分行被迫迁往汉口，吴震修因故并未随行转移，曾遭蓝衣社袭击，幸免于难。吴震修历尽周折后，偕妻儿避难在上海法租界富民路弟弟家中。其间吴家发生诸多变故。9月爱子吴邦本患伤寒死去，妻子因刺激而精神失常，再加上南京大屠杀上的惨剧，使吴震修饱受精神摧残，痛苦、郁闷，无处排解，闭门不出。日本人西义显在《日华"和平工作"秘史》一书中，曾对此时吴震修的精神状态做了这样的表述："随着时间的流逝，他对任何事情都无动于衷"，"已经没有了愤怒、憎恶以及过去所做的无尽的梦"，"他虽然活着，却变成了信仰寂光净土的人"。其时，日本特务机关的小林君以校友身份邀其出任上海市市长，他以年老多病为由坚辞，保持高尚的民族气节。

所谓蓝衣社即中华民族复兴社，系国民党秘密军事情报组织。

关于蓝衣社何以要刺杀吴震修，具体情况不详，尚待做出进一步的考察。

24. 冯梅亲历香港沦陷

抗战全面爆发以后，面对国家危难，国民党与共产党达成了和解，团结一致抗日；国民政府内部，蒋介石、孔祥熙、宋子文等搁置矛盾，联手抵抗日本侵略者。然而，战事发展不容乐观，日军日益嚣张，战火四下蔓延开来。1941年12月8日，日本在偷袭珍珠港的同时，也对香港发起进攻，悍然挑起太平洋战争。12月25日，香港宣告沦陷。

日军进攻香港的记录

正在美国以蒋介石特别代表名义开展外交活动的宋子文，最先听到了日本进攻香港的消息，他立即致电军统副局长戴笠，要求戴笠安排其在港亲信撤退。在宋子文亲自拟定的包括十七人的撤退名单里，仍然担任着中国银行常务董事的冯耿光被排斥在外。其后，宋子文又要求其在中行的亲信贝祖诒与中国航空公司总经理黄宝贤，多包飞机组织撤退，尽量不要漏掉朋友，而贝、黄亦未能顾及冯氏。

已经就任国民政府交通部部长的张嘉璈，在12月10日的日记里记道：

知昨晚飞香港之客机三架均返渝。其中一机载以孙夫人、孔夫人等，一机载中航公司同事及孔夫人介绍之乘客，一机载美籍飞机师及泛美航空公司人员。许多重庆要人往机场接亲友者，均未接得，惟见有人携狗下机，大起责难。有谓狗属孔夫人，有谓狗属美机师，事涉极峰。接委员长电话，属查究明白。当即往中航公司调查，并规定自今日起，不许运载公司职员，并规定运客办法。

张嘉璈记录的是彼时轰动一时的大新闻，但在蒋介石的亲自过问下，此事最后不了了之。而这一事件后，自香港撤退至重庆的人员名单由张嘉璈、吴铁城、戴笠三人共同开列，但他们也没有顾及冯耿光与梅兰芳。这就是说，冯氏已是国民政府的一枚弃子，他只能是与梅兰芳一起共渡危难。许源来在《抗战八年中的梅兰芳》中回忆：

> 1941年12月8日的清晨，我们忽然听到了猛烈的高射炮声，大家都摸不清是怎么回事，起初还以为是演习。梅先生从电话里对我说："看样子不像演习，我从窗口已经看到对岸飞机场有火光，好像受到了轰炸。"后来确知日军已经向香港展开全面进攻，我就去见梅先生，他皱着眉说："糟啦！早走一步就好了。香港是个孤岛，我瞧是守不住的，早晚要被日本人占领。我一向离着他们远远的，这回可难免要碰上了。"
>
> 日军围攻香港十八天，每天炮声隆隆，日机也常来"光

顾"。我和梅先生都住在半山，山上没有防空设备，只能躲在楼房的地下室里，算是临时的防空洞。那几天他总是默默地不大说话。

梅先生素来爱好整洁，在这种紧张的气氛里，照样还要刮脸，可是我们发现与过去不同的是，胡子就不剃了。我和冯（耿光）先生问他："莫非你有留须之意？"他严肃地指着上唇回答我们："别瞧这一小撮胡子，不久的将来，可能会有用处。日本人假定蛮不讲理，硬要我出来唱戏，那么，坐牢、杀头，也只好由他。如果他们还懂得一点礼貌，这块挡箭牌，就多少能起点作用。"

梅绍武《在香港沦陷的日子里》还叙述了一件他们经历的惊险事情。梅绍武说：

九龙很快就失守了，香港成为孤岛。对岸连连发来炮弹，飞机在空中盘旋轰炸。父亲的不少朋友都跑到我们家中来避难，据说我们家比较安全，因为日本驻港领事馆就在附近的山坡上，日军炮弹绝不会朝这个方向打来，稍微打偏点，不就炸他们自己人了吗？家中那时住有从浅水湾饭店迁来的冯耿光夫妇，来港办事没来得及返回的中国银行重庆分行经理徐广迟，还有许源来先生和他的三个男孩国津、国干和国敫，加上仆人等共有十几口人。

大家患难与共，那当儿粮菜已难下山买到，幸亏家中还有点存粮和一些罐头，但又不知战事要进行多久，因此每顿饭人一碗饭，不许再添，每次打开一个罐头，由父亲分配一人一筷子，或者炸一小块咸鱼，分而食之，每人咂点滋味儿也就算了，大家绝对服从，从未争执，可谓纪律严明。夜间，大家就挤在三间不面向九龙的屋子里打地铺和衣而卧，其实大人们哪里睡得着，通宵达旦聚在一盏防空灯泡直照下来的微弱亮光下议论时局，商讨今后的出路，但大多数时间都默默相对，一筹莫展。（中略）一天清晨，睡在客厅地铺上的阿蓉姐醒来后，走回她那面朝九龙的卧室，只见壁上一个大窟窿，床上躺着一颗挺大个儿的炮弹，吓得她惊叫一声，奔跑出来传告。我和葆琛兄从来没见过真炮弹什么样儿，就好奇地跑进去瞧瞧，还把它抱了出来。

冯老伯青年时代曾在日本陆军军官学校（作者按：名称有误，应为陆军士官学校）学习过，这时以行家身份走近前来察看它还会不会炸。父亲闻声也奔来，一见我们哥俩得意地抱着一枚炸弹，仔细倾听冯老评论，连忙喊道："您还瞧什么！炸了怎么办？赶快想法子把它转移出去吧！"于是，他叫大家别惊惶，也别靠近，镇定地指挥我们兄弟俩小心翼翼地把它抱出门外，走到附近一条弯曲的盘山道旁，顺着斜坡把它骨碌到峡谷里去了。那颗炮弹如今也许还在那儿埋着呐，当然事隔四十多年，恐怕也不会再爆炸啦。

大家都捏把冷汗，笑话日本领事馆也不灵了，炮弹照样打过来，但是庆幸那颗炮弹居然穿墙入室而没炸，争说这全是因为父亲有造化，托他的福，大家才免遭于难。冯老赞扬道："你可真像个穆桂英，指挥若定，也不怕牺牲自己的孩子！"

从梅绍武的这一段回忆不难发现，在这个临时组建的"大家庭"里，梅兰芳是居于"家长"地位的，冯耿光的作用更像是位"顾问"，作为梅氏的辅助而存在。

日军对梅兰芳之态度

日军占领香港后，曾经几次进入梅宅。梅绍武《在香港沦陷的日子里》说：

> 几天后，一天夜里寒风瑟瑟，忽然闯进一个冻得哆里哆嗦的日本兵，多亏冯老伯会说日本话，马上近前同他对话。原来他是附近一带的巡逻班班长，在挨门挨户为他那个班的小卒勒索毛毯，我们只好把家中的几条给了他，总算把他对付走了。
>
> 第二天上午，门又被咚咚敲响。这次进来了四五个凶狠的日本兵，满屋子乱窜，好像是在搜寻什么人似的，冯老再次出面对付。他们一听他说一口东京口音的日本话，以为他是什么重要的亲日派人物，便没有逞凶而陆续退出。其中一名临走时，看见我们几个孩子坐在沙发上在看简易的英语读物，就顺手抢过去一本，使劲甩在地上，用刺刀在书本上猛扎几下，还恶狠狠地嘟哝了几句话。冯老伯慌张地转告我们，他不许你们再看

英文书，再看就跟这本书的下场一样。日本鬼子走后，他连忙吩咐大家赶快把家中的英文书刊都集中起来，堆放到后面一间储藏室里去，免得再惹麻烦。

梅绍武与许源来还都共同回忆到一件事，梅绍武《在香港沦陷的日子里》记：

一天上午十点钟左右，来了一个陌生人，说是要见我父亲。他身穿便服，一口东北话，看样子却像个日本人，阿蓉姐只好让他进门。

父亲刚一走进客厅，那人就装出一副笑容，近前握手道："梅先生，真高兴见到您。俺叫黑木。我们一进入香港，酒井司令就派俺找您，直到昨天才打听到您住在这疙瘩。司令想见见您。您哪天有空，俺来陪您前去。"

父亲不动声色地思索一下，答道："好吧，现在就可以去。"说完就进卧室去取衣帽。冯老伯追进去，着急地轻声问道："你怎么能就这样轻率地跟他去，难道一点也不害怕吗？"

父亲苦笑道："事到如今，生死早已置之度外，还怕什么？今天不去，早晚也得去，莫非要等他们派兵把我押去不成。"

他毫无惧色地随黑木朝门口走去。这当儿，正在我们家中做客的中国银行职员周荣昌先生自告奋勇地称自己是父亲的秘书，要陪他一齐去。黑木踌躇一下，勉强同意了。家里人都跑到阳台上，揪心地瞧着他俩乘坐黑木那辆黑色汽车下山去了。

父亲走后，大家忧心忡忡，坐立不安，不知道他还能不能回来。冯老伯在室内踱来踱去，直怪自己没有拦住我父亲，连连唉声叹气。我幼稚地问他："周叔叔在打仗的时候当过ARP（原注：义务防空巡逻员），身体强壮，一定会保护爸爸吧？"他喃喃答道："但愿如此，但愿他们平安回来！"

时间过得很慢，下午还不见他们归来。大家心情越发沉重，相对无语。家里静悄悄的，弥漫着焦虑哀愁的气氛。

等啊，等啊，天渐渐暗了，谁也没心思吃晚饭。我们趴在窗前张望，外面一片漆黑，街上没有一个行人，只偶尔路过几个打着手电筒的日本巡逻兵，皮靴踩得咔咔响。整个山区十分阴森可怖。

直到夜里十点钟，从远处山坡才爬上来一辆汽车，开到楼前停住，朦胧中走下两个人。我看到后，连忙对闭眼颓坐在沙发上的冯老伯高兴地喊道："爸爸和周叔叔回来了！"

冯老伯张开两眼，半信半疑地问道："啊，啊，真的吗？"大家于是都拥到门口去接他们。

父亲回到家中休息片刻，跟我们讲了渡海会酒井的经过：

酒井司令部设在九龙的半岛饭店。黑木带他和周先生乘坐专用小艇渡海，进入饭店后，先让他们在一间昏暗的会客室里等待。酒井那时正在开会，过了好久才走进来。他一见到我父亲，堆起满面笑容，假惺惺地说道："真没想到一请您就来了。幸会，幸会！您不记得我了吗？三十年前，我在北京城看过您的戏，还在某些场合同您见过面。我那时是日本驻华使馆的武官,后来还在天津当过驻防军司令。"

父亲见他面带一副虚假的神情,直套近乎,不会怀什么好意,便冷冷地答道:"也许见过……可是不大记得了。"

酒井依然笑容可掬,走过来和他握手,忽然惊讶地问道:"怎么,我方才没看出来,您怎么留起小胡子了。像您这样一位名闻四海的大艺术家,怎能在中年时期就退出舞台呢?"

父亲答道:"我是扮演旦角的,如今快五十岁了,扮相差了,嗓子也不行了,已经完全失去演剧条件,早就应该退出舞台,免得献丑丢人!"

酒井觉出话里有刺,眉头一皱,沉吟一下,说道:"哪里,哪里,您一点也不显老,可以继续登台表演,大大地唱戏。以后咱们再详谈,研究研究。"接着他就叫黑木发给我父亲一张临时通行证,又补充说:"皇军刚进入香港不久,诸事繁忙。您如果有什么需要,可以告诉黑木,让他帮忙解决。不多谈,下次再见。"

父亲和周先生走出半岛饭店,心想家里人一定等得着急了,正打算立刻回家,不料被黑木缠住,非要到他家中去吃晚饭不可。父亲无可奈何地随他前去。那人是个中国通,在他家里没完没了地向我父亲炫耀他对京剧的知识,直到夜里九点钟才送我父亲和周先生过海,上岸后派汽车送他们回家。

父亲最后说道:"今天一关总算闯过来了。可是你们别以为他们没有难为我,会有什么好意。我看出酒井够厉害的,先同我客套一番,以后准会想方设法利用我。让他等着瞧吧!"

梅绍武所说的酒井，即攻占香港的日军最高指挥官，陆军中将酒井隆。酒井早年毕业于日本陆军士官学校，后任驻华使馆副武官、驻济南领事馆武官，曾策划制造"济南惨案"，起草《何梅协定》，1941年11月升任第23军司令官，日本战败后于1946年8月被南京军事法庭判处死刑。酒井在华多年，对中国情况尤为熟悉，他主动与梅兰芳"叙旧"，这是极有可能的。

曾任日军报道部艺能班班长的和久田幸助著有《在日本占领下的香港，我都做了什么》，据和久田幸助讲，他于1934年4月留学广州、香港，后被派往日本军中担任翻译，日军占领香港后，他负责联系当时居住在香港的三位中国明星，即梅兰芳、电影演员胡蝶、粤剧艺术家新马师曾。他在书中也留下了关于梅兰芳的记录，和久田幸助说：

> 有天早上，我到香港一个最安静的住宅区去访问了梅兰芳的家。寒暄之后，我把我带去的一袋大米送给了他。我说："如果有什么不便的话，请尽管告诉我。您的住宅是指定受到特别保护的，禁止一般人出入，所以是安全的。"之后我给梅兰芳看了我提出的三个条件：一是生命财产受到万全保护；一是尊重自由，如果对日方行动不能理解，想要去重庆的话，日方随时都无条件放行；一是不伤害作为一个中国人的自尊心，日本人是日本人，中国人是中国人，要在一个平等的立场相互提携，才能实现真正的合作。

梅兰芳对此的回应中没有任何关于平等与合作的内容。梅兰芳说：我到香港来是因为我不想卷入政治的纷争。现在的中国分成了两个，蒋介石先生的中国与汪精卫先生的中国。我与蒋先生和汪先生都是好朋友，作为朋友，附和两人中的任何一方都不行。因此，我才来到香港。希望日后不被诸位打扰，包括让我登台演出、演电影，到电台演唱，都会令我感到困扰。

我非常理解梅兰芳的立场，按照他所说的，不去打扰他，无事也尽可能地不去拜访他。看起来如果不去打扰他，梅兰芳是不会离开香港的，这让我感到放心。如上所述，以梅兰芳为首的三大明星（作者按：梅兰芳、胡蝶、新马师曾），我们也不希望他们马上逃离香港。对于令中国人顾虑的"日本鬼子"的新占领地香港，他们可以无所事事地居住在这里，这本身就是一件很有意义的事。我是这样地想。

梅绍武、许源来的回忆都没有提到和久田幸助其人其事，因而对于其回忆的真实性尚存疑问。不过，和久田幸助所谈到的，梅兰芳坚决不肯有任何形式的演出，不肯言及所谓"平等与合作"，这正是梅兰芳一贯的态度，而且，从以上诸氏所叙述的事实来看，梅兰芳的这一态度，完全是来自他个人的意见。

25. 冯吴在"汪伪"时期

和久田幸助在《在日本占领下的香港，我都做了什么》里写道：

此后梅兰芳又在香港生活了一年,梅兰芳说:"我的家本来在上海,我想回家居住,希望能帮忙办理一下手续。"因为上海也是日本人的占领地,关于这一点,毫无问题,我请梅兰芳只管回去。

梅绍武回忆,1942年春,他与哥哥梅葆琛一起被送到内地继续读书。

有人劝我父亲化装偷渡到内地去,但有的朋友觉得这个办法不妥,日本人容易认出父亲的面貌来,万一让他们发现,事情反倒不好办了。冯老伯认为香港已和上海一样,孩子都走了,父亲一个人再留在香港也不妥当,不如回上海去和家人同甘共苦。父亲最后接受了这个意见,便于1942年夏,怏怏不乐地取道广州返回沪滨。

冯耿光、梅兰芳返回上海

上述的回忆中都忽略了一个细节,即冯耿光是先于梅兰芳返回上海的。孙曜东口述《浮世万象》透露说:

抗战时冯没有去重庆,与梅兰芳一起避往香港,香港沦陷后,被日本人软禁在一家饭店里,又用军用飞机押解回沪。同机回沪的有十六人,其中好几个"梅党",有叶恭绰、李思浩、唐寿民等。飞机在江湾机场降落，我去迎接的。

孙曜东还说：

那时日本侵华部队的头目之一吉古跟冯六爷在日本是同学，可冯六爷遇到再大的困难也不去找他，他说："我犯不着下这水！"其民族气节与梅兰芳都是一致的。

孙曜东没有列出同机返沪的十六人姓名。郑会欣《民国政要的私密档案》里记录，1941年12月，香港日本宪兵将在港金融界的几位头面人物及知名人士唐寿民、周作民、颜惠庆、李思浩、许崇智、陈友仁等陆续带到半岛酒店软禁；1942年4月又将他们押至上海，先是软禁在华懋饭店，后才允许回家。徐国懋、洪葭管撰写的《周作民》也说：

1941年12月太平洋战争爆发时他（周作民）正在香港，日军占领香港后他被拘留。1942年3月，日方把他和李思浩、林康侯、唐寿民一起遣送回沪。日方的意图是要他们这些人与日伪合作。周作民除任金城银行和有关投资企业的职务外，未出任任何伪职。

郑会欣与徐洪的文章所说时间略有差异，但事件人物基本吻合。孙曜东虽号称亲至机场迎接，而冯耿光显见既不在日军软禁之列，似亦未经日军押送上海。关于冯耿光是如何返回上海的，只能暂时存疑。

冯耿光、梅兰芳先后自香港返回上海，此时的上海由日军与"汪伪政权"所控制。汪精卫作为国民党内仅次于蒋介石的二号人物，于1939年公开投靠日本，甘为傀儡，1940年3月20日在南京成立"伪国民政府"，自任主席兼行政院院长，陈公博任立法院院长，周佛海任财政、警政两部部长。

在冯梅避居香港期间，吴震修留居沪上，居住在静安寺附近的富民路，苦熬岁月。直到冯梅回到上海，几位"梅党"老友重新聚在一处，很快恢复旧日生活习惯，几乎每日碰面，相互慰藉。孙曜东说：

抗战中梅兰芳从香港回沪之后，差不多每天都要到愚园路冯六爷家去，因为不唱戏了，冯家自然是"梅党"的聚集地。

但是，日军与"汪伪政府"不可能放任他们逍遥自在，梅兰芳就数次被要求参加演出，梅氏均明确回绝。有次中国大戏院约梅兰芳演出营业戏，梅氏找冯耿光商量。许源来《抗战八年中的梅兰芳》记：

天已经快黑了，我陪梅先生到了冯家。他把刚才的情况告诉了冯先生，接着问："您看怎么回复好？"冯先生沉思了好一会儿说："今天的问题不简单，我得先听听你自己的主张。"

梅先生一声不响。接着大家吃完晚饭，他就离开了房间，我们久等不来。有人说他在楼下客厅里。我们一起下楼，推门进去，果然看见他靠在沙发上，眼睛盯住天花板，嘴里不住地喷着香烟。我们也不去打扰他，三个人静悄悄地坐着。这样，约莫过了五分钟，冯先生憋不住了，开口问他："你准备怎样答复中国大戏院？"梅先生坚决地大声说："我不干！一个人活到百岁总是要死的，饿死就饿死，没有什么大不了！"这位一向安详沉静的艺术家发出这样的怒吼，我们还是不常见的。

吴震修被迫出任"汪伪"职务

梅兰芳用最坚定的态度拒绝与"日伪政府"任何形式的合作。然而，冯耿光与吴震修所遇到的情况又与梅兰芳大为不同。先是"汪伪政权"设立了伪中央储备银行，周佛海兼任总裁，发行纸币"中储券"，受到各银行商铺的抵制。1941年3月21日深夜至22日清晨，"汪伪"中央执行委员会特工总指挥部（主任丁默邨）即特务机关"76号"，竟然大规模拘捕在上海极司菲尔路（今万航渡路）中行别业居住的中行职员和家属，公然加以威迫。马啸天、汪曼云在《我所知道的汪伪特工内幕》里记述：

76号的一批特务分乘两辆汽车，各带盒子炮及手提机关枪，来到霞飞路（原注：今淮海中路）1412弄10号江苏农民银行宿舍，将所有职员十一人集中于二楼，排好队，然后由三名特务，用快慢机扫射。瞬间,血花飞溅,惨呼连连,职员们全部倒地,左邻右舍被吓得彻夜未眠。次日凌晨,吴世宝、杨杰、万里浪等带了76号另一批特务,乘坐汽车两辆,驶至极司菲尔路、开纳路口(原注:今武定路)的中行别业,将这里包围起来。中行别业是中国银行集体宿舍,其中有的是单身,也有的带家属。"汪伪"特务破门而入后,将108名职员两人合锁一副手铐,押回76号。不久,又有大批特务光临,再次抓走职员七十多人。大批无辜银行职员被杀被抓,消息传出,舆论哗然。后经中国银行请上海名流设法营救,几经周折,76号才允许他们具结连保释放。

中行别业是中行中级职员宿舍,约有二百家居住,附设有幼儿园、初级小学、游艺室、消费合作社等设施。

3月23日,"汪伪政府"主办的《中华日报》,刊载警政部对中行别业事件的发言,还把被抓捕的128名中行职员名单和照片发表出来,对银行界进行恐吓。

"汪伪"特务的暴力威胁与公开杀戮,令银行界一时间人人自危,不得不忍辱偷生,虚与委蛇。

中国银行在沪机构于1941年12月9日至1942年8月底对外停业,但是,面对日伪的压迫,中行不得不在1942年9月1日宣布"复业",作为两度担任中行总裁的冯耿光,被选派为董事长。吴震修为保护冯氏名节,不惜牺牲自己,他不要冯氏到任,吴挺身而出,出任代理董事长,与"汪伪政府"相周旋。

《中国银行大事记（1912—1950）》记：1942年7月8日，"在日本军方及'汪伪'政府策划参与下，组成处理中、交两行中日联合委员会，商讨两行改组及复业事宜。原中行南京分行经理吴震修参加了该委员会"。"复业"后的中国银行，董事及监察人包括：

董事：

冯耿光、周作民、吴震修、戴霭庐、朱朴、张素民、邵鸿铸、沈谅昭、赵尊岳、王仰光、金雄白

监察人：

卢学溥、张文涣、顾鼎贞、孙曜东、邵树华

吴震修出任代理中国银行董事长后，1943年3月，吴氏相继兼任"汪伪"全国商业统制总会理事和中央储蓄会监理委员会成员。1944年5月，吴氏出任"汪伪"全国经济委员会常务委员，该委员会规格很高，委员长先后由汪精卫、陈公博担任，常务委员都是褚民谊、周佛海、梅思平、丁默邨、汪时璟、傅式说等"汪伪"要员。1945年5月，吴震修再兼伪中央储备银行参事。张国强《"梅党"智多星吴震修》文记：

1941年太平洋战争爆发后，"汪伪政府"全面接手中国银行，同时还成立伪中国银行总管理处，辖属沦陷区内沪、宁、杭等行。在日伪胁迫下，吴震修不得已接受了改组、复业安排，担任要职。据吴震修自述，他主要出于保护中国银行行产，保

障广大存户的利益及维持员工的生活，才接任伪职的。并且，在改组复业前夕，他曾特意委托杭州中国银行分行副经理胡熙伯专程到安徽屯溪（原注：国统区），利用当地中行自设电台，向重庆中国银行总经理详细报告日伪强迫改组复业情形，并申述苦衷。电文称："在沪诸友云，同人非为名利，大家如在集中营一样，绝对不能自由，一切毫无办法，震修为维持十万户以上之存户，千数以上之员役，不惜自己牺牲，拿中储的钱，还本行的债，挽回已入敌方之资产，而免弄光。让他人来干，势必更糟，所以推冯为董事长，未到，由吴暂代者，均为避免敌方另派人来，其苦心实可佩，此点应向总处陈明云云（原注：引自中国银行上海国际金融研究所行史编写组《中国银行上海分行史1929—1949》）。"由此可知，尽管吴震修出任伪职，却是出于对广大储户和银行职员生活所做出的无奈之举，实有可谅解之处，不可与投敌落水之流相列比。

郑会欣著《民国政要的私密档案》引周佛海日记，周曾记道：

（周）作民、（吴）震修只知批评，不肯负责，令人失望。

从周佛海日记也可以看得到，吴震修在与"汪伪"共事中，态度一直是十分消极的。

吴震修受到国共两党关照

1945年8月15日，日本宣布无条件投降。许源来在《抗战八年中的梅兰芳》中说：

> 日本投降的消息从播音里获得证实，梅先生高兴得流下泪来，笑着对梅夫人说："天亮了，这群日本强盗可真完蛋了！"这一天梅家坐满了亲友，大家兴高采烈地相互道喜，同时发现梅先生脸上刮得干干净净，胡子已经不见了。

但是，吴震修这时却遇到麻烦。1945年10月，国民党当局以吴震修曾在"汪伪"担任要职将其软禁家中，后改为监视居住。吴震修委派曾任中行上海行副经理的潘寿恒与程慕灏赴重庆，向张群、陈其采、张嘉璈、宋汉章等人求援。张嘉璈感念吴震修对其的帮助，反应最为迅速，一面代为联络孔祥熙、宋汉章、贝祖诒等人；继由宋汉章指示，为潘寿恒、程慕灏两人重新在中行安排职位。同时张嘉璈复函吴震修，说了一番意味深长的话：

> 奉手示如同面晤，八年不见，人事蜩螗，惟无私利私欲者必得最后之同情。吾兄一番为行事苦衷，多数谅解，望镇静坦白处之。

掌管国民党党务大权的陈果夫、陈立夫兄弟的叔父陈其采，也及时将吴震修函转给国民政府军事委员会委员长成都行营主任兼四川省政府主席张群，10月23日张群复函：

震修兄多年老友，其品格行谊本所深知，敬当尽力陈述。

24日陈其采回复吴震修：

震修老哥大鉴：阔别多年，思念之深，彼此相同。前昨久芬、慕灏两兄来渝，得读手书，恍若觌面，快何如之。承嘱一节，遵已转达，兹将岳兄（张群）复函寄览，自可放怀。所谓身虽羁曹，心仍在汉，惟兄有之。弟近年情形，（许）伯明知之甚详，恕不赘述。中央各机关还都期尚未定，余面达。

到了12月7日，张嘉璈再次为吴震修事致函宋汉章，讲了自己当面与军统头子戴笠商谈的情况，嘱宋转告吴震修。张函云：

（前略）震修兄事，过平（北京）时曾与戴雨农兄（戴笠）晤谈，据告："目前形势，非经特准，似难破格办理，现在虽派二人跟随，亦寓有保护之意，实际上其行动仍可自由，希望其本人忍耐一时"等语。敬乞转嘱震修兄务宜耐心善处，徐图改善，日后当可解决也。

此事最终由上海法院宣布,"吴震修汉奸嫌疑一案固证据不足,本院不予审理"。这一判决作为历史性的结论,吴震修虽在"汪伪"时期出任要职,但是并没有为虎作伥,背叛国家,因而没有背负上汉奸的恶名。

关于吴震修在抗战胜利后的处境,还有一件事情应该介绍。《中国银行行史资料汇编》里记录,1945年8月,中行等待重庆总管理处接收时,社会混乱,物价飞涨,职员生活发生困难。共产党在中行的地下党组织,领导职员与中行当局开展斗争,9月1日提交联名签呈,要求发给职员生活费200万元,工友150万元。9月5日中行发薪,职员拒领。9月6日,职员罢工,并推举十几位代表与吴震修谈判。就在这时,中行地下党组织接到上级党组织的通知,说吴震修是"上级系统的统战对象",对吴要掌握适当的策略,注意说服员工尽可能不采取过激态度,以免有伤感情。这件事情说明,吴震修与共产党早有来往,与吴保持联系的是地下党的积极分子、曾任中行高级职员的胡宣同。中行地下党组织事后也承认,吴震修一直支持中行地下党的活动,在中华人民共和国成立前夕,做出过相应的贡献。

26. 冯耿光与吴震修的晚年

中国银行于抗战后期曾经在重庆召开过一次股东总会,重新选举了董事和监察人。1944年2月14日公布的名单是:

董事长：孔祥熙

常务董事：宋子文、宋汉章、徐堪、陈辉德、郭锦绅、莫德惠

董事：孔祥熙、宋子文、宋汉章、张嘉璈、贝祖诒、金国宝、卞寿孙、李铭、陈辉德、杜月笙、徐陈冕、莫德惠（以上商股）、陈其采、徐堪、吴忠信、吴鼎昌、徐青甫、邹琳、钱永铭、宋子良、席德懋、王宝仑、王晓籁、郭金坤、李叔明（以上官股）

监察人会主席：俞鸿钧

常驻监察人：刘攻芸

监察人：卢学溥、尹任先、陈芷汀、刘攻芸（以上商股）俞鸿钧、严庄、王延松、汪振声、赵季言（以上官股）

在这次选举之后，冯耿光等于是已经被中国银行排斥在外。冯耿光在《我在中国银行的一些回忆》中说：

抗战胜利后，中行董事名单中就没有我的名字了。张群认为我在中行这么多年，为什么不能保持一个商股董事席位，曾经问过孔祥熙。孔说："子文不赞成。"孔拟改任我为官股董事，我未同意，遂改聘我为高等顾问。

宋子文虽然不再担任中行董事长，但他在战争后期出任行政院代院长，势力更大。冯耿光既然无力与宋抗衡，只能是退居边缘地位。

1949年国民党溃败前夕，2月18日，在共产党地下党领导下，中国银行成立员工应变互助会，其主要工作是争取上层人员尽可能留在上海。冯耿光与吴震修早已与国民党恩断义绝，自然不再考虑离沪。吴震修还接受地下党组织要求，出面劝说宋汉章留下。《中国银行行史资料汇编》记录：

> 上级党组织还授意胡宣同通过中行元老吴震修劝说宋（汉章）留在上海。当时，已得到宋的同意。但国民党也深知宋如留下来，有利于共产党，不利于国民党，所以在上海解放前夕，竟用武装人员胁迫宋匆促登轮出国。

冯耿光《我在中国银行的一些回忆》还说道：

> 宋汉章在解放前夕，误听人言，跑到香港去。他在香港发给中行高级职员退休金时，托人通知我，如我到香港去，所有住港费用，可由总处预为筹措。我不愿意长期流亡海外去，只好辜负他的"好意"了。

梅兰芳受到共产党尊重

冯耿光与吴震修，连同梅兰芳及"梅党"成员都留居在上海，没有流亡海外；只有齐如山远走台湾，赵尊岳避居新加坡，二人后来终老他乡。许姬传《忆艺术大师梅兰芳先生》说：

1949年5月24日的深夜，梅先生在枕上听到枪声自远而近，由疏而密，就打电话给住在沪西的冯幼伟先生打听消息。冯先生说："解放军已经进了市区，正走过这里，秩序很好。"梅先生听了兴奋得再也不能入眠了。

1949年5月27日上海宣布解放，上海市军事管制委员会接管中行，以龚饮冰为总管理处总经理，冀朝铸、詹武为副总经理，原有职员暂不变动。1950年4月9日，已经迁移到新的首都北京的中国银行召开第一届第一次董事会，南汉宸任董事长，何香凝为首席监察人。冯耿光因在中行已是顾问性质，因此其工作在其担任董事长的新华信托储蓄银行予以安排。吴震修则于1951年6月5日被推举为中国保险股份有限公司常务董事兼总经理，董事长即龚饮冰。

1954年11月25日，中国银行召开第二届第一次董事、监察人联席会议，南汉宸、何香凝连任董事长与首席监察人，冯耿光、吴震修两人则在这次会议上得以重返中行，被选举为理事；1957年后被批准离职带薪休养，这是冯吴晚年极为愉悦的事情。

令冯耿光与吴震修难以想象的是，他们用毕生精力精心照顾的梅兰芳，得到了共产党超乎寻常的尊重。

1949年5月4日，潘汉年、许涤新、夏衍三人从香港调至北京，他们因被内定为上海解放后的市领导，共产党的最高领袖毛泽东、刘少奇、周恩来、朱德分别接见了他们，面授机宜。夏衍的分工是市委常委兼文化局局长。毛泽东专门对夏衍讲，关于文化方面的事，少奇同志最近去天津视察了一下，有些要注意的事，他会具体地和你们交代的。等到见到刘少奇，夏衍在回忆录《懒寻旧梦》里说：

> 临别的时候，少奇同志忽然想起来似的对我说，他对天津解放后禁了一批旧戏很有意见，他说，对京戏和地方戏，先不禁，禁了戏大批旧艺人就会失业，就会闹事。旧戏宣传封建迷信，但我们也不怕，它宣传了几百年，结果不是共产党得了天下，戏剧要改革是肯定的，但不要急，你们要抓大事，这些事可以放一放，等天下平定了再说。

周恩来在接见时说得更为具体，夏衍回忆周恩来的指示：

> 上海是半壁江山，那里有许许多多学者专家，还有许许多多全国闻名的艺术家、科学家，所以要尊重他们，听取他们的意见。

夏衍记得周恩来对他与钱杏邨（阿英）说：

> 梅兰芳、周信芳、袁雪芬……是不是都在上海，你们到了上海之后，一定要一一登门拜访，千万不要随便叫他们到机关来谈话，他们在群众中的影响，要比你们新文艺工作者大得多。

夏衍到了上海以后，就任中共华东局宣传部副部长（部长舒同)、上海市委宣传部副部长兼上海市文化局局长。据柯灵《想起梅兰芳》文讲,夏衍与梅兰芳会面,是由柯灵做东请梅兰芳吃饭,以夏衍、于伶两人作陪,于伶是上海市文化局副局长;之后梅兰芳又在家中回请,也是夏衍、于伶作陪。不管怎么样,夏衍都算是与梅兰芳见到了面。5月31日,上海市市长陈毅还在夏衍的陪同下,亲自去看望了梅兰芳。此后,梅兰芳赴北平出席中华全国文学艺术工作者代表大会,受到毛泽东的接见。毛泽东亲口对梅说:"你的名气比我大。"紧接着,梅兰芳又出席了第一届中国人民政治协商会议,当选为全国政协委员,走上天安门城楼,参加了"开国大典"。共产党充分认识到梅兰芳的价值和艺术地位,给予了梅兰芳前所未有的尊重。梅兰芳在中华人民共和国成立后出任中国戏曲研究院院长、中国戏曲学院院长、中国京剧院院长,以及全国人大代表、中国文学艺术联合会副主席、中国戏剧家协会副主席,这位驰名世界的京剧艺术家,成为中华人民共和国成立后京剧界的首席代表人物。

梅兰芳口述《舞台生活四十年》

冯耿光、吴震修对于梅兰芳在中华人民共和国成立后的非凡际遇喜出望外,包括许伯明、舒石父、李释戡等一班老朋友,这时多处在半退休状态,大家再次聚集到梅兰芳周围;而此时此刻的"梅党",已经是名副其实的以梅兰芳为中心的"梅党"了。

1950年初,《文汇报》邀请梅兰芳撰写回忆录。《文汇报》总

编辑徐铸成在《徐铸成回忆录》里记述：

年初，报馆为努力充实版面，争取读者欢迎，决定约请梅兰芳先生写回忆录，总结其过去四十年之舞台经验。我和柯灵、黄裳在国际饭店十四楼中餐部（原注：京菜。下同）宴请梅先生，另一重要贵宾是冯幼伟（耿光）先生。梅先生从出科起，即受幼伟先生的赞赏、扶助，数十年如一日，梅先生也尊之如爱师，举凡出码头演戏，新戏之构思上演，必先征得冯先生之赞允。此外被邀请作陪者，为梅先生之秘书许姬传先生及其介弟源来先生。我作主人，柯灵、黄裳及（严）宝礼兄都参加。席间，我先谈我们的设想，为了梅先生之艺术成就，应予发扬；希望及时将其前进过程及心得体会陆续写出，必将使后来者有所师承，大大推动京剧发展。幼伟先生看我们是出于对梅先生的尊重，首先表示首肯、赞同；梅先生亦愿以全力从事，以后不论是否在演出期间，每天抽出一定时间，将其经历及体会回忆出来，向许姬传先生漫谈，姬传先生记录下来后，即寄上海，由许源来及黄裳整理成篇，陆续交《文汇报》发表。

梅兰芳在开始口述回忆录时，定出几条原则：

一、要用第一手资料，口头说的和书本记载，详细核对，务求翔实；

二、戏曲掌故，浩如烟海，要选择能使青年演员和戏校学生从这桩故事里，得到益处；

三、不要自我宣传；

四、不要把党政军重要人物的名字写进去，这样会使人感到借此抬高自己的身份；

五、不要空发议论，必须用实例来说明问题；

六、我们现在从清末谈起，既要符合当时的社会背景，又要避免美化旧时代的生活，下笔时要慎重。

这六条原则，应该是梅兰芳与冯耿光、吴震修等人商量的结果，从这六条原则看，他们的态度是非常慎重的。其实，作为刊载者的《文汇报》也非常谨慎，据梅兰芳回忆录《舞台生活四十年》的主要记录者许姬传说，《舞台生活四十年》的写作、发表，都离不开夏衍的支持。许姬传《海外知音》文记：

初稿在《文汇报》刊登时，编辑部提了些意见，要我们修改。当时夏衍先生批示，"照原文发排刊载"。这样才得以发表。

梅兰芳口述回忆录的过程，无形中也为他们这些老朋友创造了许多聚会谈话的机会。《舞台生活四十年》里常常可以看到这样的记录。

1951年的1月，梅先生从北京回到上海。他离开上海好久了，这次回来又正赶上春节，亲友间免不了有一番往返的酬酢，因此我们谈话的机会不多，直到正月初四的晚上，大家才在冯幼伟先生家里聚餐。在座一共八个人，跟梅先生认识在四十年以上的有冯幼伟、吴震修、李释戡、许伯明四位老先生，三十年以上的有张镠子先生、我跟弟弟源来三个人。这许多老友欢聚一堂，梅先生那天愉快极了。

从这样的记录里，也可以感受到他们当日的欢愉。

梅兰芳的回忆录《舞台生活四十年》自1950年10月16日至1951年10月10日连载于《文汇报》，共刊登197期，1952年平明出版社结集出版第一集，1954年出版第二集，1957年人民文学出版社又出版了修订本。《舞台生活四十年》既是梅兰芳在中华人民共和国成立之初所树立起的新社会新形象，又是梅兰芳对于自己人生、艺术的最完整的总结，同时也是梅兰芳与他的老友们一生友谊的纪念，于人于己于艺术，意义都格外重大。

梅兰芳自上海移居北京

1951年，政府为梅兰芳在北京安置了住宅，地址在西城区护国寺甲1号（现9号），梅兰芳全家迁回北京居住。冯耿光、吴震修没有与梅兰芳同返北京，仍然留居上海，但他们还是尽可能地在京沪寻找会面的机会。葛献挺《梅兰芳与冯耿光》文记：

1951年4月，梅兰芳于解放后第一次赴武汉演出，冯耿光便从上海溯江而上，梅便让他的女公子葆玥陪同前往武汉，葆玥与冯六爷在江轮上曾留一影，至今仍然保存。1956年，梅兰芳第三次率团访日，冯耿光又专程前来北京送行。1959年，建国十周年大庆，梅兰芳最后一出新戏《穆桂英挂帅》，从选题到彩排，冯耿光都从上海赶到北京，以梅先生私人朋友身份，始终参与决策，但从不抛头露面。

当该剧在吉祥戏院彩排时，冯已是将近八十的老翁，但仍场场必到，中间休息，导演郑亦秋向梅兰芳征求意见时，梅总是对郑亦秋同志说："先听听冯六爷有何高见。"

许姬传记录、梅绍武整理的《梅兰芳记事》，虽然只记录了1955年1月至5月的事情，却多次出现冯吴的身影。摘许姬传相关记录如下：

1月2日（北京）

梅夫人到人民市场（原注：隆福寺）购得仿古宫灯一对，每灯有浣（梅兰芳）本人彩色剧照四片，此种剧照系当年赴美演出前在北平荣丽照相馆拍摄。

吴震修先生介绍向琉璃厂古玩铺购得清乾隆时客货漆嵌罗钿八角挂屏一对。（下略）

1月25日

葆玖今晚在清华大学演出全部《西施》。

吴震修先生谈，京剧音乐不被重视，这里面有不少的有价值的东西，应该设法保存起来。

2月15日

晚到北影拍摄《宇宙锋》（原注：黑白电影），夜四时方竣。

冯幼伟先生到京，带来"同光十三绝"石印本一轴，日本名画家合作画一幅，日本人山水画一幅。（下略）

3月9日

晚间到北影试拍《宇宙锋》两个镜头（原注：五彩），两点方结束返寓。

吴震修先生携示香港《大公报》（1955年2月6日）载有介绍《舞台生活四十年》二集的文字一则，照抄如下：（下略）

3月18日

（前略）吴震老谈及今后梅先生在发表文章或谈话时，可以说以下的几句话，自从民国五六年以来，已经是事实上成为中国戏曲界的代表，凡是遇到国际方面来和我们联系关于戏剧工作的时候，总是要由我应接和答复的，这是无可推诿的工作，因而感到自己所担负的责任重大，不能不特别努力。（下略）

3月23日

（前略）吴震老来，谈关于纪念大会上的答词文章作法，并供给资料。

这些记录可以看到，虽然大家分居京沪，但冯吴也会时常来京，他们仿佛又回到缀玉轩时代，围绕着梅兰芳的活动出谋划策。

"梅党"众将军的结局

梅兰芳的这些老友里，最早去世的可能是舒石父，有说舒在中华人民共和国成立前后即病逝，但《舞台生活四十年》里还曾出现过他的身影。舒的儿子舒昌格，艺名舒适，在中华人民共和国成立后，曾在电影《清宫秘史》里饰演光绪皇帝，《红日》里饰演张灵甫。舒石父的家在苏州庙堂巷36号，至今还保存着一部分，列为苏州市市级文物保护单位。

1956年5月，许伯明被聘为上海市文史研究馆馆员。秋天，许伯明病重，梅兰芳前去探视，许伯明拿出一个装裱成手卷的扇面交给梅兰芳，这个扇面是梅氏演出《晴雯撕扇》即《千金一笑》时的道具。许对梅说：

> 我从前说过，这件古董是找不出对儿的，珠还合浦，剑入延平，愿你好好收藏。

许姬传在《梅兰芳遗物纪事》里记述这一故事说：

《千金一笑》上演的前一天下午，梅先生在缀玉轩里找出一把预备晴雯撕的扇子，他觉得两面空白太素，就在上面画了一朵牡丹，反面让姚玉芙写了几句诗。梅先生正要在画上题款，有一位朋友说："且慢落款，这出戏三个重要角色，晴雯、袭人都留下纪念，款字应该等宝玉来写。"正说着，姜妙香走进缀玉轩来对戏，大家都抢着说："宝玉来了，请落款吧！"姜先生带着笑在牡丹上代梅先生题了款。梅先生说："这把普通扇子，经过一番点缀，倒也成为演出《千金一笑》的纪念了，可惜玉芙匆忙中把年份写错了一年。"

　　第二天，演完了《千金一笑》，梅先生对跟包大李说："那把破扇子别忘了带回去，换一个扇面，下次好用。"可是大李遍找不得，我的堂兄许伯明在旁边说："一把破扇，又不是古董，找不着就算了。"

　　过了些日子，伯明拿一个手卷走进缀玉轩。梅先生问："您得了什么名贵的古董？"伯明说："这件古董是找不出对儿的，晴雯画的，袭人写的，宝玉落款，你想巧不巧？"一边说着，就在书案上打开来，大家都围着争看，原来就是那把破扇，并且手卷拖尾已经有了诗词题跋。伯明就对陈师曾、姚茫父说："来吧！请你们也给我题咏一番，作为纪念。"

许伯明送还梅兰芳扇面后，1957年在上海病逝。
　　1961年6月，李释戡也到了弥留之际，梅兰芳做最后的诀别。梅兰芳安慰李释戡说：

三爷，你放心，身后之事，我一人当了之。

岂料短短两个月后，8月8日，梅兰芳因心脏病发作在北京病逝，享年六十七周岁。8月9日，郭沫若作文《在梅兰芳同志长眠榻畔的一刹那》，郭说：

你的美育活动超越了空间，超越了时间，将永远感染着中国人民和中国人民的世世代代。

《人民日报》刊载了梅兰芳的讣告及以国务院副总理陈毅为主任的治丧委员会名单。治丧委员会人员包括：

王子成、王昆仑、田汉、老舍、齐燕铭、沈雁冰、言慧珠、李愚如、吕骥、吴荣鬯、阳翰笙、周恩来、周扬、周信芳、周巍峙、陆定一、林默涵、尚小云、陈毅、陈叔通、陈克寒、陈其通、陈书舫、陈伯华、欧阳予倩、赵鼎新、姜妙香、姚玉芙、俞振飞、马彦祥、马少波、马师曾、马连良、郝寿臣、晏甬、徐冰、徐平羽、徐兰沅、徐凌云、荀慧生、夏衍、袁雪芬、康生、郭沫若、常香玉、曹禺、盖叫天、张君秋、张庚、张苏、张奚若、冯耿光、彭真、程果素英、焦菊隐、费彝民、蔡若虹、潘世纶、萧长华、戴爱莲、谭富英

冯耿光与吴震修均得列为委员。葛献挺《梅兰芳与冯耿光》

文说：

1961年7月底，梅先生因病住院，梅兰芳先生住院期间，冯耿光几乎每天都往北京挂长途电话，梅葆玥同志说："平时都是我父亲亲自接电话，而这次却是母亲接电话，老人家便感到事态严重，一定要来北京，母亲总是设法瞒着他，直到电台播出父亲逝世消息，母亲才将真实情况告诉他，结果，老人家在自己家给父亲设了灵堂，父亲在上海的朋友都到冯家吊唁。"

吴震修在致友人吴性栽的信函里说道：

梅院长忽然逝世，殊出意外，我等事前毫无所闻。7日忽有人至冯六爷处打听，说梅院长进了病院，病势严重；8日正在向在沪之许源来追问究竟，而噩耗至矣。尚系姚玉芙从城外赶到护国寺家中打来长途电话，至今尚未接详信报告，盖有意瞒着六爷与我，不意变化如是之速！据京友向别处写信，大爷（吴注：指梅）20日心痛一次，到医院看了即回家，到30日饭后又大痛，即以救护车送阜外心脏病医院，已甚危险，施用氧气维持。至7日晚间稍有转机，要东西吃，吃了五六片饼干，并对人云，我没有什么，何必这样大惊小怪。要大便，叫在床上而不肯，谓非下床不可。下床一上马桶，一用力，就此呼吸不继而亡！隔壁房间，家属人等，连大奶奶（吴注：梅太太）都没有赶上云云。人孰不死，死得其所，十足光荣。

梅兰芳逝后，冯耿光、吴震修这两位曾经为梅兰芳艺术奉献出一生的老伙伴，都陷入深深的孤寂之中，几乎再没有什么关于他们的消息传到外界。

1966年下半年，冯耿光面对时局惊悸而逝，终年八十四周岁。葛献挺在《梅兰芳与冯耿光》中说：

> 梅先生逝世后，夫人福芝芳仍遵夫愿，经常按期给冯先生寄钱，冯耿光受"四人帮"迫害，不幸逝世后，他夫人的生计也由梅家料理，直到逝世，也是梅家为其办的后事。

冯耿光夫妇没有子女。1975年梅兰芳夫人福芝芳到上海小住，她借此机会要十九岁的孙子梅卫东及梅兰芳的司机张良才等，奉冯氏夫妇骨灰到苏州，安葬在太湖附近的木渎。如今已过花甲之年的梅卫东对笔者回忆说，"冯六爷无后，由梅家后代为其安葬，也算是成全了冯梅两位长辈的一世友情，更可见梅夫人的侠骨仁心"。

在冯耿光逝世不久，吴震修旋即在上海病逝，终年八十三周岁。张国强《"梅党"智多星吴震修》记：

> 1957年后，吴震修年逾古稀，作为统战元老，被批准离职带薪回沪休养。1966年12月31日病逝于上海，终年八十三岁。"文革"结束后，银行党委为吴震修平反，恢复其名誉，并举行了追悼会。

吴震修追悼会举办时，深知吴氏的梅夫人福芝芳所送的挽联是：

佐冯老理金融，规划周详奠基业；
视先夫如子侄，运筹帷幄智多星。

冯吴二人虽一生供职银行，却既不蓄财，又乏子嗣，逝世时孑然一身，梅兰芳的儿媳屠珍说，"文革"结束后落实政策，冯耿光家属只领回了一个皮包，而今更不知已散落何方。梅兰芳艺术就是他们共同留给后世的惟一财产。

主要参考书目

《安持人物琐忆》,陈巨来著,上海书画出版社2011年1月版。

《北京的中国银行》(1914—1949),中国银行北京分行、北京市档案馆编,中国金融出版社1989年12月版。

《北平生活费之分析》,陶孟和著,商务印书馆2011年1月版。

《潮流与点滴》,陶希圣著,中国大百科全书出版社2009年1月版。

《曹汝霖一生之回忆》,曹汝霖著,中国大百科全书出版社2009年4月版。

《段祺瑞年谱》,胡晓编著,安徽大学出版社2007年1月版。

《非常银行家:民国金融往事》,邢建榕著,东方出版中心2014年7月版。

《浮世万象》,孙曜东口述,宋路霞整理,上海教育出版社2004年4月版。

《高武宗回忆录》,高武宗著,陶恒生译,中国大百科全书出版社2016年2月版。

《华北沦陷区日伪政权研究》，张同乐著，生活·读书·新知三联书店2012年5月版。

《话说中国近代银行》，戴建兵等著，百花文艺出版社2007年8月版。

《近代日本银行在华金融活动——横滨正金银行（1894~1919）》，郭予庆著，人民出版社2007年12月版。

《京剧谈往录三编》，中国人民政治协商会议北京市委员会文史资料研究委员会编，北京出版社1990年9月版。

《旧上海的金融界》，中国人民政治协商会议上海市委员会文史资料工作委员会编，上海人民出版社1988年8月版。

《交通银行史料》（第一卷，1907—1949），中国金融出版社1995年12月版。

《李宣龚诗文集》，李宣龚著，黄曙辉点校，华东师范大学出版社2009年10月版。

《新中国的外交官徐晃夫妇——暨徐晃诞辰一百周年纪念文集》，徐雅雅、徐卫红、徐斌、徐晓红、徐小五著，民族出版社2014年8月版。

《梨园冬皇孟小冬传》，许锦文著，上海人民出版社2003年8月版。

《民国政要的私密档案》，郑会欣著，中华书局2014年3月版。

《美国大萧条》，［美］穆瑞·N.罗斯巴德著，谢华育译，海南出版社2017年12月版。

《梅兰芳全集》，傅谨主编，中国戏剧出版社2016年8月版。

《梅兰芳艺术年谱》，谢思进、孙利华编著，文化艺术出版社2009年11月版。

《梅兰芳游美日记》，梅兰芳纪念馆编，国家图书馆出版社2015年10月版。

《梅兰芳与二十世纪》，徐城北著，生活·读书·新知三联书店1990年12月版。

《梅兰芳百年祭》，徐城北著，中国社会科学出版社2000年11月版。

《梅兰芳与二十一世纪》，徐城北著，中国社会科学出版社2000年11月版。

《梅兰芳和孟小冬》，李伶伶著，江苏文艺出版社2008年12月版。

《梅兰芳游美记》，齐如山、齐香著，辽宁教育出版社2005年10月版。

《梅兰芳艺术评论集》，中国梅兰芳研究学会、梅兰芳纪念馆编，中国戏剧出版社1990年10月版。

《梅兰芳珍稀史料汇刊》，谷曙光编校，学苑出版社2015年9月版。

《梅韵麒风——梅兰芳周信芳百年诞辰纪念文集》，梅兰芳周信芳诞辰100周年纪念委员会学术部主编，中国戏剧出版社1996年10月版。

《齐世英口述自传》，齐世英口述，沈云龙、林泉、林忠胜访问，林忠胜记录，中国大百科全书出版社2011年1月版。

《琴志楼诗集》，易顺鼎著，王飚校点，上海古籍出版社2012年12月版。

《日华"和平工作"秘史》，[日]西义显著，江苏古籍出版社1992年8月版。

《审讯汪伪汉奸笔录》，南京市档案馆编，凤凰出版社2004年4月版。

《宋子文传》，吴景平著，福建人民出版社1992年9月版。

《宋子文政治生涯编年》，吴景平著，福建人民出版社1998年10月版。

《田汉传》，董健著，北京十月文艺出版社1996年12月版。

《我的父亲梅兰芳》，梅绍武著，中华书局2006年3月版。

《我的父亲梅兰芳》（电影文学剧本），梅绍武著，文化艺术出版社2011年1月版。

《我亲见的梅兰芳》，薛观澜著，秀威咨讯科技股份有限公司2015年3月版。

《汪精卫评传》，李理、夏潮著，武汉出版社1996年6月版。

《汪荣宝日记》，汪荣宝著，韩策、崔学森整理，王晓秋审订，中华书局2013年8月版。

《汪荣宝日记》，汪荣宝著，赵阳阳、马梅玉整理，凤凰出版社2014年3月版。

《我所知道的汪伪特工内幕》，马啸天、汪曼云遗稿，黄美真整理，东方出版社2010年6月版。

《我所知道的汪伪政权》，文斐编，中国文史出版社2005年1月版。

《文化史料》（第一辑），中国人民政治协商会议全国委员会文史资料研究委员会编，文史资料出版社1980年8月版。

《文史资料选辑》（第四十一辑），中国人民政治协商会议全国委员会文史资料研究委员会编，文史资料出版社1963年12月版。

《许宝蘅日记》，许恪儒整理，中华书局2010年1月版。

《辛亥革命回忆录》，中国人民政治协商会议全国委员会文史资料研究委员会编，文史资料出版社1963年6月版。

《辛亥著名人物传记丛书·汪精卫》，程舒伟、郑瑞峰著，团结出版社2011年5月版。

《辛亥著名人物传记丛书·胡汉民》，肖杰著，团结出版社2011年6月版。

《严复年谱》，孙应祥著，福建人民出版社2003年8月版。

《袁世凯传》，侯宜杰著，2003年5月版。

《艺坛》（第三卷），蒋锡武主编，上海教育出版社2004年4月版。

《忆艺术大师梅兰芳》，许姬传、许源来著，文化艺术出版社2015年9月版。

《张公权先生年谱初稿》，姚崧龄编著，社会科学文献出版社2014年10月版。

《中国银行行史资料汇编》（上编，1912—1949），中国银行总行、中国第二历史档案馆合编，档案出版社1991年10月版。

《中国银行行史》（1912—1949），中国银行行史编辑委员会编著，中国金融出版社1995年9月版。

《中国银行行史》（1949—1992），中国银行行史编辑委员会编著，中国金融出版社2001年12月版。

《中国银行上海分行史（1912—1949）》，中国银行上海分行行史编辑组编著，经济科学出版社1991年12月版。

《中国银行业史》，黄鉴晖著，山西经济出版社1994年6月版。

《中华民国史》（第三编第二卷），李新主编，中华书局2002年4月版。

《赵尊岳集》，赵尊岳著，陈水云、黎晓莲整理，凤凰出版社2016年9月版。

编后记

对近代史下过点功夫，就五四运动和辛亥革命也先后草成两本小书，但很遗憾，我竟然没有注意到冯耿光这个人，这不单单是鄙人读书不细，同时说明冯耿光这个人的确偏冷了。

我知道冯耿光，那是因为梅兰芳。北大研究戏曲的陈均兄，赐我一本很好的书——穆儒丐《北京梦华录》。我也耳闻过穆儒丐曾写《梅兰芳》，恰好陈兄也将它点校了。那本书因为较细节地叙述梅兰芳早年堂子生涯，有人以为秽。其中那个老斗"广东一个富商之子，姓马名赓光，字幼伟，热闹场里皆以六爷呼之"，明眼人一看即是冯耿光。该书还评论说："此人是保定陆军学堂出身，现在督练处供职，他知道做官的秘诀，非由金钱运动不可，自家有的是钱，便在京中大肆活动，各界人士，没有他不接纳的，只是眼睛总往上看，比他低下一点的，绝不正眼来看。又因在京多年，恶习染得极深，纨绔官僚两种不得人心的派头，他一身兼而有之，每日除了嫖赌，没有正事……"冯耿光大怒，把这本书高价回购全部销毁，乃至国内无存。穆儒丐也因此难以在北京栖身，被迫出走东北。还好，他在东北想念北京，写了《北京梦华录》。

很同情穆儒丐，所以我对冯耿光的第一印象实在不太好，尽管《梅兰芳》写得有太多小报特征。但无论如何，"没有冯耿光，就没有梅兰芳"，这句常言印在我的脑子里了。

真正翻开读这本《冯耿光笔记》，先是吓一跳。冯耿光曾经到日本陆军士官学校学习步兵，和良弼同学，比蔡锷、蒋百里还高一届，他们和曹汝霖、杨度、黄兴、宋教仁，乃至秋瑾、鲁迅等一定在同一个空间彼此有交集。回国后，这批回国军官很受重视，清廷指望他们制衡一下汉人袁世凯为核心的小站新军。所以冯耿光一时顺风顺水。人生得意马蹄疾，1907年，26岁的冯耿光和良弼等人在云和堂"打茶围"，初识14岁的梅兰芳。四五年光景，辛亥革命突然来了，冯耿光见证历史，与同乡汪精卫等参与南北议和。民国成立后，袁世凯有意疏远清廷留日军官，30岁的冯耿光就闲起来。不久袁世凯称帝，师弟蔡锷发起护国运动。紧要关头，冯耿光促成了冯国璋通电响应，内外交急，袁世凯被迫还政共和，护国运动大功告成。冯耿光与冯国璋交谊匪浅。在冯国璋的大树下，1918年，冯耿光被王克敏推上了中国银行总裁的位置。从军政界转行而来的冯耿光暂时不太了解金融问题，他拉来智多星吴震修做总文书。吴震修也是"梅党"核心人物，凡领导有个好秘书就成功一半。从此以后，冯耿光与王克敏、张嘉璈形成中国银行三巨头。是年，冯耿光举办了盛大的堂会，这个冯宅堂会彪炳京剧史。

梅兰芳1919年访日、1930年访美、1935年访苏，艺术文化交流与中国时事政治及金融资本成长交织在一起，背后冯耿光出钱出力无怨无悔。抗战开始后，国民政府开始接管中国银行，冯耿光与宋子文，一个更着意商股的独立性，一个更看重政府调控，二人交恶不可调和。北平沦陷不久，身份已经式微的冯耿光避乱香港，这时候，梅兰芳已经成为更大的树。抗日期间，不管是梅兰芳，还是冯耿光、吴震修，都大节凛然，这赢得了共产党的礼遇，他们在抗日胜利后都留在了中国大陆。1961年，定居北京的梅兰芳因病住院，远在上海的冯耿光几乎每天朝北京打电话。不久梅兰芳病逝，梅兰芳的夫人考虑到冯耿光也年近八十了，没有第一时间告诉他。冯耿光从电台听到梅兰芳逝世的消息后，在自己家里设灵堂，江南的"梅党"都过来吊唁。梅兰芳逝世后，梅兰芳的夫人还经常按期给冯耿光寄钱。1966年下半年冯耿光面对时局，惊悸而逝。冯耿光不蓄财，无子嗣，冯耿光夫妇的后事都由梅家料理。1975年梅兰芳的夫人将冯耿光夫妇安葬在苏州木渎，太湖之滨。"文革"结束后落实政策，据说亲属只领回来一个皮包，如今也不知散落何方。靳飞先生写道："梅兰芳艺术就是他们共同留给后世的惟一财产。"

冯梅故事久长而动人，改变了我对于冯耿光的最初印象，也让我认识到一门艺术发展背后金融和政治纠葛，我也因此理解了鲁迅先生对于梅兰芳的讽刺为何。很多事情不能简单化。跨学科跨领域的思考和写作才易于出新见，易于看清问题。如果靳飞先生不了解京剧，不了解金融，不了解近代史，《冯耿光笔记》万万不会有如此张力。再回到冯梅故事，我又不禁长想：究竟是什么促成了冯梅一世交谊？是权势、金钱，还是艺术？这不是玩票或者报恩的俗套所能充分解释的。

靳飞先生执着书写梅兰芳与梅边人物又是为什么呢？他这个人博学多识，能说会唱，记忆力惊人，谁家的堂联是什么，谁见谁口占了什么诗，张口就来，席间模仿京华掌故惟妙惟肖。初识他，我想这是个热闹人，中国日本、北京贵州到处飞，没想到他坐冷板凳也别有滋味，为了写《张伯驹年谱》《张伯驹笔记》，读书，读档案，还读账本。所以我认定他是下很多真功夫的人。他也很体谅出版人的苦衷：杠杠多，钱好少。我可以毫无愧颜地不给稿费，他说给书就行。这样我们相交淡然随时可以相忘于江湖，但没脾气是他总要写书，我总要出书。一天，他突然给我电话说，新冠之下哪里都去不了，吭哧出一本《冯耿光笔记》来，写完屈指算算又恰逢冯耿光诞辰140周年，所以他惟一的条件是本书一定2022年印出来，以纪念这个寂寞的老头。寂寞的老头和他有什么关系？他说，前缘难言，也许是老头地下依然寂寞，托梦吧。我应承下来，因为想想也许会由于这本书，在疫情允许的情况下大家一起小聚一杯酒。我想，也一定会有喜欢梅兰芳，喜欢京剧，或喜欢金融、喜欢近代史的读者朋友因为这本书再聚、再酒。

所谓书，本来使命无非就是文化交流，交流与文化相互促生。好书一定比人长寿。人生几十年做不了几件事，大而言之，梅兰芳一辈子做了一件事（京剧），冯耿光一辈子做了两件事（资助梅兰芳和操持中国银行），靳飞先生憋着写写他们，我汲汲出版出来，以引起更多的人来思考，大家都该算不辱使命吧。

以上感想，本无意成文，不料靳飞先生折节下士，居然嘱我作序，所以我拉杂记下。辈分有差，岂敢佛头着粪？出版人或者编辑，都是幕后冯妇，附于骥尾才符合其职业特征。是为编后记。

蒙　木
2022年9月19日再校《冯耿光笔记》后